本书得到教育部人文社会科学项目资助
（项目批准号06JA740021）

汉语语用词缀系统研究

Hanyu Yuyong Cizhui Xitong Yanjiu

——兼与其他语言比较

马彪　著

中国社会科学出版社

图书在版编目（CIP）数据

汉语语用词缀系统研究／马彪著．—北京：中国社会科学出版社，2010.10
ISBN 978－7－5004－9445－4

Ⅰ．①汉…　Ⅱ．①马…　Ⅲ．①汉语－词缀－研究
Ⅳ．①H146.1

中国版本图书馆 CIP 数据核字（2011）第 000014 号

出版策划　任　明
特邀编辑　李晓丽
责任校对　林福国
技术编辑　李　建

出版发行　中国社会科学出版社
社　址　北京鼓楼西大街甲 158 号　　邮　编　100720
电　话　010—84029450（邮购）
网　址　http：//www.csspw.cn
经　销　新华书店
印　刷　北京奥隆印刷厂　　装　订　广增装订厂
版　次　2010 年 10 月第 1 版　　印　次　2010 年 10 月第 1 次印刷
开　本　710×1000　1/16
印　张　19.5　　插　页　2
字　数　308 千字
定　价　35.00 元

序　言

词缀研究一直是语法研究的重要组成部分，一般归到词法或者构词法方面。传统研究的词缀系统包括构词词缀和构形词缀。汉语词缀研究、教学受印欧语言词缀体系的影响较大，而事实上汉语中没有构形词缀，类似印欧语言的构词词缀也较少，这样要完全对应比照，常会受到局限，难免生搬硬套、削足适履。

语言研究借鉴与独创都很重要，但如何处理二者的关系是个难题。拿来往往较为容易，植根于民族的创新确实很难。近年来，汉语的国际地位不断提高，对适合民族语言特点的研究的需求更为迫切。马彪《汉语语用词缀系统研究——兼与其他语言比较》一书另辟蹊径，作了有益的尝试。首先，理论来源于客观实际，本书通过考察研究语言事实，有了新的发现、新的见解。根据西方的语法理论看汉语的词缀系统会受构词词缀和构形词缀体系的局限。而根据语言事实，构词、构形词缀之外还有“构用”词缀。“构用”词缀就是具有描写性的语用成分——状态词缀，是构成汉语词缀系统的主要部分。状态词缀是语用词缀，因而与一般的构词词缀有所不同，如果说类词缀语义没有完全虚化（语音也未变）、有时还能做词根，不是“地道”词缀，那么状态词缀则是“地道”词缀。这一发现可能改变传统的基于西方语言体系的词缀认识。

其次，《汉语语用词缀系统研究——兼与其他语言比较》纵横分析、汉外对比，考察范围较广，收集资料较多，内容较为丰富。书中不但有现代汉语的内容，还有古代汉语的内容；不但有现代汉语普通话的内容，还有现代汉语各大方言的内容；不但有汉语内部的内容，还有其他民族语言的内容。书中对状态词缀的历时演变与共时的使用情况进行了考察，探讨了语用词缀的发展脉络与分布，提出叠音的状态词缀与上古就存在的重叠形式一脉相承；在汉语普通话及各方言中都有状态词缀，汉语方言中使用的状态词缀更多，汉藏语其他各语族语言中也有各类状态词缀，因而状态词缀的存在具有一定的普遍性。

值得重视的是，书中考察对比了汉藏语藏缅、苗瑶、壮侗语族语言及其他一些外语的词缀，探讨了状态词缀的语用特点与类型学特征。在考察的英语、日语、满语、韩语等语言中没有发现状态词缀，在考察的汉藏语系其他三个语族的二十来种语言中都发现了同汉语一样的状态词缀；藏缅、苗瑶、壮侗语族语言的状态词缀，除可以描写性状外，还可以有某些附加意义，表达思想感情；状态词缀构词有着普遍的语音变化规律，有自己的音变模式，这同汉语是一致的。作者提出同可以认定汉藏语是有声调的语言一样，可以认定汉藏语是有状态词缀的语言，状态词缀是汉藏语共有的语言特征：各语言状态词缀与重叠密切相关，伴随有规律的语音变化；结构上可合可离，都不承载主要词汇意义，而具有附加的形象色彩、感情色彩、语体色彩等；状态词缀的产生、发展受到语言内部关系的制约和语言外部条件的影响，各有自己的特点，但也体现出明显的类型性特征，其主要的类型特点是具有共同的构词特征、重叠特征、韵律特征和语用特征。

状态词缀的类型性特征既可以较好解释这种语言现象，又可以为汉藏语同属一个语言类型提供重要佐证，而对于那些认为有的汉语方言不属于汉语或某民族语言不属于汉藏语的观点来说，这一语言内部机制上的共性是难以逾越的反证。

由于《汉语语用词缀系统研究——兼与其他语言比较》研究的词缀，既与词的形式结构有关，又是传统语法研究构词法的主要内容，同时这也是语用研究的一个新领域，所以可以为词汇、语法、语用学习研究者提供参考。状态词缀是日常用语中必不可少又极富表现力的语言成分，本书研究的这种语言现象，为汉语教学和对外汉语教学提供了新的学习、教学内容。本书研究内容涉及历时探源和共时比较两个方面，既有古汉语状态词缀变化发展的内容，也有全国七大方言状态词缀考察对比的内容，所以可为古汉语、方言的学习、研究者提供参考。

马彪是我的博士研究生，曾在语言学与应用语言学专业学习，研究方向是语言比较。由于虚心学习，认真钻研，毕业时论文顺利通过了答辩。本书的基础来自他当年的毕业论文，论文开题后，于 2006 年申请教育部人文社科研究立项并获得批准。毕业后他一直致力于此项研究，又经修改补充，完成现在的书稿。如果说还有不足的话，那就是对这一有民族特色的语言现象的研究尚待深入，特别是有关其他民族语言部分，这一点，可能非一人之力可成，有待作者及有志于此的学者，特别是各个语言的母语研究者的参与。是为序。

戴庆厦

2009 年 12 月

摘　要

本书以汉语方言、古籍及汉藏语系各语族语言为考察、分析对象，研究了状态词缀的源流、作用及其类型学特征等问题。认为状态词缀是一种介于构词词缀与构形词缀之间的语用词缀，这类词缀的共同点是具有描写性，也可称为构用词缀或描写性词缀。

状态词缀可以是前缀、后缀、中缀，也可以是单音节或多音节词缀。主要特点是：根、缀结构松散，词根可以单独使用而词义基本不变。词缀位置确定、缺少独立性，一般不能单独使用，与词根结合不紧密。词缀无实在意义，只描摹某种状态。书写形式几乎只是单纯记音、不表示意义，在多音节词中有的词缀被视为音节而不是语素。状态词缀有独特的读音规律和语用含义。语音形式变化与词缀化相对应，形成形、音、义对应规律。词缀构成的词感情色彩强，突出情态，有突出的描写性。

状态词缀在汉藏语中普遍存在。在汉语普通话及各方言区都有各类状态词缀，尤以华北、东北方言的分布更为广泛。在其他汉藏语里，这类词缀多见于三个或四个音节的词中。

普通话、北方方言状态词缀带多音节后缀的词占较大比率，是因为这种（多音节词缀）表达更适合描写状态、更适合口语色彩。北京方言和哈尔滨方言的 ACD 式较多，远多于 ABB 式。普通话中的 ABB 式较多，还带有书面语色彩。各语言的 AABB 式“构词重叠形式”不多，是因为存在此类“句法重叠形式”。ABCC 式主要是古汉语遗留下来的词语，几乎再没有什么发展。“A 了 BB”式有较强的地域口语色彩，普通话没有吸收。南方方言的状态词缀也不少。大部分南方方言不但有状态词缀，而且分布也较广，一些状态词缀类型的构词数量甚至超过北方方言，特别是“ABB”式，有几种南方方言的词数都远多于北方方言。从发展上看，构词词缀能产，会形成接近构形的格式，进入相同格式就会获得相同的格式意义，有相同的功能用法。

叠音的状态词缀与上古就存在的重叠形式一脉相承。上古的叠音词构成短语，由偏正结构到主谓结构到述补结构，由跟名词结合到同动词、形容词结合。有的逐渐虚化成为词缀，其发展轨迹大体是：重叠→叠音词构成的短语→ABB 式、AABB 式、ABCC 式词→ACD 式、A 里 AB 式词→ABCD 式、ADBC 式词。即：修辞造句（所谓“重叠构形”）→类推造词（所谓“词缀化”）→语用词缀（所谓“音缀化”）。

在汉藏语其他民族语中有 20 多种状态词缀类型。分布最广的是 ABB 式的叠音后缀，15 种语言有此形式；其次是 AB 式单音节后缀和 ACD 式等双音节后缀，分别在 9 种和 10 种语言中存在。从其他汉藏语的情况反观汉语的状态词缀，可知这是汉藏语共有的构词形式，除可以描写性状外，还可以有某些附加意义，表达思想感情。状态词缀构词有着普遍的语音变化规律，但各个语言又有自己的音变模式。大部分语言的声调发生变化。

印欧语系语言等没有状态词缀，因而状态词缀不具有普遍语言共性。如果说印欧等语言是具有形式化特征的语言，那么可以说汉藏语是具有形象化特征的语言，具有相同类型的语言可以产生相同的语言变化特征。汉藏语各语言状态词缀有共性与自己的个性。状态词缀的产生、发展受到语言内部关系的制约和语言外部条件的影响。

其主要的类型特点是具有共同的构词特征、重叠特征、韵律特征、语用特征。各语言状态词缀与重叠密切相关，伴随有规律的语音变化；结构上可合可离，都不承载主要词汇意义，而具有附加的形象色彩、感情色彩、语体色彩等。状态词缀产生于有声调的语言。不靠固定词缀，而靠固定格式突出个性与主观感受。

本书提出状态词缀是汉藏语特有的词缀，与传统研究的构词、构形词缀不同，可以自成体系。本书采用统计分析、比较描写等多种方法探讨状态词缀的特点，试图从新的角度解释语言研究中的一些问题。特别关注状态词缀的性质、地位和类型学意义问题。定名并不重要，重要的是把语言事实、用例摆出来，可以反映实际、说明问题。大家不论主张如何，都可以参考。其成果为语言使用者、学习者、研究者提供有价值的真实文本和实用信息。

关键词　汉语，汉藏语，方言，状态词缀，语用词缀，类型学特征

ABSTRACT

By analyzing and exploring Chinese dialects, ancient works, and all the clan of Sino-Tibetan language, this paper studied the source, function of status affix, and also its typical feature as Sino-Tibetan language. The paper states that status affix is a kind of pragmatic affix that situated between lexical affix and inflectional affix. The common feature of this kind of affix is it is descriptive; it can also be called pragmatic affix or descriptive affix.

Status affix includes prefix, suffix and mid affix. It can be monosyllable and polysyllable. The main features are: The structure of root and affix is incompact, the root can be used separately to represent complete meanings; the affix has fixed format and is lack of independency, it can not be used separately; and it has no verily meaning, only describing some kind of status, the written format is not related to its meaning, it just a formation based on pronunciation. In polysyllable word, some affixes are considered syllable, but not morpheme. Status affix has very unique pronunciation regulation and pragmatics meaning. The change of pronunciation and the change of affix are corresponding, forming a corresponding regulation among formation, pronunciation and meaning. The word that contains affix has more emotional meaning, emphasizing on situation status and especially has descriptive feature.

This kind of descriptive affix is widely used in the Sino-Tibetan languages. it is seen commonly in Chinese mandarin and all other dialects, especially wide spread in North China dialect and the Northeast China dialects. In other clan languages of Sino-Tibetan, this kind of affix is much seen in three, four-syllable words.

Most of the status affixes in mandarin and North China dialect are polysyllable suffixes. The reason is that this kind of polysyllable affix is better describing status and more applicable in spoken language. ACD form is seen more than ABB form in Beijing dialect and Harbin dialect, however, in mandarin ABB form is the mostly used, it carries the feature of written language. There is very little AABB form which is an overlapped formation. It takes the space of a word forming, reducing the possibility of the formation. ABCC form was mainly inherited from the ancient language, not being further developed. A le BB form has very strong regional feature, therefore is not adopted by mandarin. The status affix used in south China dialect is not less than in North China dialect. Most of the south China dialects applied status affix, and all the forms are well used, the number of certain type formation of status affix is even exceeding the number in north China dialect. Especially ABB form, the usage of this kind of formation in a few south China dialects is far more than in the north. Seeing from the development, lexical affix is productive, it forms words similar to inflectional affix. Once the words have identical formation, they will get the same format meaning and function.

Overlapped status affix was inherited from ancient overlapped formation. The overlapped phrase from ancient language has attributive and adverbial group, subject-predicate structure and complement structure, combining with nouns, verbs, and adjectives. Some of them are gradually becoming more functional, having no verily meaning, and turning to affix. The trace of its development is: overlapping--- phrases formed by overlapping words---ABB, AABB, ABCC form---ACD, A li AB form---ABCD, ADBC form. That is what is called rhetorical sentence construction, anagogic word construction, and pragmatic affix.

There are more than 20 different type of status affix in other national language of Sino-Tibetan language. The most common used is ABB overlapping suffix, it is adopted in 15 languages; Then it is AB form monosyllable suffix and ACD double syllable suffix, used in 9 and 10 different languages respectively. Looking at the status affix of Sino language based on the study of Sino-Tibetan language, it comes to a conclusion that status affix is a common formation in Sino-Tibetan language. Besides describing feature and status, it also adds some additional meaning, express thoughts and feeling. The formation of status affix has its rules in pronunciation change. But each different language has its own sound change pattern. The tone is changed in most languages.

There is no status affix in English or other European and Indian language system; therefore it is only the feature of Sino-Tibetan Language, not a feature in all languages. If Indian and European language system is a language that is featured in form, then we can say Sino-Tibetan language is a language with figurative feature. The similar type of language normally have similar feature in language changing. However, the status affix of each individual language in Sino-Tibetan language has both common and its own feature. The forming and developing of status affix is well related to the internal connection and external condition of the language.

It is main typological feature is they share the same characteristic of words forming, overlapping, rhythm and pragmatic feature. The status affix in each language has close correlation with overlaps, with regular pronunciation change; its structure can be tight or loose, it does not carry the main meaning of the word, however, it increase the vivid, emotional, and colloquial type meaning of a word additionally. It comes from the tonal language. It does not have to be the fixed affix, but using fixed format to emphasize on individuality and subjective impressions. The format is not the matter; it pays more attention on lively and figurative expression.

This paper states that status affix is a unique type of affix that only seen in Sino-Tibetan language. It is different from the lexical affix and inflectional affix in traditional study; it forms a separate independent system. The paper adopts statistics, analysis, comparing description, etc. method to explore the feature of status affix, it attempts to answer questions existing in language study from a new angle. It specially focuses on the feature, class of status affix and its type study meaning. To define is not the most important matter, this study pay more attention on listing example cases of the usage of a language, reflecting practice and explaining problem. This paper is a very good reference for researchers no matter what opinions they are holding. The outcome of this study is to provide valuable text and practical application information for the language users, learners and researchers.

Key Words Chinese, Sino-Tibetan Language, Dialect, Status affix, pragmatic affix, typological feature

目　录

第一章　与状态词缀相关的研究概述

第一节　传统的词缀研究

一、西方语言词缀的研究

传统语法学分为句法学和词法学两大部分，词法学中包括构词学，后来构词学独立出来，成为语法学三大分支之一，在构词学中对词缀构词的研究较为细致。构词在印欧语中很早（公元前）就区分了词根和词缀。并按位置把词缀分为前缀、后缀、中缀，按作用分为构词、构形词缀两类。

西方屈折语言形态发达，所以在很古的时候就发现了有规律的形态词缀（词尾）和词形式的变化。古印度梵语语法著作《八书》（帕尼尼著，约公元前600—前300年）详细描写了梵语中的每一个屈折变化，派生现象。书中区分了词干词缀和屈折变化词缀，比如说“一个名词=词根+词干词缀+屈折变化词缀”。有的名词没有词干词缀就用零位代替。

古希腊、罗马的语言学者也区分了词根、派生词缀和形态词缀（词尾）。古希腊的亚历山大学派（公元前300—前146年，大多是亚里士多德的学生）后来被称为“规则派”，是因为他们把词汇分门别类，编制词形变化表，寻找语法地位相同的词所具有的共同词尾形式和重音结构，以及形式与意义之间的规则性。斯拉克思的《语法科学》集亚力山大学派之大成，是一部完整、全面的语法书。书中把词分为八类。名词有词尾变化，有类（原类、派生类）、形（简单词、复合词）、数（单、双、复数）等语法属性。动词有两类（原类、派生类）、三种形式（简单、复合、派生）、三数（单、双、复数）等。

古罗马语法学家瓦罗（前116—前27年）的《论拉丁语》区别了派生构词法和屈折构词法。指出词的屈折变化有规律性，知道一个词属于哪类屈折变化就可以列出它的各种形式。而派生形式因人而异，随着词根和用法的变化而不同。他还发现，构词法与语用原则有密切关系，文化内容越丰富，词汇区别就越细腻。①

一直到20世纪，词缀的研究都延续了传统的思路，无论是欧洲的《语法哲学》②，还是美洲的《语言论》③，都只是在分类描写上更为细致了。［美］维多利亚·弗罗姆金、罗伯特·罗德曼《语言导论》④ 区分了词根语素、词缀语素和词尾语素：词根是自由语素。词缀是粘着语素，构成派生词的前缀、中缀和后缀。词尾也叫语素，构成级范畴、时范畴、数范畴。

张道真《实用英语语法》⑤ 在构词法一章的派生词部分讲构词的前缀和后缀；在涉及"数"、"时"、"级"等语法范畴时讲词尾。

二、汉藏语言词缀的研究

汉语较早的词缀研究使用了与词缀不同的名称。

王力《中国现代语法》⑥ 说："子"、"头"一类的字，叫做记号。记号是一种附加成分，表示词的性质，如"子、儿、所、们、打(紧)"等。

有的把前缀称为词头，后缀都称为词尾。

吕叔湘《中国文法要略》⑦ 列举说，词尾有"子、儿、头"，文言形容词尾有"然、焉、乎、尔、如"等字。

---

① 以上研究见刘润清《西方语言学流派》，外语教学与研究出版社1995年版，第412—42页。

② ［丹］奥托·叶斯伯森著，何勇等译，语文出版社1988年版，第36页，分前缀、中缀和后缀等词缀和词尾。

③ ［美］萨丕尔著，陆卓元译，商务印书馆1985年版，第49—53页，附加分为前、中、后附加。

④ 沈家煊等译，北京语言学院出版社1994年版，第134—164页。

⑤ 商务印书馆1984年版，第113页。

⑥ 商务印书馆2000年版（原版1943—1944年），第9、739页。

⑦ 商务印书馆1982年版（初版1942年），第11页。

高名凯《普通语言学》[①] 认为构词法也属于语法学，即形态学。词头、词尾都是不能自己独立的语言成分，附于词根之上，成为词的一种形态。

多数汉语研究者也区分了构词词缀和构形词缀。

高名凯、石安石《语言学概论》[②] 在词法部分讲构形法和构词法，区分了构形附加的词尾和构词附加的词缀。

刘伶等《语言学概要》[③] 说：词尾是构形词素，词缀有的是构词词素，有的是构形词素。

马学良等《普通语言学》[④] 说：词缀指与词根相对立的带有附加意义（构词意义或关系意义）的语素，表示关系意义的词缀即构形词缀。附加在词根上的词缀是构词词缀。

一般认为汉语词缀较少。

对汉语的构词情况，李荣奎《汉语词汇之演变与中国文字》[⑤] 认为："汉语复音节词的构成可分为三大类：第一类是联绵词，第二类是词根加词缀，第三类是词组的凝固化。就汉语发展的情况看联绵词变化最少，因为有关联绵词的变化只是词汇方面的变化，而不是语法的变化。上古时代极少数之词缀大体上并没有沿用下来，而中古时代以后又有新兴的词缀，但是词缀在汉语中为数不多，在构词法上不占重要的地位。至于词组的凝固化，在汉语构词法中极为重要。"[⑥]

有的研究涉及词缀和构词的历时演变。

李如龙《论音义相生》[⑦] 说："到了语音造成联想而派生新词——也即音义相生的阶段，语言才完全脱离了模拟，实现了抽象化的质变，从而开始了符号系统的建构。这时的语音'映象'和一定的思维的'意念'相结合，这就是符号化的标志。这是人类语言发展的第二阶段，

---

① 东方书店 1955 年版，第 200 页。

② 中华书局 1963 年版。

③ 北京师范大学出版社 1987 年版，第 157 页。

④ 中央民族大学出版社 1997 年版，第 119 页。

⑤ 《中国人民大学学报》1996 年第 6 期。

⑥ 李荣奎引王力《汉语史稿》中册（中华书局 1980 年版），第 346 页。

⑦ 《暨南学报》（哲社版）1997 年第 3 期。

音义相生便是这个阶段的基本特征。当音义相生衰歇之后，代之而起是语法合成以及表示语法意义的标记的出现及其系统化，它反映了人类思维发展的新成果——推理，从而开辟了语言发展的广阔天地，这是人类语言发展的第三阶段——成熟阶段。”

这样的分析如果是合理的，人类语言发展的三个阶段及其特征，便可以作如下的表述：

	思维特征	造词方式	语言特点
第一阶段	模拟	拟声、偶然约定	拟声词多，语词贫乏
第二阶段	联想	音义相生	单音词多，具体概念多
第三阶段	推理	合成词、虚词和语法标记	复音词多，抽象概念多、词缀多

他还通过引证蒋绍愚《古汉语词汇纲要》[①] 说明语言早期构词的规律：“由词的引申、转化、音变而产生新词，在上古是一种非常能产的构词方式，但到中古以后，就逐渐让位给合成这种方式了。这也是汉语词汇系统在历史发展中的一大变化。”指出关于印欧语的“音义相生”，洪堡特、叶斯柏逊等人都已作过论证。现实生活中，初学印欧语的人总是运用词根类推法和合成词分析法去记忆单词，就是运用了这些语言早期构词的规律。汉语词汇的发展是从单音词占多数向复音词占多数演变的。这种情况也同样见于印欧语。在英语里，最早产生的用来表达最重要的基本概念的语词大多也是单音的。例如 M. Swadsh 所设计的用来推定语言形成年代的英语基本词汇表中，200 条词表只有 24 条是双音节词；100 条词表则只有 8 条是双音节词，其余都是只有一个元音的单音节词。[②]

以上是较为宏观的研究，也有的专门研究一个或一类词缀。

---

① 北京大学出版社 1989 年版，第 274 页。

② 转引自徐通锵《历史语言学》（商务印书馆 1991 年版），第 429—431 页。

梁晓虹《禅宗典籍中"子"的用法》[①] 认为"子"作为名词后缀，是自上古就有的语法现象。魏晋以后，到了中古时期，"子"逐渐普遍地应用起来，变得相当发达，具有了极为活跃的构词的能力。其中的一个重要原因是：适应了汉语词汇双音化发展的需要，相当多的单音节名词后缀加上"子"，可以组成一个新的双音节名词。语言学界还注意到，"子"表示小的东西或可爱的东西，即指小性，从唐代开始消失。[②] 唐宋以后，在一些相当大的物体名词后亦可加上后缀"子"。

邢公畹《语言论集》[③] 认为"然"还略相当于"这么的"，其实可以把它看成助词（现在写做"地"），王引之称为状事之词，如"斐然"、"喟然"、"循循然"等皆是，又"勃如、鞠躬如"之"如"，以及"忽焉在后"之"焉"、"卓尔"之"尔"等也是这一类。

状事之词就是类似状态词的词。上述研究还表明，词缀是语言发展到一定阶段的产物。

很多研究者把"性"、"家"等称为类词缀或准词缀，而所指范围并不相同。

吕叔湘《汉语语法分析问题》[④] 认为称词缀为语缀较好，可以不限于构词。汉语里地道的语缀不多，前缀有"阿、第、初、老、小"等，后缀有"子、儿、头、巴、者、们、然"等，中缀只有得、不等。有不少语素差不多可以算是前缀或后缀，但语义没有完全虚化，有时还可以词根面貌出现，只可以称为类前缀（"可、反、准、超"等）和类后缀（"员、家、性、品、化"等）。并说存在这种类前缀和类后缀可以说是汉语语缀的第一个词缀特点。

全香兰《汉韩词缀的性质及分类比较》[⑤] 发现韩语从汉语借用了大量的词缀，但主要是语音没有变化的"类词缀"，如"家、感、度、性"等。韩语自身产生的词缀也与此类似，如"凡、本、脱、次"等。

---

① 《古汉语研究》1998 年第 2 期。

② 原作者注：［日本］志村良治《中国中世语法史研究》（江蓝生、白维国译，中华书局 1995 年版），第 29 页。

③ 商务印书馆 1983 年版，第 62 页。

④ 商务印书馆 1979 年版，第 48 页。

⑤ 《第四届国际双语学研讨会论文集》，暨南大学出版社 2005 年版。

任学良《汉语造词法》[1] 对词缀的分类如下：

词头：老、阿、小、可、第、初、巴、反、被、见、所、而、非、不。

准词头：准、二、以。

词尾：子、儿、头、员、家、者、士、师、生、手、汉、夫、丁、郎、众、属、鬼、棍、迷、犯、派、分子、主义、性、处、品、巴、化、于、乎、以、么、然、其、切、而、尔、且、的、地、得、了、着。

准词尾：论、度、式、却、豪。

现在对词缀的认识有扩大化倾向，构词能力强的语素似乎都是词缀。笔者认为必须要看意义虚化的程度和语音变化形式。特别应该重视语音变化形式，这是词缀和非词缀或类词缀区别的客观依据。

现在的一些构词语素极具能产性，而且中西融合，并非只有汉语如此。

汪榕培《英语词汇的最新发展》[2] 对当代英语词缀的研究，从旧的词缀谈到特别的词缀：许多旧的词缀现在仍旧非常活跃。例如，Super-在当代英语里是一个非常活跃的前缀，加在形容词前面表示"the quality described is present in an unusually large degree"，加在名词前面表示"a bigger，morepowerful，or more important version of a particular thing"，用汉语来表示，也就是"超级"的意思。supermarket（超级市场）、superpower（超级大国）等都是常用的词语。在上海译文出版社出版的《英汉大词典》中以 super-开始的词语达七页之多。又补充几个该词典中没有收录的词语：在 1996 年出版的 *Collins Cobuild Learner's Dictionary* 中就收录了 supercomputer（超级计算机）、super-model（超级模特）等词语，其他新词还可举出 super-barge（超级驳船）、super-jumbo（超大型喷气式客机）、super-rich（超级富翁）、super-fresh（最新鲜的）、su-

---

① 中国社会科学出版社 1981 版。

② 《外语教学与研究》1997 年第 3 期。

per-fit（身体特别强壮的）等。

这里可以看到汉语类词缀的影子。其能产性既是现代社会发展的产物，也有语言借用的影响；而将“超—”之类成分视为词缀也大体是比照外语的说法。

马学良《汉藏语概论》等许多语言著作和论文都涉及了各民族语言的词缀研究，与前述汉语、英语的词缀分类描写基本一致。戴庆厦、徐悉艰《景颇语语法》[①]，在形态构词法一节把词缀分为前加式（词头）、后加式（词尾）、中加式（词嵌）等。

一些学者侧重语言比较。徐世璇《汉藏语言的派生构词方式分析》[②] 研究了汉藏语言的派生构词方式的共同特点：语音形式上，词缀一般轻读，音长、音强或音高往往同词根形成强弱差别，并且常常发生音变，使原来的语音特征更加弱化。汉语中的典型后缀大多数都是轻声，有的甚至不自成音节，如“—儿”；苗瑶语言中的前缀不仅都读做轻声，而且存在着变调、声母变读、韵母脱落、同词根韵母和谐等多种复杂的音变现象，这些不同的音变形式可以发生在同一语言或方言的不同词缀上，也可能发生在与不同词根结合的同一词缀上，甚至还可能发生在与同一词根结合的同一词缀上，从而因词缀读音的不稳定而形成一词多音的现象。在结构形式上，一些不负载具体词义的词缀同词根的附着关系相对松散、可离可合，在进入具体语境后，由于表义上的羡余度或者语音节律的要求，这些词缀同词根有时可以分离，词缀脱落后的词根，词义词性不变，仍可独立运用。在汉语、苗语、彝语、哈尼语、毕苏语等语言中，都有词缀离合的现象。

综上可见，汉藏语言的词缀研究借鉴了西方语言学的体系，也有一些适应本民族语言的特点。从英语看汉语，类词缀也是词缀；就民族语研究反观汉语，类词缀不是词缀。真正的词缀，不但语素意义虚化，而且读音也必须发生相应的变化。

---

① 中央民族学院出版社 1992 年版，第 416 页。

② 《民族语文》1999 年第 4 期。

第二节　状态词及重叠式研究

一、状态词研究

（一）分类研究

朱德熙《语法讲义》[①] 讲前缀未涉及状态形容词，讲后缀时涉及状态形容词“小小儿的”、“大大方方儿的”、“红扑扑儿的”、“酸不唧儿的”，不过，此处状态形容词后缀指的是“的、儿”。该书确定的状态形容词包括：

（1）单音节形容词重叠式：小小儿的

（2）双音节形容词重叠式：干干净净（的）

（3）“煞白、冰凉、通红、喷香、粉碎、稀烂、精光”等。这类形容词的重叠式是 ABAB 式

（4）带后缀的形容词，包括 ABB 式、A 里 BC 式、A 不 BC 式和少数双音节形容词后缀的词：可怜巴巴、老实巴焦

（5）“f + 形容词 + 的”形式的合成词（f 代表“很、挺”一类程度副词）：挺好的、很小的、怪可怜的

《语法讲义》所列的大部分状态形容词是具有状态词缀的词，只有复合词“粉碎”和单纯的重叠式例外。重叠式带“的”也就是状态词了，不同于单纯的重叠的句法形式变化。不过，带“的”就也是带了状态词缀，而能带“的”构成状态词的成分远不止上述三项。

吕叔湘《现代汉语八百词》[②]“形容词生动形式表”收词 490 多个。有 AA 加“的”式，带双音节或三音节的 ABB 式、ABC 式、AXYZ 式［脏了（里）呱叽］，AABB 式、A 里 AB 式。还包括 BA 式形容词的 BABA 式重叠加“的”，如“笔直笔直的”。

（二）历时研究

石锓《ABB 式形容词语在宋代的演变》[③] 按历时把形容词性 ABB

---

① 商务印书馆 1982 年版，第 29—31、73 页。

② 商务印书馆 1980 年版，第 637—658 页。

③《湖北师范学院学报》（哲社版）2005 年第 3 期。

形式分为六种结构类型，认为主谓式的发展自成体系，且变化不大。具体到宋代，最明显的变化是随着附加式 ABB 形容词的形成，并列式 ABB 短语和述补式 ABB 短语已基本消失。（1）句法功能非谓语化；（2）附加式 ABB 的音缀化；（3）主谓式短语的词汇化；（4）名词性重叠结构进入 ABB 式形容词。单音性质形容词与 AA 式拟声词构成 ABB 式，其结合的认知基础是通感。“冷”的感觉和风“飕飕”的感觉有关联性，所以才导致“冷飕飕”的结合。唐代，ABB 词汇化的过程是 BB 从句法成分向构词成分变化的过程；宋代，ABB 音缀化的过程是 BB 由构词成分向语音成分变化的过程。宋元以后，ABB 从谓语位置可转移至状语、定语和补语的位置，有些 BB 的语义则全部淡化。凡是不能修饰体词的成分修饰了主谓式 ABB，那么该主谓式是词，不是短语。据此发现主谓式 ABB 形容词在宋代才出现。宋以前能进入 ABB 的成分有单音状态形容词的重叠形式、单音性质形容词的重叠形式和单音动词、拟声词、量词的重叠形式。宋元以后，单音名词的重叠形式也可以进入这一格式。如：黑漆漆、冷冰冰、甜蜜蜜、碧潭潭、白雪雪。

石锓《元曲四音状态词的构成》[①] 引王洪君、石毓智说“噼里啪啦”类四音拟声词在韵律上有“前暗后亮”、“前轻后重”的特点。元曲中的变形重叠也有前轻后重的特点。尤其第一音节是一个短促的入声，韵尾已没有塞音，整个音节有轻而短的特点，早期很可能是轻音节，是四字格的轻音之所在。

石锓引朱德熙说“噼里啪啦”是“啪啦”的变形重叠。认为“辟留扑同、吸留忽刺、急留古碌、滴羞蹀躞”等亦如是，还按《中原音韵》拟了音，证明一、三音节声母相同。

陈明娥《从敦煌变文多音词看近代汉语复音化的趋势》[②] 统计：

变文中出现 3884 个多音词，其中重叠式多音词 3 种共 116 个，ABB 式最多，71 个，AABB 式 42 个，ABA 式仅有 3 个，其他类型没有。

形容词最多，举 ABB 式例如：心悄悄、光彩彩、花璨璨、毛茸茸、

① 《湖北师范学院学报》2004 年第 2 期。
② 《敦煌学辑刊》2005 年第 1 期。

血汪汪（A为名）；苦苍苍、绿澄澄、黑侵侵、香扑扑（A为形容词）；回跃跃、涨滔滔、颤巍巍、闹喧喧（A为动词）。多音形容词主要做补语、谓语、定语、状语。

另据统计《先秦要籍词典》[①] 的8207个词条中，三音词仅有53个，所占比例不到1%，变文中出现了884个三音词，约占变文复音词总数（8784个）的10%。四字成语274个。

没有复音词就不会有词缀。先秦复音词少，词缀也很难丰富，只是词缀发展的初级阶段。

（三）共时研究

沈红宇《长沙方言状态形容词讨探》[②] 列举了长沙方言状态形容词的结构类型，说“附加式状态形容词在长沙方言中占有绝对的优势，各形式之间还存在一定的对应转化关系”。认为贵阳方言比长沙方言ABB式占优，因为重叠是该方言的重要构词手段。长沙方言除来自普通话的“爸爸妈妈”等亲属称谓之外，极少重叠构词。

华玉明《双音节动词重叠式AABB的状态形容词功能》[③] 认为动词重叠后可以是动词，还可以是状态形容词。动词可以按“AABB”式重叠，具有状态形容词功能。

一类是双音节复合型的词，由同义或反义语素构成。如：搬迁、比划、吵闹、凑合、抽搭、对付、勾搭、晃荡、裁剪、哭泣、拉扯、飘荡、拍打、闪烁、涂抹、修补、洗涮、摇摆、摇晃、遮掩、应付、指点、疑惑（形）、拥挤、争吵、褒贬、存取、出没、进出、开关、起伏、收发。

二类是后附加或合成词，如：溜达、折腾、晃荡、晃悠、飘悠、荡悠、转悠、翻腾、闹腾、捣腾。

三类是双音节单纯词，如：叮嘱、唠叨、哆嗦、吆喝、支吾、咕哝、嘀咕、嘟囔。

状态形容词具有足量性和描写性。后者是从前者引申出来的，量的

---

① 学苑出版社1997年版。

② 《贵州教育学院学报》（社会科学）2004年第5期。

③ 《唐都学刊》2003年第2期。

强化表述难免带上说话人的主观夸张意味，语言自然显得生动形象，描写性正是这种情形的产物。

上述二类和一类的“抽搭、对付、勾搭、晃荡”等都是带状态词缀的词。

（四）语用功能研究

郑梦娟《ABB式形容词的语体特征分析》[①] 对包含著名作品的语料进行统计，获汉语重叠形容词2000多个，其中ABB式有600个左右，几乎占1/4。

ABB式形容词在艺术语体（散文、诗等）使用率最高（万字之二十四），谈话语体（小说、相声、话剧等）次之（万字之十七），科学语体（论著、应用文等）最少（万字不到二个）。

BB读阴平的在谈话语体中出现率略高，约为84%，在艺术语体中约为73%。没有附“的”的，谈话语体为23%，艺术为19%。BB是词缀的，在谈话语体中出现的频率几乎是艺术语体的两倍（前者20%，后者不到12%）。相反，BB是成词语素的ABB式，艺术语体为29%，谈话语体为16%。

著名作品的语料以普通话为主，ABB式书面语词多。BB读阴平的在谈话语体中出现率为84%，在艺术语体中为73%，说明音变有普遍性。

二、重叠式研究

一些重叠式研究与状态词或状态词缀密切相关。

吴吟《汉语重叠研究综述》[②] 认为朱德熙（1982）把重叠分为音节的重叠、语素的重叠和词的重叠三种类型，前两种属于构词法范畴，第三种属于构形法范畴。

后人除此之外，又发现了重叠式短语。因此，重叠实际上有三种：构词重叠、构形重叠与句法重叠。关于重叠的研究，从历史上看大体可分为两个阶段：五六十年代和八九十年代。五六十年代有关重叠的研

① 《修辞学习》2004年第6期。

② 《汉语学习》2000年第3期。

究，集中在形容词和动词方面。八九十年代专论重叠的论文跟前期相比，不仅数量大大增加，而且研究视角开阔了，研究方法也更新了，引进了语义学、语用学等研究方法，对重叠现象各个方面都作了比较深入而细腻的探索。作者对动词 AABB 式、形容词 ABB 式等重叠的综述与状态词叠音词缀的研究密切相关。

朱德熙（1982）提出在研究重叠式的时候应该注意的三点：(1）重叠式的结构类型和语音特征（重音、变调)；(2）基式和重叠式的语法功能的异同；(3）重叠式的语法意义。

卞觉非（1985)、郭志良（1987)、柴世森（1980）等学者归纳出动词 AABB 式的语法意义：一是表示动作的频繁、反复进行，比如“打打闹闹”、“进进出出”；二是表示描摹性作用，比如“吹吹打打”、“摇摇摆摆”；三是表示轻微、无足轻重，比如“磕磕碰碰”、“跌跌撞撞”。柴世森认为动词 AABB 重叠式在做定语、状语时体现出“描写性质”。陈光（1997）认为动词 AABB 在格式上正好与形容词 AABB 吻合，所以在语义、语法及其他层面上都受到了形容词的影响，使它具有描写作用。

朱德熙为形容词重叠研究奠定了基础。其成果主要有三方面：(1）归纳了形容词重叠的基本形式及其读音基本规律；(2）探讨了形容词重叠式的语法意义和感情色彩；(3）揭示了“汉语的形容词重叠式和原式的主要区别”。

辛尚奎、周成（1989）认为 ABB 式是“由一个自由的、半自由的单音节形容词性语素、名词性语素或动词性语素加重叠的 BB 构成”。其中，BB 分两种：一种为自由、半自由语素，是构词词素，有词汇意义，如：“(白）茫茫”。一种为语义虚化，成为叠音后缀，比如“(兴）冲冲”。ABB 可以有 AB、BA、AABB 和 BBA 四种转化形式。比如“孤单单”、“白煞煞”、“颤巍巍”、“硬邦邦”分别可转化为“孤单”、“煞白”、“颤颤巍巍”和“梆梆硬”。

邵敬敏（1990）也赞同 ABB 有变式，但他认为转换基式是 A 和 BA，而非 ABB。并认为有四种发展趋向：(1）语素虚化趋向；(2）ABB功能扩大趋向；(3）ABB 类化趋向；(4）ABB 书面化趋向。

邢福义等（1993）和储泽祥（1996）认为两个单音形容词若意义

相反，则形成的 AABB 是反义叠结，比如“高高低低”；若意义不同，形成的 AABB 是差义叠结。

崔健新（1995）论证分析了形容词 AABB 式在使用过程中的复杂性，反对把它简单化，李宇明（1996）通过对比性质形容词 ABAB 和 AABB，专门分析了 ABAB 式的特点。①

邢公畹《语言论集》（1983，235—236）认为：（油油、茫茫）这类后附字也有跟在名词和动词后面的，如“水汪汪”、“笑盈盈”。不过它们一带上这类后附字，也就成为形容词了。这类后附字在汉语各方言里虽不尽相同，但有一定的共性。首先都按 XFF（X = 形，F = 后附字）这个形式构成，FF 是“重言”形式。大多数不能单用，能产性有限，不能任意造新的。它们跟主体部分的关系是向心的（endocentric），后者对前者有所修饰（如“白茫茫”不同于“白苍苍”）。值得注意的是：这种修饰次序跟侗、泰语是一致的。而且有不少汉语词可能与其他民族语有某种音义关联。

王昌茂、勾俊涛《古汉语构形重叠词研究》② 称这类为构形重叠：“桃之夭夭，其叶蓁蓁”（《诗·周南·桃夭》），重叠后的意义与单用不同，产生了附加的语法意义。释义常用“……的样子”。

马庆株《关于重叠的若干问题：重叠（含叠用）、层次与隐喻》③说：语言形式、语音结构模式对功能有制约作用。轻重音结构模式是语法研究中确定语法结构功能同一性时丝毫不可忽视的决定条件。轻重音结构模式对状态词缀的研究同样不可忽视。

对有些状态词是否由词缀构成争议很大，如“A 里 AB”式。陆志韦说这种形式是“把一个 XX 的前一字重复一下，中间插入一个‘l-’音节，元音不稳定”，又说“这是种特殊格式，既是重叠，又像是两段并列的”。④

张寿康认为 A 里 AB 是 AABB 重叠后的音变式。说一部分汉语形容

① 以上主要内容引自吴吟《汉语重叠研究综述》。

② 《华中师范大学学报》2000 年 3 月第 39 卷第 2 期。

③ 《汉语学报》2000 年第 1 期。

④ 《陆志韦语言学著作集》（三），中华书局 1990 年版，第 441—447 页。

词重叠后还可以用变音的形式表示语法意义。如“糊糊涂涂”变成“糊里糊涂”，“懵懵懂懂”变成“懵里懵懂”。

任学良《汉语造词法》[①] 提出嵌音重叠的形态变化，不属于构词（至少不仅仅是构词）的问题。构词和构形的区别在于是不是重叠变化。“糊涂”重叠变成“糊里糊涂”，“糊里八涂”却没有重叠……是构词。

王力认为“糊里”、“七八”和“糟”是赘语，无非要凑足四个字，使语音更有力量而已。[②]

邢公畹认为“A里AB”是重叠的“憎恶态”：利用一个中词附或者利用两个中词附造成一种形式（后者已经不能称为重叠式）：糊里糊涂、糊啦巴涂。这个重叠式表示讨厌。“憎恶态”是跟“强化态”并列的两种态。“糊糊涂涂”是“很糊涂”的意思，糊里糊涂是“糊涂得可厌”的意思。[③]

朱德熙、刘月华等把“A里AB”叫做不完全重叠，也属于构形的范畴。[④] 可以与下边的比较。

刘叔新《汉语描写词汇学》[⑤] 说：“里”首先是出于衬音的要求而嵌入的……不看做是中缀。“里”既是A重叠的标志，又是B重叠的代替物。“里”如果是一种词缀，被它嵌进去的那个单位就应是不同于原单位的另一个词……可是现实中根本不存在“糊糊涂”、“马马糊”这类形式的单位。……又无法解释重叠成分“胡”、“马”等的性质和作用。须知“胡”、“马”等重叠成分标明了词的一种构形变化，使词的重叠形式在意思程度上——语法“级”的含义上——区别于不重叠的“胡涂”、“马虎”等原式。因此，不能把“胡里胡涂”“马马虎虎”等分别看做不同于“糊涂”“马虎”等的另一个词，也就是不能把“里”看作中缀。汉语很难存在这种位置特殊的词缀。根据“里”所起的作用以及它本身不存在概念意义的情况，把它看做重叠成分的伴随物，看

① 中国社会科学出版社1981年版，第104页。

② 《中国现代语法》，商务印书馆1995年版，第302页。

③ 《现代汉语的构形法和构词法》，《南开学报》1956年第2期。

④ 《现代汉语语法研究》商务印书馆1980年版，第36页。

⑤ 商务印书馆1990年版，第87页。

做性质更接近于构形法形态的特殊形态，是比较合理的，这样，词式 A + li + A + B 从性质方面看，可以转写为“词根 + 构形法形态附着物（特殊形态） + 构形法形态 + 词根$_2$”。

不过，刘叔新提供了“里”作为状态词缀的重要证据，嵌入的“里”起的是两种作用：（1）衬音，成为语法重叠的标志。汉语用重叠来表示语法作用的词，或者是双音词而重叠一个音节的或者是四音节词的重叠两个音节的，却没有三音节词而重叠第一音节的形式。现在只重叠双音形容词前一个概念意义成分来表示程度的加强，就需要加垫一个音节，以造成四个音节而平衡地分为前后两段的情形，从而迫近于两个音节重叠的习惯格式。因此，“里”就同时成了其后重出的单音成分是前头成分的语法重叠的标志。（2）增加了贬义色彩。……现在只重叠词的两个概念意义成分之一，性质程度的强化手段显得不够充足，而嵌入的“里”正可以从增强语气和贬义色彩方面给予弥补。……可以说是另一概念意义成分重叠的替代物。他还区分了语法变体与词形式：现代汉语的形态变化只有重叠的情形。重叠式与不重叠的原式，如果确实只有语法上的差异，就都是同一个词的不同语法变体。如“干净”和“干干净净”、“红”与“红红”，彼此表示的都只是语法上原级与比较级的差异，因而都是语法变体，同属一个词。但是后头的构词成分取叠音形式的形容词，却不能视做语法变体。……“红彤彤”表示：“很红的样子（的）”。“红艳艳”表示的意思差距更大，“红得鲜艳夺目的样子（的）”。……“慢悠悠”的意思是“从容自得地慢”，同“慢”或“很慢”都并不一样。……这些又都不可能作为语法变体而分别同另一无重叠的变体合为同一个词，因为现代汉语不存在“红彤”、“红艳”、“香喷”、“慢悠”等单位。

黎良军《“A 里 AB”新论》① 认为“酸不唧”是由“酸拉吧唧”吞掉第二音节变来的，“不”是“八”的语素变体。而且他不同意语言学界一般认为 A 里 AB 是汉语形容词的一种构形变化的观点，说：实际上 A 里 AB < A 里八 B < A 七八 B，“里”只是“七八”的变异形式。“里”是构词语素。是“七八”这个构词成分经过轻读和格式的形式调

① 《广西师范大学学报》（哲社版）1994 年 12 月第 30 卷第 4 期。

整的磨损后剩下的残余形式。属于构词语素。A 在第三音节出现，不是为了同第一音节构成重叠式，而是为了使这一模式的语义的主要负荷者 AB 作为一个相连的整体在格式中出现。他觉得上述各家之说都存在问题。

赵元任在讲汉语的“形态类型”时谈到 A 里 AB，他把这种格式列为“生动重叠式”的模式之一，并提出“里”是中缀的观点。①

吕叔湘《汉语语法论文集》② 说重叠式“是构词的产物，不是形态变化的产物”。

有的文章分析了古代汉语重叠式的构成和意义，如王淑怡《〈淮南子〉重言研究》（2005）分析了重言的结构和意义：

1. 结构有叠加（如“浩浩瀚瀚”，由“浩瀚”叠加而成，表示水盛大貌）、联合（如“混混滑滑”，“混混”为涌出之貌，“滑滑”读曰“骨”，亦涌出之貌，义同今“汩汩”）、偏义联合（如“墨墨恢恢”，“墨墨”为失意貌，“恢恢”义为宽宏大度，“墨墨恢恢”义同“墨墨”）。

2. 一些重言有多义：“悠悠”长远之貌，又为忧愁貌。

周正颖《尚书重言词刍议》（1995）探讨了现代重叠词的构成与古代重言词语的渊源关系。例如说，汉语成语“战战兢兢”或肇源于《仲虺之诰》的“小大战战”和《皋陶谟》的“有邦兢兢业业”。“战战”借用“兢兢业业”的“兢兢”组成。

第三节　新阶段研究的启示

上述提及的许多研究，包括一些不同见解，对我们都有很大的参考价值。比如“A 里 AB”式是否由词缀构成争议很大，说明了状态词缀介于构词与构形之间的特殊性。

朱德熙《语法讲义》（1982）认为状态词具有描写性，虽然描写性主要指描摹形态，并未分析词缀，但其中包括大部分具有状态词缀

① 《汉语口语语法》，商务印书馆 1979 年版，第 109—133 页。

② 商务印书馆 1984 年版，第 325 页。

的词。

近年与词缀相关的研究较多，不过，还没有对状态词缀这一中间类型的研究，当然也不可能对状态词缀进行全面细致的描写和对比分析了。下边列举一些对本书研究有所启迪的相关研究。

有的文章，讨论了上古汉语中的使动形式，试图证明上古汉语可能有与藏缅语相类似的词缀。① 有的文章谈到，语言是人类最重要的交际工具，研究语言的分类，离不开使用这种语言的人的历史。② 有的文章，发现景颇语讲究韵律，重视音节之间的语音搭配，认为这是重叠式得以发展的因素之一。③

景颇语的韵律表现为多种特征。其一，双音节词的“轻重式”，即前一音节为轻音节（或弱化音节），后一音节为重音节。例如：［mǎ^{31} li^{33}］“四”一词，前一音节为弱化音节。其二，并列复合词前后音节的元音和谐。后一音节的元音舌位要低于前一音节。例如：［nu^{51}］（母）［wa^{51}］（父）“父母”。元音和谐不仅存在于复合词中，而且还在一定程度上“扩散”到词组、句子上。其三，词的双音节化。在景颇语里，双音节词所占比例较大，遍布各个词类。《景汉词典》的15245个词，其中双音节词有8317个，占词汇总数的55%。在各类词中，只有助词、助动词是单音节的，其他均以双音节为主。有些单音节词也能前加a音节构成双音节，单音节和双音节并用，各有自己的使用场合。例如：［mji^{31}］～［a^{31} mji^{31}］“眼”，［ti^{31}］～［a^{31} ti^{31}］“蛋”。有些三音节的复合词能减去一个音节构成双音节词，例如：［kǎ^{31} kat^{31}］（跑）。

景颇语词的双音节化倾向对语法特点，包括构词方式、语法形式、句法特点等都产生了一定的影响。双音节化是一种韵律，具有语音节奏感。重叠式使单音节词双音节化，符合双音节化倾向；而双音节化倾向又有助于重叠式的发展。这启发人们注意韵律特征对语言发展变化的作用或影响。

① 吴安其：《与亲属语相近的上古汉语的使动形态》，《民族语文》1996年第6期。

② 孙宏开：《关于汉藏语分类研究的回顾与存在问题》，《民族语文》1998年第3期。

③ 以下见戴庆厦《景颇语重叠式的特点及其成因》，《语言研究》2000年第1期；《景颇语词的双音节化对语法的影响》，《民族语文》1997年第6期。

韩陈其《汉语词缀新论》① 将词缀分为语音化词缀、语法化词缀和语用化词缀。

语音化词缀，是指充当词缀的词素与本读的语音有所变异。这种语音变异，有一个历史演变的过程，而在汉语各方言中的音变表现形式又往往各有不同。就普通话而言，音变主要是轻化（轻音化）和儿化。例如“鼻子”的“子”。

语法化词缀，是指充当词缀的词素在语法方面对由其所构成的派生式复音词产生作用。语法化词缀，一般不产生音变；即使有音变，或只是处在萌芽状态，或只是具有可能产生音变的倾向。语法化词缀的结合能力有的很宽，有的却很窄。

但无论是什么样的语法化词缀，一定都具有游离性或半游离性。例如“同志们”的“们”。

语用化词缀，是指充当词缀的词素在语用方面对其所构成的派生式复音词产生作用。语用化词缀，有的无音变，有的有音变，即使有音变也有极大的任意性，与语音化的词缀的音变在本质上有所不同。语用化词缀，既有单音节，还有双音节，甚至三音节。语用化词缀所形成的语用色彩是极其丰富、耐人寻味的。例如“老王”、“老鹰”的“老”，“捣腾”的“腾”，“胖乎乎”的“乎乎”，“瘦筋筋”的“筋筋”，“直溜溜”的“溜溜”等。

以上同为语用化词缀“溜溜”，有时表示情状程度的深化，有时表示一种带有喜爱心理的评价，有时表示情况程度的弱化，也含有一种喜爱的心理，如“酸溜溜、甜溜溜、滑溜溜”。需要注意的是，语用化词缀往往是多义的，与不同的词根结合显然可使词义复杂，与多义的词根结合也可使词义变得复杂；如“酸”表示气味时，“酸溜溜”则有“弱化”兼“喜爱”的色彩，而“酸”表示心理感受或生理感受时，“酸溜溜”则有“强化”兼“厌恶”的色彩。汉语词缀研究，一直难令人满意，究其深层原因，大约有三：一是对自然语言的本质特点缺乏认识；二是对汉语言的民族特点缺乏认识；三是对汉语史缺乏认识。正因如此，产生这样或那样的认识错误，便不足为怪了。

---

① 《扬州大学学报》（人文社科版）2002 年第 4 期。

上述研究，对我们启发很大。“状态词的描写性”、“韵律特征”和“语用化词缀”的认识很有见地。从语用方面看，状态词缀充分体现了语言的表现力。状态词缀的使用有浓郁的语体、感情、形象色彩，为不同人群、不同语境需要提供了相应的选择。状态词缀是某种情态、色彩的体现，突出语言的形象性、立体感，重点不在表达概念，而在表达语用意义。

第二章　现代汉语语用词缀系统

本书“汉语”既指现代的也指古代的，既指普通话也指方言。不过只说“普通话”或“方言”时指的是共时的现代汉语。本章主要以现代汉语普通话及部分北方方言为研究对象。

第一节　现代汉语状态词缀①

一、状态词缀是区别于构形、构词词缀的语用成分

现代汉语状态词缀大部分是状态词（或叫状态形容词）的词缀，还有一部分是其他词的词缀。状态形容词的词缀，如“干巴”的“巴”，“干乎乎”的“乎乎”；其他类词的词缀，如“试巴”的“巴”、“吹乎”的“乎”是动词词缀，“猛不丁”的“不丁”、“仰八叉”的“八”分别是副词、名词词缀。状态词缀是一种介于构词词缀与构形词缀之间的词缀，而其构词、构形意义都不十分明显（也可以说既有构词作用又有构形作用，但是又不同于一般的构词词缀和构形词缀），一般没有实在的词汇义也不具备确定的语法意义（在语法方面缺少系统性）。例如英语动词、形容词词缀“-ize、-ist”等有改变词汇意义和语法范畴的作用，可以使名词成为动词、形容词，而汉语的“咕、巴、乎”等词缀只增强表现力。英语的“-er”、“-est”只表示形容词的比较级、最高级，而汉语的“乎乎”、“不溜丢”等既可以增强程度，又

① 本节曾在《求是学刊》（2008年第5期）发表。

能附加描写意义。①

如果按照现行的分类法划分，状态词缀是构词词缀中的一类。但这些词缀的共同点是具有描写性，或者说其构成的词具有描写性，是突出某种形象、情态、色彩的语用词缀。描写，具体说就是模拟形态、增强语势、表达情感、适合语境。在汉语中状态词缀主要是构成状态形容词。朱德熙（1982）说状态形容词带有明显的描写性，他列举的状态形容词几乎都是由状态词缀构成的（5类中只有一类AABB式不全是由状态词缀构成的），例如“小小的、煞白、绿油油、脏里呱唧、怪可怜的”。因而也可以把这类状态词缀称为描写性词缀。

除了个别状态词缀由词根语素虚化而成外，大多数是直接添加的并无实在词汇意义的词缀语素。附加状态词缀能突出词根语素含义的某方面取向，使词的表达更生动形象，更具有表现力和情感张力。也可以说是状态词缀改变了词的形象色彩、感情色彩、语体色彩。这种描写有时是模糊的，是只可意会、不可言传的。既然难以通过有具体描摹意义的词根语素表达，只好借助无具体、实在意义的词缀来表达。一方面是词根表示的词汇含义已经大体满足了表达要求，因而不需要增加实语素构词，就用到了这类词缀；另一方面是实现语用转换需要状态词缀形成特别的形式，这时，具体意义淡化了，语用意义突出了。状态词缀表达的是外在的形态色彩，然而却渗透着说话人内心的主观感受或主观评价。有状态词缀和没有状态词缀的词并存，适应特定的语境需要。如此看来，汉语的构词词缀又可以分为词汇构词词缀、语法构词词缀和语用构词词缀三类。词汇构词词缀是只有构词意义或构词作用的词缀，如“阿”、“老”、“子”、“儿（轻声）”，其特点是与名词性的语素组合，并不改变词性。语法构词词缀是既有构词意义又有语法意义的词缀，如“者”、“头”、“性”等，其特点是可以与不同词性的语素组合，并使之成为名词。语法构词词缀也有较实在的词汇意义，不可缺少（“读

---

① 传统词缀研究主要参考了奥托·叶斯伯森（1988），萨丕尔（1985），刘润清（1995），维多利亚·弗罗姆金、罗伯特·罗德曼（1994），王力（2000），马学良等（1997），张寿康（1981），陆志韦（1990），任学良（1981），张道真（1984），高名凯、石安石（1963），刘伶等（1987），刘叔新（1990），吕叔湘（1979）等著作。

者"、"甜头"、"积极性"的"者"、"头"、"性"），缺少就完全变成另一个词了。因此，可以把语法构词词缀也称为词汇构词词缀，以便同语用构词词缀相对照。语用构词词缀就是状态词缀。经常运用的格式会形成规律性的倾向（邹韶华，2004），现代汉语（包括方言）的词缀系统有其特点与共性，形成了独特的词缀体系。汉语词缀系统没有印欧语的构形词缀，可以分为构词词缀和构用词缀，粗略体系如下：

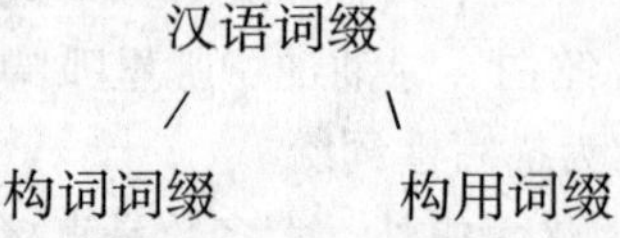

构用词缀就是语用词缀。说状态词缀是表达语用意义的词缀，就在于其表达的是语言使用者从主观感受出发，赋予要表达的事物（形态、动态、感觉、色彩等方面）的主观评价。除个别由有具体描写意义的词根虚化的外，多数状态词缀是增加并无实在含义的成分，传递出对词根含义的形容描绘，延伸附加含义，使词语带上某种色彩，如口头性、随意性、贬斥性、形象性等。这种描写性似乎是可以意会而难以言传的，难以用具体的词根语素描写，只好借助表义模糊的词缀来实现，表示某种状态样貌。

状态词缀可以是前缀、后缀、中缀，也可以是单音节或多音节词缀。(儿化不算音节。)

单音节前缀的特点是表义虚化、较能产，位置变化后则可能不是词缀(意义、形式不同)，如单音节前缀"溜（尖）、精（光）、稀（烂）"换成"溜（冰）、精（华）、稀（少）"等组合就变成了词根。(举例以普通话及哈尔滨等北方方言为主，为保持原貌各方言不同写法一仍其旧。下同。)

双音节前缀较少，有叠音的、非叠音的。如"稀了（糊涂）、急了(拐弯)、蒙蒙（亮）"。

单音节后缀的特点是几乎无词汇意义（有个别例外），一部分可类推使用，位置固定，结构较一般构词词缀松散，一般说都可以去掉，去掉后词义基本不变，如"（撕）巴、（蔫）巴、（抡）搭、（耷）搭"，括号中的成分可以单独使用。

多音节后缀以叠音的居多，又分在单音词根后和在双音节词根后两类，如“白（亮亮）、烟雾（腾腾）”。还有词根重叠后加叠音缀的，如“鼓鼓（囊囊）”。

非叠音的如“（中）不溜儿、（红）不棱登、（老实）巴交”。

从词缀语音看，状态词缀有单音节的，有多音节的，有叠音的，有同一语素不同音（字）的。（举例用汉语拼音标音或标调，下同。）单音节前缀如“焦”、“溜”、“稀（希）”等。常用的后缀如“咕”、“拉”、“性”、“叽”、“楞（棱）”、“乎”、“弄（long）”、“答（搭）”、“实（势）”、“亮”、“登（腾）”、“巴”、“悠”、“嘎”、“道（叨）”、“挺”、“歪”、“娄”等。

双音节词缀，在北方方言中，一般都读阴平（在两个或多个音节词后），例如（“～”号代替词缀，下同）：

—巴拉：稀罕～、邪性～、死性～、牲口～、费劲～、二虎～、难受～、闹心～、恶心～

—拉瞎：鼻涕～、干巴～、埋汰～

还有“巴叉”、“巴登”、“巴叽”、“巴汤”、“拉撒”、“嘎叽”、“光叽”“咕叽”、“唧叽”、“溜丢”、“乎拉”、“呲拉”、“呼吃”、“呼燎”、“棱登”等都读阴平。也有个别双音节词缀的音不读阴平的，如：

—巴火：吵吵～、贪黑～、强～

“火”读本调。

单音节词根后的双音节、多音节的状态词缀，读轻声加阴平。如“巴”在双音节词缀前，同单用一样读轻声（“巴”前是单音节词），而“巴”后的双音节语素读阴平。例如：

—不搭：茶～、讪～、素～

—巴唧叽：嘴～、傻～

“不”读轻声，常与“巴”换用。

词根语素加叠音的描写性后缀，读阴平：

凉哇哇、白亮亮、空（去声）落落

只有普通话书面语的词缀不读阴平，例如："白皑皑"、"金灿灿"。还有的词根语素重叠后再加叠音词缀，这类不多，很像形容词 AABB 式重叠：

笨笨卡卡、扁扁哈哈、瘪瘪瞎瞎、趔趔勾勾、洒洒拉拉、懒懒踏踏、花花溜溜儿、鼓鼓囊囊、将将巴巴

从状态词缀的位置看，以后缀最为丰富，前缀、中缀较少。另举一些前缀、中缀的例子：

焦—：~黄、~酸、~（阳平）绿
溜—：~光、~滑、~圆、~尖、~严、~直、~鼓、~净
稀（阳平）—：~烂、~松、~脆、~泞、~暄
确—：~黑、~白
—巴—：拉~腿儿、虚头~脑（说话虚伪）、尖嘴~猴（长相尖嘴猴腮）
—的—：水~拉的（东西上水多的样子）、粗~拉的（粗糙的样子）、湿~乎的（湿的样子）
—拉—：撇轻~怪、没深~浅
—了—：糊~半片、
了巴—：糊~涂、砢~碜、憋~屈、兀~秃、埋~汰
—儿八—：正~经

有的（主要是形容词）是多个词缀出现在一个词里，"水拉的"还可以变成"水的拉的"，"酸巴叽"可变成"酸了巴叽"。从音节少变换为音节多的，增强了表现力。也有的词缀形式缺乏构词扩展能力，甚至只有一个构词词形，例如：

喷（香）、漂（白）、（磨）丢、（老实）巴脚、（死）目卡（眼）、（死）气白咧、（烂眼）枯瞎

从状态词缀的功能看，主要是构词词缀，有的有构形意义，有些与其他词缀看似一样，实则不同，有独特的功能。状态词缀主要构成以下各类词：

①动词：

悠：转～、嘎～、哈～、忽～、抻～
搭：杵～、抹～、拧～、扭～、搡～
嘎：锯～、搭～（搁）、拉（阳平）～
登（腾）：扑～、折～、倒～、翻～

动词状态词缀描写动态，以单音节后缀为主，其他类型极少。有个别带中缀的动词如“罼咕罼”、“卡巴眼”等。

②形容词（前边举过的例子多为形容词，如“稀烂”、“干巴”、“水的拉的”等，再举一些单音节的）：

道（叨）：霸～、恶～、妖～、外～、神～
挺：累～、闷～、憨～
歪：急～、腻～、呔～

“挺”，北京话用“得慌”。如电视剧《刘老根》中大辣椒用东北话说车颠簸，字幕是“墩腚”，实际说的是“墩挺”。“墩”就是“车颠”的意思，“挺”读轻声，描写人被车不断颠簸难受的情形。“墩挺”就是“墩得慌”。形容词前缀除增强了表达的程度外，还带有特殊的形象色彩。后缀突出了形态性，还增加了某种主观感受。比如“妖道”，也说“妖势”，不但有像妖精一样的含义，还描写妖里妖气，有怪说、怪态（常为迷信或偏见），不随和的样子。

③名词：

仰八叉、拉巴腿儿、斜楞眼儿、拐拉腿儿、干巴猴儿、霉性味儿

名词主要是带描写性后缀的谓词（如上述“斜楞”、“干巴”）后边再加上词根构成。也有的前加词根，如“小捅咕”、“大划拉”、“鞋趿拉儿”等。

④副词：

诚气（非常，也作“诚的、诚是”）、齐呼拉（一齐）
猛（不）丁（猛然，也作“猛孤丁\猛个丁”）、活撕拉（活活地）
冷（不）丁（冷不防）、生此（呼）拉（生生地）
干巴楞（全、都）、强（了）巴火儿（勉强）、一心巴火（一心）、轻松儿地（很轻松）

副词很少，大都是单音词根加多音词缀，只有个别例外。

⑤拟声词：

稀里哗啦　　稀里忽噜
噼里啪啦　　劈里扑隆
急里呱啦　　急里咣当
齐吃咔嚓

拟声词因声音感觉不同而可以随时创造，有不稳定性。一般只有带重复性成分的可以看做是状态词缀。这里的“稀里”、“劈里”、“急里”、“齐吃”只是增强表现力，并非直接拟音，后边的“哗啦”、“忽噜”、“啪啦”、“扑隆”、“呱啦”、“咣当”、“咔嚓”才是拟音的词根语素。拟声词是出现较早的描摹声音的词，很多其他类状态词缀或直接源于拟声词，或者受到其影响。

二、状态词缀的构词特征

状态词缀是词缀，所以首先符合词缀的特点。但状态词缀比一般词

缀更有特色，构词特征主要是位置确定、缺少独立性。状态词缀一般不能单独使用，与词根结合不紧密，词根可以单独使用而词义基本不变。单音节词缀结合紧密些，以哈尔滨方言（李荣、尹世超，1997）的“巴”为例：

动词：拉（阳平）巴、拉（去声）巴、磕巴（兼名词）、治巴、卖巴、置巴、劈巴、卡巴、眨巴、尬巴、凿巴、砸巴、杵巴、扔巴、揎巴、缠巴、拽巴、揪巴、敛巴、串巴、攒巴、支巴、造巴、试巴、凑巴、爹巴、哈巴、撕巴、扯巴、搓巴、掐巴、撮巴、团巴、削巴、卷巴、光巴、挣巴、挤巴、捍巴、鼽巴儿（兼名词）、呀巴

形容词：僵巴、涩巴、刺巴、死巴、倔巴、皱巴、抽巴、窄巴、干巴、煳巴、将巴儿、馊巴

“巴”位置确定、不能独立使用，与词根结合松散，词根大都能单独使用而词义不变。除了上边第一段动词中“拉（去声）巴、磕巴、尬巴、哈巴”和下段形容词中“刺巴、抽巴、将巴儿”之外，可以分离单用词根的比率仍占86.7%。《现代汉语词典》（2006，下同）只收了少数几个结合紧密的词，有“干巴、窄巴、结巴、磕巴、哈（hà）巴”等。

双音词缀有一定的选择性，但与词根结合更松散（“~”多为形容词）：

~个X

死个丁、面个兜、艮个揪儿、咸个滋儿、软个囊

~得（搭）乎

傻得乎、胖得乎、暄得乎、悬得乎、软搭乎

~得X

彪得哄、苦得溜、臭得烘、稀得溜、扁得哈、细得溜（儿）、稀得楞儿、干得噜儿

上述双音节词缀中的“个”、“得”像是插入成分，因为多数词去掉这些词缀还可以组合成词，如“艮揪儿、暄乎、稀溜”等，所以说两个词缀之间的关系也不紧密。前边的单音节词根同后边的双音节词缀的关系松散，单独说“面、胖、臭”等只是少了附加色彩。另如北京方言（陈刚等，1997；高艾军等，2001）中的双音节词缀：

沉得噜（陆）、憋得慌、闷得慌、沉得慌、闹得慌、臊得慌、羞得慌、惨得慌、黑得乎、玄得忽、悬得忽、晕得忽儿、晕打呼儿、匀得溜儿、穷得哈、黄得楞儿、稠咕嘟（儿）、闷咕嘟、热咕嘟、齐骨都、黑咕咚、热咕咚、零唧咕、酸咕囔

“咕嘟、咕咚”与“得慌”等词缀一样，同词根的关系不紧密，只是后附的拟音词缀。其他带多音节后缀的词，词根与词缀、词缀与词缀之间的结合也不紧密，例如：

老实巴交、大腹便便、可怜巴巴、白不呲咧、黑不溜秋、红不棱登、花不棱登、滑不唧溜、灰不溜丢、酸不溜丢、花里胡哨、黑咕隆咚、死乞（气）白赖（方）、软了咕耐、光不出溜、恶拉巴心、熬拉巴糟

“老实巴交、花里胡哨、软了咕耐、光不出溜”就是“老实、花、软、光”，“恶拉巴心、熬拉巴糟”就是“恶心、熬糟（苦恼难受）”。

正因为如此，一般辞书所收的带状态词缀的词要少于实际使用的数量，那些使用率低或使用面小的、编者不熟悉的当然被排除在外了。而人们使用这些附加成分并非为了构词，而是为了“构用”，恰恰是在运用具有语用特点的状态词缀。由此看来，状态词缀并非真正的构词词缀，过去把叠音后缀称为“生动形式”，就表明已经意识到了这类状态词缀与构词词缀不同。

三、状态词缀的意义特征

状态词缀的意义虚无或抽象而不具体，表达形式与意义基本无关，几乎只是无意义的音节，有的词缀甚至不像是语素。例如：

—乎：

咋（阴平）～（大声张扬、虚张声势）　腻～（黏稠）
贴～（有意靠近，使关系密切）　湿～（湿润）
吹～（说大话）　邪～（厉害）
白～（话）（起劲儿地说、侃）　悬～（危险，不牢靠）
忙～（忙着干）　暄～（松软）
面～（食物纤维少而细软）

普通话有“在乎、忙乎”，可以是动词，还多少保留了“乎”的“于”义，而在方言口语的大多数词中这一意义几乎虚化殆尽，有的甚至写做“呼”。“乎”构成的除动词外，还有不少是形容词（上边第二栏的词和第一栏兼类的“忙乎”）；不但可以与动词性语素构词，也可以和形容词性、名词性的语素构词。

有的词因附会词义而改变了书写形式，《现代汉语词典》中的“忙活”、“黏糊”应同“忙乎”、“黏乎”。改变了的书写形式又影响了实际读音（标注为“活”、“糊”的本音）。状态词缀因为用字附会意义而易误解。比如“泼辣”，有的辞书未标轻声，哈尔滨方言是“泼（上声）勒”，也可以写作“泼拉”，后一个字应读轻声，并无“辣”义。另如：

—亮：

敞～（宽敞、明亮，通情达理、不小气）　赫（豁）～（响亮）
清～（清澈）　利～（利索）
真～（清楚）　眼～（视觉开阔）

《现代汉语词典》收了“敞亮”，释为“宽敞明亮”，“亮”读去声。孤立地看，“亮”是词根，实际在哈尔滨方言中与上边所举的其他词一样，“亮”应是词缀，读轻声，构成一系列形容词。

—棱（楞）：

拨（bū）～（来回摆动） 翘（阳平）～（木板等变得弯翘不平）

侧（zāi）～（向一边倾斜） 支～（翘起）

斜～（向一边歪或斜眼） 白～（用眼白瞪人）

横～（因不满而斜眼瞪人） 别（去声）～（别扭）

沙～（动作快、敏捷）

上述各例中多数词的后缀习惯上写作“楞”，“支棱、翘棱”的后缀因有“翘起”义而常写做“棱”。其实意义与书写形式基本无关，加上词缀后使词具有了动态和某种色彩。动词“拨楞”、“侧楞”和形容词“别楞”，能按 AABB 方式重叠，具有贬义色彩。“斜楞、横楞、白楞”也是贬义的，但一般不能按 AABB 方式重叠。只有“沙楞”特殊，是形容词，但具有褒义色彩，不能按 AABB 方式重叠。还有一些构成具有贬义色彩动词的状态词缀也可以用“楞”或其他词缀替换。例如：

—弄

摆～（用手反复动某物，喻指支配操纵） 糊（去声）～（欺骗）

团～（揉成团儿，喻指控制） 㨃～（同“㨃拉”）

挖（去声）～（钻营） 搁～（搅动、搅和）

不知道的人常按“弄”的动词义读音，而一般汉语词典都注音为轻声 nong。哈尔滨方言读 long 或 leng，如“糊弄”的“弄”，否则失去了其原有的读音和语用含义。

多音节词缀的这一特点更是明显。按读音规律应该读阴平（或轻声加阴平），如果不遵循规律，难免影响理解和使用。例如“空落落”表示“缺少东西、心无着落”，应读 kòng lāolāo，而一般汉语词典都注音为 kōng lùolùo，似是而非（后边具体分析）。另如：

酸不叽、贱不叽、蔫不叽、绿不叽、甜不梭、黑幽幽（油油、黝黝）、辣蒿蒿、赖蒿蒿、腥蒿蒿、曲溜八叉、眼泪巴叉、希罕巴叉

“不叽、不梭”的意义都不能按字面理解，“不”也作“巴”。“八叉、巴叉”也没有意义区别，可以写做相同的字。“幽幽（油油、黝黝）”有三种书写形式，可见字形与意义无关。“蒿蒿”更与“蒿草”义无关，因为可以加在“腥、辣”表示味道的词后，也可以加在“赖”表示情态的词后，想附会都难。有些词缀“里”就是“了”：

曲里拐弯儿、稀里忽扇、急里拐弯儿、稀里哈嗒（儿）、花里胡哨、稀里糊涂

“了”与虚语素连用时习惯上写做“里”，口语实际读“了（le）”音（写做“了”时读 la 或 le）。“稀里”等是双音节前缀，“里”前的“稀”不单独表义。“曲里”也写做“急里”，证明二者没啥区别，只是“急里”更符合实际读音，“曲里”是附会词根义。

状态词缀“了”一般不单用，经常与“巴”、“巴叽”、“咕叽”等连用：

乌了巴涂、傲了巴叽、漂了巴叽、泞了巴叽、肉了巴叽、野了巴叽、侉了巴叽、匀了光叽、濒了光叽、甜了咕叽、烂了糊哧、黏了呼吃

这里的“了”延长音链，形成轻重变化，不只是陪衬音节，而有增强语势、突出情态的作用。“了”与其他词缀连成一体，起到了突出后边词缀的标记作用，一般不能缺少，除非全都不用，只说“乌涂(兀突)、侉、嘚瑟、漂、甜、泞、匀、澥、烂”等。

四、状态词缀的读音规律

状态词缀的特点是语音形式变化与词缀化相对应，形成形、音、义对应规律。以哈尔滨方言为例：前（缀）“升或降”，后（缀）“轻或平”，单音（缀）“轻”，多音（缀）“平”。即单音节前缀常读阳平或去声。例如：

焦酸、焦绿、焦黄、稀暄、稀泞、稀嫩、稀酥、精泞、精湿、精瘦、溜滑、溜光、溜鼓、溜圆、溜平、溜尖、绷硬、登硬、胶黏

上述单音节前缀常读阳平。其中有的字音就是阳平，其他的只有“焦黄、胶黏”的前缀不读阳平。

确黑、确青、漂白、刷白、蹦脆、瓦凉、瓦蓝、恶臭、恶臊、岗尖儿

上述单音节前缀都读去声。这里所列的单音节状态前缀大都出自北方方言。

单音节后缀必读轻声（干巴、甩搭、摆弄、捅咕），叠音、多音后缀及变换形式有相应的读音模式：“的”尾前（音节）“平”后“轻”(傻乎的)，其他前“轻”后（音节）“平”（傻乎乎、傻的乎、傻不噔、傻拉光儿）。单音节词根重叠后加叠音词缀，词根重叠的后一音节读轻声，叠音词缀都读阴平：

满（满）登登、病病殃殃、别别拉拉、坑坑巴巴、假假咕咕、将将巴巴、皱皱巴巴、揪揪巴巴、赖赖巴巴、裂裂巴巴

这些词中有的与三音节词的形式并存，如“满登登”、“病殃殃”、“皱巴巴”。名词性的非重叠双音节词根加叠音词缀的词，叠音词缀都读阴平，例如：

褶子巴巴、瘦筋巴巴、油渍奈奈、雾气沼沼、彪子哄哄、烟气刚刚、娘们儿家家

有的双音节词根可以独立成词，如“娘们儿”；有的不能独立成词，如“瘦筋”；有的后一语素虚化，如“油渍”。

三音节词缀的组合有两个层次，后两个音节是固定搭配在一起的模拟形态或声音的成分：

稀拉呱叽、稀拉巴叽、破不拉叽、嘴不唧叽、刺儿拉嘎叽、傻拉乎吃、红不棱登、紫不溜丢、黑不出溜、花不棱登、疤不拉瞎、光不出溜、醉么咕咚（儿）、邪乎巴拉

以上的“巴叽”、“乎吃”、“咕咚”等，同前加虚语素“拉”、“不（巴）”等组合，前一音节读轻声，后两个音节都读阴平，可以视为两个词缀的组合体。如果再加“的”就是三个词缀了。“邪乎巴拉”有所不同，前两个音节“邪乎”先组合，再和“巴拉”组合，读音也是轻声加阴平。组合的结构形式、读音分别如下表：

结构形式	例词	后缀读音
（1）根＋（缀＋缀）	“傻＋（拉＋巴叽）”	（轻声＋阴平阴平）
（2）（根＋缀）＋缀	“（邪＋乎）＋巴拉”	（根＋轻声）＋阴平阴平
（3）根＋（缀＋缀）＋的 （根＋缀）＋缀＋的	“傻＋（拉＋巴叽）＋的” “（邪＋乎）＋巴拉＋的”	（轻声＋阴平阴平）＋轻声 （根＋轻声）＋阴平阴平＋轻声

表中（3）组有两种结构，一样读音。说明对韵律格式来说，词缀位置比意义上的亲疏关系更重要。此外，其他组合的结构还有“词缀＋词根（通红）、词缀＋词缀＋词根（喷儿喷儿香）、词根＋词缀＋词根（强咕强）、各式＋的［登登的、狠歹歹的、悬得棱的、悬乎（儿）的、蓝盈（盈）儿的］”等其他结构形式。前缀“通、喷”读去

声，后缀“咕、的、得”读轻声，“登（登）、（歹）歹、棱、乎、盈”都重读阴平，括号中的（登）、（歹）不重读（阴平），常读轻声。

我们对《现代汉语八百词》（吕叔湘，1980）“形容词生动形式表”二“单音节形容词加双音后缀或三音后缀，构成ABB、ABC、AXYZ等式”的词缀读音进行了统计。去掉词根音节重叠的词（如“干瘪瘪、孤单单”），共有314个词，词缀符合读音规律的（轻声+阴平，如“稠乎乎、美不滋儿、滑不唧溜、黑咕隆咚”）275个，占87.6%，其中词缀的字、音一致的词227个，占72.3%，词缀字、音不一致而读阴平的词（如“文绉绉、水淋淋”的“绉”字本是去声，“淋”字本是阳平）48个，占15.3%；不符合读音规律的（轻声+非阴平，如“暗沉沉、白皑皑、光灿灿、气鼓鼓”），占12.4%，主要是仿造的书面语叠音词缀，非叠音的状态词缀没有不符合读音规律的（都来自自然口语）。

北方方言口语叠音的词缀都读阴平，日常就这么说，只是写成“油油”、“辣辣”而易被误读。因为记音附会意义而导致人为改变自然语音，再以此类推造出一些书面语词，便出现了许多不读阴平的叠音后缀。人们一直就叠音后缀是否变阴平争论不休，其实“变阴平”说本身就不合适，颠倒了先有自然语言的词音后有文字的次序，而假定字先于词音。这个问题也不难解决：来自方言口语词的叠音后缀都读口语音，而书面语仿造的则不受此规律限制。《现代汉语词典》分别注音还是有必要的，也是符合实际的。（后文还要详细分析。）

五、状态词缀的语用特点

状态词缀构成同一词族的同义词语，但语用效果不同，用于感觉不同的表达，附加语用含义。

状态词缀构成的词感情色彩强，突出情态，有突出的描写性。都不承载主要词汇意义，而具有附加的形象色彩、感情色彩、语体色彩等。状态词缀不靠固定词缀，而靠固定格式突出个性与主观感受。即使是单音节的状态词缀，也有附加的色彩。有的词缀构成的词感情色彩强，突出情态。如：

叽：

磨（去声）~（反复念叨、拖沓）　硌~（争吵、发牢骚）
哽（阳平）~（带哭腔央求）　能（哝）~（小声嘟囔着央求）
杠~（抬杠、争辩）

这些词都是动词，但也都能按 AABB 式重叠，都有贬义色彩。有些词缀构成的词具有描写性。如：

咕：
扎~（治病——以扎针为特征）　呛~（议论）
捏~（用手来回捏，喻摆布）　獒~（口角）
扯~（搞不正当关系）　摸~（做事缓慢）
犟~（争辩、争执）　觑（阳平）~（眯眼）
挤~（挤眼，使劲眨）　叨~（小声絮叨）
嚯（qū）~（小声私语）　捅~（触碰，喻暗中搞小动作）

除口语色彩外，带“咕”的动词描摹了各种动作的形象：常是小动作，有反复性；有分明的感情色彩：一半词以上（除“扎咕、叨咕”外）是贬义的。也大都可以像形容词（如“摸咕”）那样按 AABB 方式重叠（只有“扎咕”例外），如“捅捅咕咕、叨叨咕咕、犟犟咕咕、獒獒咕咕”，等等。

有的词缀构成的词有贬义色彩的少些，动态形象性强，有口语语体色彩。例如：

—拉：
扒~（扒动）　搁~（搅动）
啪~（反复吮吸）　胡~（用手摸、扫的动作）
劐~（搅动、搅乱）　皮~（对小病、指责不大在意）
挂（阴平）~（牵连）　耍~（使性子）

拨（bū）～（拨动、摆动）　　划（阳平）～（扫的动作、随意涂写、把人家东西收归己有）

这些词中，“劐拉、挂拉、要拉、划拉”是贬义的。“皮拉、扒拉、挂拉、要拉、拨拉”可以按 AABB 式重叠。

多音节词缀有更突出的描写性，例如：

单音节词根加双音节词缀：

灰突撸　　黑咕咚
绒嘟噜儿　　圆咕隆
肥嘟噜　　滑叽溜
热咕嘟　　热火燎

这些双音节词缀多是固定搭配在一起的模拟形态或声音的成分，前一音节读轻声，后一音节读阴平。拟形态并非写实，例如“肥嘟噜”不是肥得成了“嘟噜”，而是肉肥得发颤、流油的样子，“肥嘟噜”也说“肥得（的）噜”。“热火燎”也说“热乎燎”，不是形容“火燎”的感觉，而是形容人体对日晒的感觉或内心情感。拟声音的成分也描写形态。“热咕嘟”的“咕嘟”形容水、气“热乎乎”令人不适的感觉。“黑咕咚”是什么也看不到的黑暗状，也作“黑咕隆”、“黑咕隆咚”。

双音节词根加双音节词缀：

费事巴拉　　费劲巴拉
害事巴拉　　揪心巴拉
瘆人巴拉　　烦人巴拉
难受巴拉　　闹心巴拉
空手儿巴拉　　一心巴火
零头巴脑儿　　吵吵巴火儿
虚头巴脑　　溜精巴怪
愣头巴脑　　疙瘩溜秋

筋头巴脑儿　　破衣拉撒

冒烟（儿）咕咚　瞎眼咕叽

这些双音节词缀一般也是固定搭配在一起的模拟形态或声音的成分。如“巴拉”、“溜秋”“咕咚”，两个音节都读阴平。有的是虚语素“巴”、“拉”等与看似词根的实语素如“瞎”、“火”、“脑”等一起构成状态词缀，“瞎”、“火”、“脑”等已无实际意义（与前边词根并无直接关系），尚未完全词缀化，仍读原调，但与读阴平的“巴”、“拉”等共同使用。

单音节词根加三音节词缀：

稀拉呱叽　　稀拉巴叽

傻拉乎吃　　刺儿拉嘎叽

红不棱登　　紫不溜丢

黑不出溜　　花不棱登

破不拉叽　　疤不拉瞎

嘴不唧叽　　光不出溜

醉么咕咚（儿）　邪乎巴拉

以上三音节词缀的组合有两个层次，后两个音节是固定搭配在一起的模拟形态或声音的成分。如“巴叽”、“乎吃”、“咕咚”，同前加虚语素“拉”、“不（巴）”等组合，前一音节读轻声，后两个音节都读阴平，可以视为两个词缀的组合体。如果再加“的”就是三个词缀了。“邪乎巴拉”有所不同，前两个音节“邪乎”先组合，再和“巴拉”组合，读音也是轻声加阴平。

总之，状态词缀带有某种情态、色彩，增加了语言的形象性、立体感，构成多维表达：汉语构词超出了词汇、语法两个方面，状态词缀属于语用方面，是语用成分。汉语状态词缀充分体现了这一语言的是形象化的语言（不同于西方形式化的语言）。这些有浓郁的语体、感情、形象色彩的状态词缀，可以为不同人群、不同语境需要提供多样化的不拘一格的选择。这就是我们的日常语言。

第二节　汉语状态词缀构成的语用词缀系统①

如前所述，西方屈折语言形态发达，所以在很古的时候就发现了有规律的形态词缀（词尾）和词形式的变化。区分了词根语素、词缀语素和词尾语素：词根是自由语素；词缀是粘着语素，构成派生词的前缀、中缀和后缀。词尾也叫语素，构成级范畴、时范畴、数范畴。西方词缀体系对汉语词缀研究有深远影响。学者们发现了汉语词缀的一些特点，并认为汉语词缀较少。例如《汉语词汇之演变与中国文字》（李荣奎，1996）说：词缀在汉语中为数不多，在构词法上不占重要的地位。就连著名语言学家吕叔湘先生（1979：47—49）也曾认为汉语里的词缀不很多。他说称词缀为语缀较好，可以不限于构词。汉语里地道的语缀不多，前缀有“阿、第、初、老、小”等，后缀有“子、儿、头、巴、者、们、然”等，中缀只有“得、不”等。有不少语素差不多可以算是前缀或后缀，但语义没有完全虚化，有时还可以词根面貌出现，只可以称为类前缀（“可、反、准、超”等）和类后缀（“员、家、性、品、化”等）；并说存在这种类前缀和类后缀可以说是汉语语缀的第一个特点。汉语教学讲到词缀大都是上述那些，可能并不符合汉语的语言事实。

一、词缀及状态词缀的特点分析

实际上汉语“地道的”词缀也不少，只是因为同外来语言研究比较，大家认为汉语大量构词成分的语义没有完全虚化，多是类词缀，特别是找不到有规律的形态词缀，所以得出词缀不多的结论。印欧语言形式化特点突出，汉语形象化特点突出。前者体现在以相对确定的形式手段表达确定的语法意义或范畴；后者体现在以多样化的意象（会意、形象）手段描写变化的状态，渲染不同的主观感受。因而汉语词缀体系中几乎没有系统的改变词性的词缀语素和构成语法范畴的词尾语素，取而代之的是大量的构词的所谓“类词缀”和具有描写性的语用成

① 本节曾在《世界汉语教学》2010 年第 2 期发表。

分——状态词缀。我们不常用下边的词缀吗？前缀：梆－、精－、溜－、喷－、煞－、通－、瓦－、稀－、稀里－；中缀：－巴－、－八－、－赤－、－脂－、－儿八－；后缀：－搭、－咕、－乎、－和、－拉、－溜、－弄、－巴巴、－不棱登。（“－”表示词根，词例可参看后边所列现代汉语辞书的内容。具体用法见后边“汉语单音节描写性后缀及其构词功能”、“哈尔滨方言状态前缀研究”等有关章节。）吕叔湘（1979）提出“类词缀可以说是汉语词缀的第一个特点”，那么，状态词缀可以说就是汉语词缀的又一个特点；如果说类词缀语义没有完全虚化，有时还能做词根，不是“地道”词缀，那么状态词缀则是“地道”词缀。

有代表性的研究认为词缀具有黏附性（只能附着于其他成分之上使用）、定位性（只能在它附加的成分前或后使用）、标示性（词缀可以标示词性）、能产性（结合面宽活动能力强）、意义虚化（不是词汇意义的主要承载者）和语音特征（轻读或其他声调变化）。如王力（2000）说语法成分附加于词、仂语或句子形式的前面或后面以表示它们性质的是记号（词缀）。吕叔湘（1979：47—49）认为词缀不单用，活动能力强，结合面较宽，有单向性，只位于别的语素之前、之后或两个语素之间。朱德熙（1999：28）指出了词缀都是定位语素，认为真正的词缀只能黏附在词根上，同词根只有位置上的关系，没有意义上的关系。张寿康（1957）按词素意义的虚实把词素分为实词素和虚词素，虚词素就是词缀。赵元任（1979）说汉语里的后缀是出现在词的末了、表示词的语法功能的虚语素，多数是轻声。陆志韦（1990）也注意到了词缀在语音形式上的特点——轻音。马庆株（2002：42—89）的研究更接近语言事实，也更为全面。他从语音、语法、语用角度给词缀分类，区分造句平面和构词平面，把语音特征（轻读声调）、分布特征和语素同一性问题联系起来，认为意义虚灵的词缀中有一部分来自虚词，大部分在语音方面有特点。认为单音节真后缀基本上读轻声，双音节的叠音真后缀读阴平调，其余真后缀的第一个音节是轻声，后边的音节则一律读阴平，真后缀的这种音强声调模式是从实际读音中概括出来的，非音质的语音特征是真后缀的形式标志。这“大部分语音方面有特点”的词缀包括全部状态词缀（只有个别例外，见下边结合语言事实的分析）和部分非状态词缀（见下边“现代汉语词缀系统表”）。我们的研究进一步证明了马庆株的论断，除了标示性、能产性外，状态词缀具备上述各项词缀特性。标示性不是状态词缀的特征，是后边表中“词汇语法词缀”的特征；能产性不是词缀普遍具备的特征（马庆株也指出词缀有能产的、有不能产的），而且词根也有很多能产的。状态词缀是具有“定位性”、“黏附性”，无词汇意义而有读音变化的语素。状态词缀符合已经取得共识的词缀典型特点：

一是状态词缀位置确定、缺少独立性，一般不能单独使用，与词根结合不紧密；根、缀结构松散，词根可以单独使用而词义基本不变，即符合“定位性”、“黏附性”特点，例如“捅咕、抖搂、稀拉、干巴”的“咕、搂、拉、巴”。另如“血”构词后读去声“xue51”[①]，如“鲜血”、“血色素”，但是“血糊糊”、“血淋淋”的“血”，《现代汉语词典》（社科院语言所词典编辑室，2006，以下简称“现汉”）标注了其作为独立词的读音“xie214”；“糊糊”标了阴平音“hu55hu55”，“淋淋”标注了本音“lin35lin35”，又加括号说明口语也读“xie214lin55lin55”，这一点证明状态词缀与词根的关系不如其他构词成分的关系紧密，而且音也有变化。

二是状态词缀无实在的词汇意义，只描摹某种状态，状态词缀的书写形式几乎只是单纯记音、不表示意义，在多音节词中有的词缀甚至被视为音节而不是语素（例如“稀巴烂、正儿八经、稀里胡涂”的画线部分）。这符合意义“虚化性”、“范畴性”特点（马庆株，2002），状态词缀构成的词感情色彩强，突出情态，有突出的描写性。所有的状态词缀都具有语用功能，表达相应的语用含义。

三是状态词缀有一定的读音规律，符合语音特征（轻读或其他声调变化）。在自然语言中，状态词缀读音都符合轻读和变调规律，即使按词典注音计算，符合轻读和变调规律的也占绝大部分。词典注音出现的不符合读音规则的现象，一大部分是没有按实际口语读音标注。例如下列词典标注原调的叠音后缀实际都读轻声加阴平：

---

① 为阅读方便，用汉语拼音加数码标调，下同。

白净净、沉甸甸、黑洞洞、灰蒙蒙、火辣辣、空落落、懒洋洋、乱蓬蓬、慢腾腾、密麻麻、明晃晃、气昂昂、热辣辣、湿漉漉、血糊糊、影影绰绰

此外还有其他不符合读音规则的原因，将在后边列表分析时谈到。总之，语言实际表明状态词缀有一定的读音规律。语音形式变化与词缀化相对应，形成形（趋向记音）、音（韵律变化）、义（语用描写）的对应规律。如上述例词，处于第二音节的词缀成分普遍轻读，轻重相间，处于三、四音节的词缀成分一般读阴平（另见以下各例），如“红不棱登、酸不溜丢、花里胡哨、黑咕隆咚、可怜巴巴、鼓鼓囊囊”的画线部分，字形与原字义无直接关系，读音为“轻平平”，都是突显“……的样子（味道）”。

二、汉语状态词缀体系的形成

从历时演变看，叠音的状态词缀与上古就存在的重叠形式一脉相承。上古的叠音词构成短语，由偏正结构到主谓结构到述补结构，由跟名词结合到同动词、形容词结合。有的逐渐虚化成为词缀，再衍生出非叠音的状态词缀。（马彪，2008，具体见第五章）其发展轨迹大体如下（“→”表示直接相关，“－”表示间接相关）：

0. 词重叠（诗经：翼翼、悠悠，等等）

1. 词重叠→叠音词构成短语（诗经：四牡翼翼、小心翼翼－南朝至宋诗、杂剧：长悠悠、闲悠悠、声悠悠、漫漫悠悠、荡荡悠悠、悠悠荡荡）

2. 叠音词短语→叠音词缀构成词：ABB 式（唐宋至现代：慢悠悠、乐悠悠、乐滋滋、甜滋滋）－AABB 式（慢慢悠悠）－ABCC 式（可怜巴巴）－ADBB 式（慢不悠悠）

3. 叠音词缀构成词→非叠音词缀构成词：AB 式（忙乎、热乎）－ACD式等（慢腾的、热乎的、热的乎、乐模滋儿、笑么滋儿）－A 里 AB 式（糊里胡涂）－ABCD 式（胡涂巴拉、老实巴交）－ADBC 式（花里胡哨、滑不唧溜、白不呲咧）

4. 非叠音后缀构成词→前、中缀构成词：BA 式（梆硬、溜平、稀

烂、喷香、煞白）－CDAB 式（稀里胡涂、稀里哗啦、稀里马虎）－ACDB式（正儿八经、糊了八涂）

即：修辞造句（所谓“重叠构形”）→类推造词（所谓“词缀化”）→语用词缀（所谓“音缀化”）。

从共时分布看，状态词缀在汉语中普遍存在，在汉语普通话及各方言区都有各类状态词缀。据考察，“现汉”中常用的带状态词缀的词共389个，带前、中缀的词35个，其余354个都是带后缀的词；带单音节词缀的词152个，带多音节词缀的词237个。状态词缀共221类，前缀19类，中缀6类，后缀196类。

汉语方言中使用的状态词缀更多。我们考察了各大方言词典，《哈尔滨方言词典》（尹世超，1997）带状态词缀的词上千个，状态词缀数百类。《现代北京口语词典》（陈刚、宋孝才、张秀玲，1997）、《北京话词典》（高艾军、傅民，2001）中的带状态词缀的词近900个，状态词缀430类。前加词缀的共43个词，词缀26类；中加词缀的共63个词，词缀33类；后加词缀的790个词，词缀371类。北京方言中各种构词格式、词缀类型更加全面，比“现汉”所收的多了13种结构格式。例如BBA式（喷喷香）、ACAB式（哆里哆嗦）、ADBB式（咸不唧唧）、各式＋“的”式（小的溜儿的、吓人呼啦的），等等。《上海方言词典》（许宝华、陶寰，1997）中带状态词缀的词共216个，状态词缀149类。无论前缀、后缀，还是叠音后缀，都有与普通话一致的，例如“精”、“锃”、“实”、“掇”、“辣辣”、“乎乎”、“荡荡”、“沉沉”、“油油”，等等。但也有很多与普通话不一致的，例如（括号里是词根）：“煞（爽、辣）”、“呼呼（烫）”、“（神经）兮兮”、“（外行）搭煞”、“疙里（胡涂）”、“（黏嘴）搭（舌）”、“（嗲）里里”、“（瘦）呱呱”，等等。（具体见第三、四章）

北京方言和上海方言的状态词缀及其构词的实际数量可能不止这些，将其作为南、北方言的代表也未必恰当，但管中窥豹，可见一斑。据对《现代汉语方言大词典》（李荣主编，江苏教育出版社分年出版）相关分册的考察，南方方言不但有状态词缀，而且分布也较广，一些状态词缀类型的构词数量甚至超过北方方言，特别是“－BB”式，有几种南方方言的词数远多于北方方言。由此可见，各个方言都有自己的状态词缀，如果再学习了普通话或其他方言，方言使用者掌握的带状态词缀的词会更多，可以说是数量可观。这意味着状态词缀是值得重视的语言现象，与我们日常说话密切相关。从发展上看，唐代至今，状态词缀方兴未艾。词缀丰富多样，逐渐形成接近构形的格式：结构类型具有可复制性，进入相同格式就会获得相同的格式意义，有相同的语用功能，具有“格式能产性”。

从历时发展和共时分布看，现代汉语已经形成大体如下表所列的词缀系统：

现代汉语词缀系统表

汉语词缀系统						
词缀位置	词汇（语法）词缀			状态词缀		
	变音词缀（单音节）	非变音词缀（单音节）		叠音词缀（多音节）	非叠音词缀	
		词缀	准词缀		单音节	多音节
前缀	（无）	阿姨	可耻	蒙蒙亮	精瘦	稀里马虎
中缀	合得来	微乎其微	合不来	（无）	没深拉浅	正儿八经
后缀	记性	突然	绿化	热辣辣	热乎	黑咕隆咚

构成词汇词缀系统的是具有词汇意义的构词词缀，例如“第（一）”、“（突）然”等；其中包括的语法词缀是词汇词缀中有改变词性作用的词缀，例如“（铲）子”、“（记）性”等。状态词缀系统，是词缀的一大分支系统，其中所有的词缀都只具有语用含义，包括状态词的词缀和部分动词、副词、拟声词的词缀。一些学者已经注意到了状态词的词缀，比如《现代汉语八百词》（吕叔湘，1980）称双音或三音后缀“（红）通通的、（脏）了呱叽”等词缀为形容词生动形式；王理嘉（1993）讲后缀时举了“圆乎乎”、“灰溜溜”、“凉滋滋”等词为例；马庆株（2002：42）研究了较多构成状态形容词的词缀，区分了“（绿）油油”和“（空）旷旷”等成分，指出“（空）旷旷”类是作家类推的；他还提出，按构词能力词缀有能产的和非能产的，例如“不呲”、“不登”、“巴寥”只构成一两个状态形容词；此外按标示词性功能词缀分为单一功能和多功能的，按语用词缀分为不同语体的。遗憾的是这些研究还没有

引起足够的重视，教科书中极少甚或不涉及状态词缀，我们似乎忽略了这类词缀体系在汉语（包括各地方言）中的存在及其重要价值。仅从存在的普遍性看，汉语教学中也应该有状态词缀的一席之地。

三、现代汉语状态词缀的基本类型

现以“现汉”为例，统计分析其中带状态词缀的词的基本类型、特征。因为普通话词汇主要来自北方方言，所以分析时主要参照北京口语和哈尔滨口语。先按结构方式列出全部带状态词缀的词，之后对有关特点进行比较分析。用“+”号连接词根、词缀，词根主要用A或AB表示，ABCD中相邻字母表示的成分语义关系近，如ADBC式（白不呲咧），A和BC（白呲咧）的关系近。

其中状态前缀19类，带状态前缀的词28个；状态中缀6类，带状态中缀的词7个；状态后缀196类，带状态后缀的词354个。总计词缀221类，词389个。共有14个结构类型。

（一）前缀（词缀19类、词28个）

1.“B+A”式（单音节前缀“B”13类，词19个）：

梆硬、焦黄、精赤、精光、溜光、溜平、溜圆、稀烂、稀松喷香、黢黑、煞白、刷白（方）、通红、瓦蓝、瓦亮、铮亮（方）、锃亮、锃光瓦亮

2.“CD+AB”式（二音节前缀“CD”6类，词9个）：

滴（嘀）里嘟噜、叽里咕噜、叽里呱啦、噶哩喀嚓（喳）、噼里啪啦、曲里拐弯、稀里胡涂、稀里哗啦、稀里马虎

前缀能增加程度，带前缀的词不受程度副词修饰，但并非都构成状态形容词。其中单音节前缀在哈尔滨话中多读阳平和去声，只有“焦黄、精赤、精光”例外。“现汉”“精”字条下列方言副词项，另举“精瘦、精湿”词例，“精”哈尔滨话读阳平，应该是状态词缀，因为状态词缀的组合不具有普遍性，而副词正好相反。二音节前缀不表示描

摹的声音或具体情况，只是增加气势、增强表现力。例如“叽里呱啦”就是“呱啦”声（大的说话声），“叽里”不是声音。“曲里拐弯”也说“急了拐弯”，“曲里”的书写形式附会“拐弯”的意义。“稀里胡涂”就是“胡涂”，“稀里”并无词义。这些状态词缀与词根组合有韵律变化特征。多数双音节前缀的第一个音节与词根的第一个音节是双声关系，而词缀的两个音节、词根的两个音节分别是叠韵关系。有人把这类视为一种重叠式（见第一章）。我们看做是按与重叠有关的语音规律增加的状态前缀，形容其后词根表达的声音接连不断或行为状态连续出现。重叠式一般指声、韵、调全同的重叠，广义的重叠可以包括双声或叠韵。这类词与重叠相关，多数可以归入双声叠韵重叠。个别的韵母不同，声母还有共时差异（如“x”同“h”），有的从历时变化角度也难说明，因为还有例外。例如“稀里马虎”是叠韵而非双声的词，“曲里拐弯”是非双声叠韵的词。

在口语中单音节前缀读阳平（上一段，如哈尔滨方言）或读去声（下一段，如北京、哈尔滨方言），不合规律的都是书面语或虚化不彻底的状态词缀（精赤、焦黄）；二音节前缀的第一音节，哈尔滨口语也读阳平，第二音节都读轻声。这就可以从来源解释为什么“喷香”不读阴平，“瓦蓝、瓦亮”也不读上声。同“喷”一样，“瓦”也有去声（如“瓦匠”的“瓦”），辞书标注上声不但脱离了语言事实，而且混淆了这两个词同“瓦灰”（应是“像瓦一样的灰色”）的区别。“瓦灰”的“瓦”读上声，有实在的词汇义，是词根，而“瓦蓝、瓦亮”与“瓦”的词汇意义无关，主要是增强程度。

（二）中缀（词缀6类、词7个）

3. “A + C + B”式（单音节中缀“C”）：

稀巴烂、仰八叉

4. “A + D + BC”式（单音节中缀“D”）：

急赤白脸（方）、油脂麻花（方）

5. “AB + D + C”式（单音节中缀“D”）：

胡说八道

6. “A + CD + B”式（二音节中缀“CD”）：

正儿八经、乱七八糟

归到中缀的“稀巴烂”归到前缀类也不是不可以，因为“稀”、“巴”都是词缀，但考虑到“稀烂”本是个状态词，“巴”应是后嵌进中间的词缀。加中缀“巴”后程度加重，还增加了贬义色彩。“赤”、“脂”、“八”不是嵌入原有词的，但前两个读轻声，后一个读阴平，符合读音规律且无词汇意义，作用是使其构成的词具有描写性，如果其后的词根语素“白脸”、“麻花”、“道”进一步虚化，就与“A + DBC”式的“白不呲咧”、“AB + CD”式的“老实巴交”一样了。“儿八”的“儿”读轻声（不是儿化），这是两个音节嵌入“正经”一词中间充当状态词缀。那些读本调的字一般表示的是词根。

（三）后缀（词缀196类、词354个）

7. “A + B”式（单音节后缀“B”54类，词128个）：

干巴、窄巴、结巴、磕巴、哈（ha51）巴、硬棒（方）、拉扯、唠扯、实诚、磨蹭、勾搭、抹搭、扭搭、蹦跶、撺掇、摔打、拍打、敲打（上声）、逛荡、晃荡、悠荡（去声）、稳当、妥当、念叨（道）、数叨（方）、絮叨、忙叨、厚道、筋道、神道、外道、叨登、踩咕（方）、叨咕、叽咕、挤咕、捅咕、闹哄、忙乎、咋呼（方）、烂糊、黏糊、乱乎（糊）（方）、热乎（和）、温乎、邪乎、玄乎、悬乎、摆划、比画（划）、掺（搀）和、搅和、忙活、凑合（he）、暖和、软和、哼唧、脆快、扒拉、扒（pa35）拉（方）、抖搂、稀拉、泼辣（去声）、扑棱、翘棱（方）、侧棱（方）、斜楞、稀朗（上声）、敞亮（去声）、豁亮（去声）、清亮、透亮、鲜亮（方）、鲜灵（方）、光溜、滑溜、瘦溜、踅摸（方）、抓挠、摆弄（去声）、拨弄（去声）、擤弄、搓弄（去声）、撮弄（去声）、掇弄（去声）、糊弄、捏弄、作弄（去声）、俗气、土气、小气、硬气（方）、脆生、板实、粗实、敦实、顸实、憨实、厚实、结实、老实、密实、皮实（方）、严实、硬实（方）、扎实、欢实（势）、虎势（实）、肉头、倒（捣）腾、翻腾（阳平）、扑腾、暄腾、乱腾、侧歪（方）、腻歪、腻味、火性（去声）、急性、死性、直性（去声）、邪行、喜兴、少相（轻声）、颤悠、晃悠、转悠（游）、板正、平正

单音状态后缀可以构成动词（唠扯）、形容词（干巴）或者动名兼类词（结巴、磕巴）。词性不同，描写的状态也有不同。动词都增加了动作的随意性、动态的反复性、动量的约束性（常是小动作）。这些动词甚至向形容词靠近，突出形态，具有某些形容词特点，大多数词可以加词缀“的”或构成 AABB 重叠式增强描写性，例如“勾搭的、勾勾搭搭”等。上述 63 个动词中，有 53 个（加下划线的词）可以 AABB 式重叠，比率约占 84%。这与其他动词明显不同。

形容词后缀表现某种“样貌”特征，常有一种加“的”变换式加强程度（词缀变为阴平）。例如“干巴（的）”、“神道（的）”、“敞亮（的）”、“死性（的）”、“敦实（的）”、“土气（的）”，加“的”后原来的状态后缀读阴平。与其他带状态词缀的词不同，这类形容词可以受程度副词修饰，但加“的”的变换式不受程度副词修饰。

不符合读音规律的多是虚化不彻底的状态词缀，或者是未按实际口语音标注。

多音节后缀 142 类，构成的词共 226 个。

8. “A + BB”式（二音节叠音后缀“BB”107 类，词 188 个）：

白皑皑（阳平）、气昂昂（阳平）、干巴巴、急巴巴、紧巴巴、凶巴巴、眼巴巴、皱巴巴、硬邦邦、紧绷绷、虎彪彪、冷冰冰、光灿灿（去声）、黄灿灿（去声）、金灿灿（去声）、黑沉沉（阳平）、灰沉沉（阳平）、闷（阴平）沉沉（阳平）、闷（去声）沉沉（阳平）、雾沉沉（阳平）、阴沉沉（阳平）、怒冲冲、气冲冲、喜冲冲、兴冲冲、急匆匆、羞答答、肥膪膪、满当当、响当当、空荡荡（去声）、满登登、黄澄澄、直瞪瞪、娇滴滴、沉甸甸（去声）、好端端、矮墩墩、厚墩墩、胖墩墩、黑洞洞（去声）、直勾

勾、气鼓鼓（上声）、圆鼓鼓（上声）、顶呱呱（刮刮）、亮光光、圆滚滚（上声）、乱纷纷、笑哈哈、乐呵呵、傻呵呵、笑呵呵、恶狠狠（上声）、气哼哼、臭烘烘、暖烘烘、热烘烘、乱哄哄、臭乎乎、黑乎乎（糊糊）、辣乎乎、毛乎乎、胖乎乎、热乎乎、傻乎乎、油乎乎、潮呼呼（乎乎）、蔫呼呼、暖呼呼、气呼呼、金煌煌（阳平）、孤零零（阳平）、汗津津、甜津津、咸津津、雄赳赳、硬撅撅（方）、直撅撅、火辣辣（去声）、热辣辣（去声）、泪涟涟（阳平）、汗淋淋（阳平）、水淋淋、湿淋淋、血淋淋、清凌凌（泠泠）（阳平）、滴溜溜、光溜溜、灰溜溜、尖溜溜、酸溜溜、乌溜溜、稀溜溜、直溜溜、噗噜噜、湿漉漉（渌渌）（去声）、赤裸裸（上声）、空（阴平）落落（去声）、血糊糊（阳平）、白花花、白晃晃（上声）、金晃晃（上声）、明晃晃（上声）、蓝晶晶、亮晶晶、白净净（去声）、密麻麻（阳平）、白茫茫（阳平）、黑茫茫（阳平）、雾茫茫、白蒙蒙（阳平）、黑蒙蒙（阳平）、灰蒙蒙（阳平）、雾蒙蒙（阳平）、笑眯眯、软绵绵（阳平）、香馥馥（去声）、香喷喷、乱蓬蓬（阳平）、轻飘飘、虚飘飘、红扑扑、静悄悄、冷清清、黑黢黢、闹嚷嚷、绿茸茸（阳平）、毛茸茸（阳平）、暖融融（阳平）、金闪闪（上声）、亮闪闪（上声）、明闪闪（上声）、冷森森、翠生生、活生生、虎生生、怯生生、齐刷刷、辣丝丝、甜丝丝、冷丝丝、凉丝丝、冷飕飕、凉飕飕、辣酥酥、麻酥酥、亮堂堂（阳平）、乐陶陶（阳平）、乱腾腾（阳平）、慢腾腾（阳平）、热腾腾、直挺挺（上声）、红通通（彤彤）、慢吞吞、光秃秃、泪汪汪、水汪汪、油汪汪、颤巍巍、笑嘻嘻、脏兮兮（方）、假惺惺、气咻咻、气吁吁、喘吁吁（嘘嘘）、黑魆魆、醉醺醺、黑压压（鸦鸦）、红艳艳（去声）、暖洋洋、懒洋洋（阳平）、喜洋洋（阳平）、笑吟吟、蓝盈盈（莹莹）、慢悠悠、轻悠悠、碧油油、黑幽幽（油油、黝黝）、绿油油、密匝匝、乱糟糟、亮铮铮、眼睁睁、乐滋滋、美滋滋、喜滋滋、文绉绉

其他类型（后缀35类，词38个）：

9. “AB + CC”式（二音节叠音后缀“CC”10类，词10个）：

大腹便便（阳平）、可怜巴巴、温情脉脉（去声）、烟雾腾腾（阳平）、想入非非、喜气洋洋（阳平）、小心翼翼（去声）、羞人答答、文质彬彬、衣冠楚楚（上声）

10. “AA+BB”式（二音节叠音后缀“BB”12类，词12个）：

鼓鼓囊囊、花花搭搭、密密麻麻（阳平）、密密匝匝、闹闹哄哄、慢慢腾腾、慢慢吞吞、慢慢悠悠、影影绰绰（去声）、稀稀拉拉（落落）、忧心忡忡、战战兢兢

11. “A+CD”式（二音节后缀“CD”4类，词5个）：

冷不丁（方）、猛不丁（方）、猛孤丁（方）、蔫不唧、中不溜儿

12. “AB+CD”式（二音节后缀“CD”1类，词1个）：

老实巴交

13. “A+BCD”式（三音节后缀“BCD”3类，词5个）：

红不棱登、花不棱登、滑不唧溜、灰不溜丢、酸不溜丢

14. “A+DBC”式（三音节后缀“DBC”5类，词5个）：

白不呲咧、黑不溜秋（方）、花里胡哨、黑咕隆咚、死乞（气）白赖（方）

上述“A+BCD”式的“红不棱登、花不棱登、滑不唧溜、灰不溜丢、酸不溜丢”都可以缩减后边的“D”，变成“红不棱、花不棱、滑不唧、灰不溜、酸不溜”，而“A+DBC”有的可以去掉中间的“D”，

如“白不呲咧”可以变成“白呲咧”。

“A+CD”式中的“冷不丁、猛不丁、猛孤丁”是副词。

“ABB”式、“AABB”式有与其他同类结构区别的问题。首先是不同于句法（形态）重叠式，如“空旷旷”、“红红火火”、“说说笑笑”，前两个有原形词“空旷”、“红火”，且“旷”、“火”也是词根；后一个“说”和“笑”是两个词，重叠后构成并列词组。其次是不同于词根重叠式构词，如“轰隆隆”的“轰”、“隆”都是拟音词根，“哭哭啼啼”虽然没有原形词“哭啼”，但是“哭”、“啼”都是词根。至于词根重叠式构词逐渐虚化的可以看做是准状态词缀，如“黑茫茫”、“战战兢兢”，后边的重叠语素意义已有不同程度的虚化。

有少部分状态词缀的读音不符合前述规律，主要是“ABB”式。究其原因，主要有三方面。一是来自书面语的古语词（香馥馥、白皑皑），词缀意义尚未完全虚化，甚至可以单用，只能按字读音（因为这些成分较少单用或意义模糊，且与真状态词缀具有同样表达效果，所以视为类词缀，便于语言理解、学习）；二是书写或解读时附会音、义。比如“绿油油”、“火辣辣”、“空落落”北方方言、口语叠音的词缀都读阴平，日常就这么说，只是写成“油油”、“辣辣”、“落落”而易被误解误读。“空落落”的实际音是“kong51laolao55”，常形容空腹的饥饿感；三是来自书面语的仿造词（红艳艳、恶狠狠），因为记音附会词义而导致人为改变自然语音，再以此类推造出一些书面语词，便出现了许多不读阴平的叠音后缀。人们一直就叠音后缀是否变阴平争论不休，其实“变阴平”的说法本身就不合适，颠倒了先有词音后有文字记写的次序，而假定字先于所记录的词音。这个问题应该根据实际存在的两种情况作不同处理：来自方言口语词的叠音后缀都读口语音（这些成分音先于字），而书面语古语词、仿造词则可以不受此规律限制（这些成分字先于音）。“现汉”分别注音还是符合实际的，也是有必要的。此外不符合读音规律的都是虚化不彻底的状态词缀，或者是未按实际口语音标注。

按“现汉”标注情况，前缀19类、28个词，其中有8类、13个词不符合读音规则；中缀都符合读音规则；后缀196类、354个词，有

54 类、84 个词不符合读音规则。总计词缀 221 类，62 类不符合读音规则，约占 28%；389 个词，96 个不符合读音规则，约占 25%。而不符合读音规则的绝大部分词缀是叠音后缀，有 45 类、67 个词，约分别占总类数的 20%、总词数的 17%。

按口语读音，哈尔滨方言中单音节前缀只有“焦黄”例外，这与“焦”还保留词汇意义有关。“精赤、精光”哈尔滨方言中较少使用，另有“精瘦、精湿、精细（物体很细）”，“精”读阳平（“现汉”收的“精细”，“精”读阴平，有精密义，是词根）。其中单音节前缀在北京方言中读阴平的，哈尔滨话也可以读阴平，但是读阳平，有加强语气的意味。另一类（除“黢黑”外）在北京方言、哈尔滨方言中都读去声，不能两读，如“瓦亮、通红”。“黢黑”的“黢”哈尔滨方言中也读去声，实际应该写做“确黑”。哈尔滨方言中单音节后缀“未按口语音标注”栏的词缀，在北京方言、哈尔滨方言中都读轻声，“虚化不彻底”的，在北京方言读原调，哈尔滨方言中都读轻声，有的声母也变了，如“摆弄”的“弄”读“leng”。“敲打、翻腾”的“打、腾”轻读则没有“打击、腾起”（读原调有）的词汇意义，只描述“敲、翻”的样子，增加口语随意色彩，“敲打”有讽刺意义，“翻腾”甚至可以写做“翻登”，辞书可以根据不同意义标注不同的音，把两个词区分开。

现将以上所有词典标注原调的不符合读音规律的带状态词缀的词列表分析如下：

“现汉”标注原调词表

类、词＼原因	书面语古语词	书面语仿造词	虚化不彻底的	记音附会词义或未按口语音标注
前缀 8 类 13 词			精赤、精光、焦黄、梆硬、溜光、溜平、溜圆、稀烂、稀松	黢黑、通红、瓦蓝、瓦亮
中缀	无	无	无	无
单音后缀 9 类 17 词			摆弄、拨弄、搓弄、擤弄、掇弄、作弄、敲打、翻腾	悠荡、泼辣、稀朗、敞亮、豁亮、腻味、火性、急性、直性

续表

原因 类、词	书面语 古语词	书面语 仿造词	虚化不 彻底的	记音附会词义或 未按口语音标注
多音后缀 45类 67词	白皑皑、 空荡荡、 香馥馥、 乐陶陶、 衣冠楚楚 温情脉脉 大腹便便 小心翼翼	光灿灿、黄灿灿、金灿灿、气鼓鼓、圆鼓鼓、圆滚滚、恶狠狠、金煌煌、白晃晃、金晃晃、泪涟涟、赤裸裸、绿茸茸、毛茸茸、暖融融、金闪闪、亮闪闪、明闪闪、红艳艳	灰沉沉、闷沉沉、雾沉沉、阴沉沉、黑茫茫、雾茫茫、烟雾腾腾	气昂昂、沉甸甸、黑沉沉、黑洞洞、火辣辣、热辣辣、汗淋淋、清凌凌、湿漉漉、空落落、血糊糊、明晃晃、白净净、密麻麻、白蒙蒙、黑蒙蒙、灰蒙蒙、雾蒙蒙、乱蓬蓬、软绵绵、亮堂堂、乱腾腾、慢腾腾、直挺挺、懒洋洋、孤零零、白茫茫、暖洋洋、喜洋洋、影影绰绰、密密麻麻、喜气洋洋
原调类数	8类	12类	9类	33类
原调词数	8个	29个	25个	45个

多音节后缀（都是叠音后缀）不符合读音规律的带状态词缀的词中，属于古语词、仿造词的词缀，如果方言口语中用到，也读原调。虚化不彻底类的词缀，有的在方言中也读原调，有的读阴平（如“白茫茫”、“黑沉沉”、“喜洋洋”的叠音后缀），这些词缀中读原调的可以看做是准状态词缀，词典可以标注原调。读阴平的，同记音附会词义或未按口语音标注的一样，则应该改正过来，这些是真状态词缀。如此处理（包括单音节前缀、后缀），真状态词缀就没有不符合读音规律的了。

四、状态词缀的类型特征与解读

状态词缀的产生、发展受到语言内部关系的制约和语言外部条件的影响，各有自己的特点，但也体现出明显的类型特征，如前所述，其主要的特征是具有共同的构词特征、重叠特征、韵律特征和语用特征。

构词方面，状态词缀是汉语中常用的词语结构成分，介于构词与构形词缀之间，具有定位性、黏附性。目前一律归入构词词缀，实际属于“构用”词缀。韵律方面，状态词缀伴随有语音、韵律的变化。这形成了状态词缀的形式标志。词形方面，重叠词缀很多，尤其ABB式是最广泛采用的结构形式。这表明了重叠与状态词缀的关系密切。语用方面，状态词缀都不承载主要词汇意义，而具有附加的形象色彩、感情色彩、语体色彩等。这决定了状态词缀的语用性质。

状态词缀是具有普遍性的词语形式，与重叠密切相关，伴随有规律的语音变化；结构上可合可离，都不承载主要词汇意义，而具有附加的形象色彩、感情色彩、语体色彩等。总之，其主要的类型特点是：产生于音节分明、有声调、有构形重叠的语言；不靠固定词缀，而靠固定格式突出个性与主观感受；语用认知上淡化形式（不固定），重视生动、形象表达。以上分析进一步印证了徐世璇（1999）关于汉藏语言的派生构词方式具有共同特点的论述：语音形式上，词缀一般轻读，音长、音强或音高往往同词根形成强弱差别，并且常常发生音变，使原来的语音特征更加弱化。在结构形式上，一些不负载具体词义的词缀同词根的附着关系相对松散、可离可合，在进入具体语境后，由于表义上的羡余度或者语音节律的要求，这些词缀同词根有时可以分离，词缀脱落后的词根，词义词性不变，仍可独立运用。

从状态词缀角度看，可以更好解读相关词语，一些书写、读音问题也有了新的解决思路。仅以ABB式为例，“现汉”把“红通通”列在“红彤彤”后的括号里，其实“红彤彤”不但可以写做“红通通”，而且应该视“红通通”为正条，因为“彤”附会了并不对应的意义，读音又不对，还要用变读来解释。汉语有一些多音字分文、白二读。“文”就是书面语音，“白”就是口语音。实际上“文读”通常是构词语素的读音，“白读”通常是自由语素独立成词或构成离合词的读音，例如“鲜血（xue51）”、“揭露（lu51）”、“成熟（shu35）”中间不能插入其他成分，括号中是文读音；“出点血（xie214）”、“露（lou51）回脸”、“熟（shou35）了”口语单用，或中间能插入其他成分，括号中是白读音。前边举的“血淋淋”的“血”，“现汉”标注了其作为独立词的白读音“xie214”，这证明了“淋淋”是语用词缀，不同于词汇词缀，与状态词缀组合的词根与其他构词成分不同，因而注音也不同。不过词典不应该先标注书面语音“lin35lin35”，后加括号说明口语也读“xie214lin55lin55”。类似的情况不胜枚举，较好的办法是区分来源于书面语还是源于口语的词，前者有书卷色彩，包括来自古书的和书写者自造的，如“白皑皑”、“亮闪闪”之类，只管按字音去读；后者来自日常用语，包括书写、读音一致的和不一致的，如“黑糊糊（乎乎）”、“绿油油”之类，说该语言的人几乎都知道后缀读阴平，只有一些读书人或非母语的使用者可能误读。

第三节　汉语单音节描写性后缀及其构词功能[①]

一、单音节描写性后缀及其特点

如前所述，一般把词缀分为构词词缀与构形词缀，汉语的构词词缀又可以分为词汇构词词缀和语法构词词缀。词汇构词词缀是只有构词意义或构词作用的词缀，如“阿”、“老”、“初”、“第”，其特点是与名或数词性的语素组合成词，而不改变词性。语法构词词缀是既有构词意义又有语法意义的词缀，如“子”、“者”、“头”、“性”或“然”、“化”等，其特点是可以与不同词性的语素组合，并使之成为名词或谓词。词汇构词词缀和语法构词词缀或有较实在的词汇意义（如“者”、“然”分别有“……的人”、“……的样子”义），或不可缺少（如“老师”、“椅子”的“师”、“椅”已经不能单独使用），或缺少就完全变成另一个词了（如“阿姨”、“读者”、“甜头”、“积极性”的“阿”、“者”、“头”、“性”去掉），或可缺少而有歧解（如“初一”、“第二”的“一”、“二”本为基数词）。

而描写性后缀则与语法和词汇构词词缀不同，有独特的功能，甚至可以不归属于一般构词词缀。本节考察了汉语单音节描写性后缀，分析了其类型特点、构词功能，可以证明这是汉语中特有的语用词缀。如果按照现行的分类法划分，单音节描写性后缀是构词词缀中的一类。但这

① 本节曾在《中国语言学报》2010 年第 14 期发表。

些词缀的共同点是缺少词汇、语法意义，而具有描写性，是一种介于构词词缀与构形词缀之间的词缀。如“咕”、“拉”、“性”、“叽”、“楞（棱）”、“乎”、“弄”、“答（搭）”、“实（势）”、“登（腾）”、“巴”、“悠”、“嘎”、“道（叨）”、“挺”、“歪”、“娄”等，都是常用的描写性后缀。

为叙述方便起见，由单音节描写性后缀构成的词称为AB式，词根为A，后缀为B。后缀B的共同点是具有描写性，或者说其构成的词具有描写性，是突出某种形象、情态、色彩的语用词缀。描写，具体说就是模拟形态、增加色彩，显示语域。除个别B是由有具体描写意义的词根虚化的外，多数描写性后缀是增加并无实在含义的成分，表达对词根含义的形容描绘，延伸附加含义，使词语带上某种色彩，如口头性、随意性、贬斥性、形象性等。附加描写性后缀能突出词根语素含义的某方面取向，使词的表达更生动形象，更具有表现力和情感张力。也可以说是描写性后缀改变了词的形象色彩、感情色彩、语体色彩。这种描写有时是模糊的，似乎是可以意会而难以言传的，难以通过有具体描摹意义的词根语素表达，只好借助表义模糊的或无具体、实在意义的后缀来实现，表示某种状态样貌。一方面是A的词汇含义已经满足了，因而不需要增加实语素构词，就用到了这类后缀B；另一方面是实现语用转换需要描写性后缀形成不同的形式，这时，具体意义淡化了，语用意义突出了。有描写性后缀的词和没有描写性后缀的词并存，适应特定的语境需要。描写性后缀表达的是从主观感受出发赋予要表达的事物外在形态色彩的主观评价。

描写性后缀的主要特点是：

1. 后缀B与词根A结合不紧密

描写性后缀位置确定、缺少独立性，一般不能单独使用，词根多可以单独使用而词义基本不变。如“撕（巴）、干（巴）、抡（搭）、顺（溜）、邪（性）、拨（拉）”，括号中的描写性后缀（B）不用，词根A单独使用也可以表达词汇意义。

2. 后缀B的书写形式与意义基本无关

描写性后缀词汇意义虚无，或抽象而不具体，几乎只是记音。例如“捅咕、扭搭、试巴、搅和、密实、稀拉”等词中的描写性后缀“咕、搭、巴、和、实、拉”，书写形式与意义无关。“密实”就是“密”，不见得“实”；“稀拉”就是“稀”，没有“拉”的意义。

3. 后缀B有独特的读音规律和语用含义

描写性后缀的语音形式变化与词缀化相对应，形成形、音、义对应规律。单音节后缀B读轻声，变换式（叠音或加“的”）读阴平。例如“AB式”“忙叨、神道、热乎、掺和、窄巴、蹦跶”等词中的描写性后缀B“叨、道、乎、和、巴、跶”都读轻声。变换式“ABB式”或“A的B式”“忙叨叨、神道道、热乎乎、热的乎、窄巴巴”等词中的描写性后缀“叨叨、道道、乎乎、的乎、巴巴”，读轻声加阴平，即前一音节B或“的”读轻声，后一音节B读阴平；“AB的”式“忙叨的、神道的、热乎的、窄巴的、掺和的、蹦跶的”等词中的描写性后缀“叨的、道的、乎的、巴的、和的、跶的”，读阴平加轻声，即前一音节B读阴平，后一音节“的”读轻声。

描写性后缀的上述特点有没有例外？有没有与一般构词词缀的相同之处呢？有。比如有的词后缀不读轻声，有的词后缀不能去掉，大多数后缀的使用有类推性。这些将在后边分析说明。

二、单音节描写性后缀的分布及发展

（一）单音节描写性后缀的分布

从共时考察看，汉语各大方言及普通话都有单音描写性后缀。南方方言中这类后缀少一些，粗略考察的结果如下：

《厦门方言词典》（周长楫，1993），单音节词根带单音节后缀的词41个，单音节后缀28类。

《客家话词典》（陈庆忠，2002），带单音节后缀的词13个，单音节后缀10类。

《南昌方言词典》（熊正辉，1995），带单音节后缀的词22个，单音节后缀12类。

《上海方言词典》（许宝华等，1997），带单音节后缀的词20个，单音节后缀13类。

《长沙方言词典》（马镇兴，1993），带单音节后缀的词12个，单音节后缀6类。

《东莞方言词典》（詹伯慧等，1997），带单音节后缀的词12个，后缀10类。

这里把《东莞方言词典》中的AB式词列举出来，以供参考（不单列后缀，以便察看，下同）：

疏另（非常稀疏）、打交、闹交、糟交、密笼、密实、滑脱、阔趟（房屋宽敞）、顺溜、顺当、灵［kɛŋ ˧］（灵验）、水皮（水平低）

北方方言中这类后缀多一些，考察的结果如下：

《太原方言词典》（沈明，1994）中单音节词根带单音节后缀的词59个，单音节后缀36类。

《徐州方言词典》（苏晓青等，1996）中单音节词根带单音节后缀的词130个，单音节后缀36类。

《哈尔滨方言词典》中单音节词根带单音节后缀的词358个，单音节后缀52类。

《现代北京口语词典》、《北京话词典》中，单音节词根带单音节后缀的词388个，后缀100类。

《现代汉语词典》中带单音节描写性后缀的AB式词128个，后缀54类。

上述词典所列带单音节后缀的词应该是常用的，限于人力，可能并不全面。另外，计算词缀数要把音近的后缀归并在一起，也难以确切。不过我们还是可以从中看到单音节描写性后缀的基本面貌。《哈尔滨方言词典》中单音节词根带单音节后缀的词和单音节后缀的类型较多，而北京话词典中带单音节后缀的词和单音节后缀的类型最多。现在把北京话词典中这类AB式词全部列举出来，以便分析：

动：按巴、凑吧、卷巴、搂巴、卖巴、拴巴、挖巴、挣巴、煮巴、拉巴、嘎巴、哈（hà）巴、揪巴、掐巴、龄巴（意义：打架）、卡巴、曳巴、砸巴、落（là）巴、迫巴、趔巴、敛吧、眨巴

形：抽巴、干巴、僵巴、紧巴、倔巴、皱巴（巴）、刺巴、瘦

巴、死巴、蔫巴、窄巴（巴）

形：瓷绷（棒）/窄别

动：撕剥（扯碎）/垫补

动：抹叉

形：宽绰、嫩绰（绰儿）、真绰/紧称/实成

动：熬嗤、巴嗤、扒嗤、掏嗤、磕（kè）嗤、龉嗤、哈嗤、撇嗤、秃嗤、吭哧（吃）、抠哧、扻哧 、蹬哧、哼吃、咔吃（嚓）、搊吃（意义：削刮）、哽吃（意义：喉塞）/捣持（饰）、跑驰、翻斥/掰扯（哧）、咬扯（吃）、曳扯、刨扯

动：挤撮（同“挤对”）

动：蹦跶、跳达、抻跶、蹽跶、溜达/抽（抽）搭（搭）、挂搭、抢搭、就搭、撩搭、捩搭（裂开）、扭搭、忽搭、凑搭、抹搭、摲搭儿、绕搭、扫搭、嘎搭、撅嗒/摔打（搭）、戳打/趾得（搭、打、达）

形：便当、快当、顺当

动：逛荡、晃荡

形：棍道、疯道、筋道（刀）、神道、外道、邪道

动：鼓捣、数叨、忙（忙）叨（叨）

动：搬登（腾）、迟登、擤登、叨登（扨蹬）、逛登、盘登（意义：零吃）、换登、活登、拾登（意义：乱翻捡）、涮登、淘澄、嘎噔/眯瞪、迷瞪

动：嗔掇、撺掇、掂掇（兑、对）、归掇（着）、拾掇/哏哆（地）（意义：申斥）/挤对（兑）、绕兑

形：大发、细发/活泛（份）/灵翻/灵分、生分、宣分

动：搭个（各、搁、咯）/搭勾

动：戳咕、打咕、搭咕、叨咕、捅咕、叽咕、唧咕、挤咕、捏咕、拧咕、扭咕、日咕、塞（sāi）咕、塞（sēi）咕、崴咕、掖咕/捣鼓、抹鼓（意义：涂抹）

形：嘎（生）古、毛咕（害怕）、拐孤

动：把合、裹合（掺和）、岔和、掺和（合）、搅和、欺和、谢和、忙合/忙乎、忙活、匀和、搅哄、搅和、绕哄

形：乐和、软和/全合（可）/热火

动：吹呼（唬）、咋呼、就乎（合、和）、觉乎、栖乎（欺糊）（意义：聚拢、偎）、贴乎、扇乎、嫌乎、岔（差）糊/镇唬/白话（呼、货）

形：潮呼儿、二乎（糊）、近乎、软乎（糊）、善乎、邪乎（虎、活）、悬乎、玄乎、匀乎、圆乎儿/晕忽（乎）、迷糊（忽）、面糊儿（和儿）、宣糊儿、烂糊、泞糊、黏糊（乎）儿

形：乱哄

动：闹哄/闹慌/动换

动：巴结、咯叽、磨叽、哼（哼）唧（唧）、吭唧

形：轻快（低廉）

动：扒拉（落）、拨拉（浪）、背拉（意义：平摊）、提拉、刮拉、拐拉、概拉、划拉、画拉、叭拉、扒拉、撇拉、扑拉、撕拉、趿拉、挖拉/咋喇

形：皮拉、粗拉、粗刺

形：硬朗/铬棱（意义：刺耳）、翘棱、窄棱、二愣、激愣、拉楞

动：扑棱、歪棱、侧棱、白睖、立楞、斜楞、支楞/数唠/拘挛（lian）

形：豁亮、清亮、鲜亮、透亮、真亮/激灵、鲜灵

动：提溜（掳）、吸溜

形：光溜、滑溜、尖溜、快溜儿、曲溜儿、瘦溜儿、顺溜儿、稀溜儿、细溜儿、窄溜（溜）、中溜儿、鼓溜儿

动：抖搂（漏、露）、概搂、划搂、扒搂、寻睺/扑落、数落、散落、淘落、拨落/和乱（lou）/撕掳（罗）、提掳

动：缠磨、裹抹、绕抹、寻摸

形：刺闹（挠）

动：掰弄（nong）、摆弄（nong）、攒弄、搓弄（neng）、撮弄、捶弄（nong）、掇弄、翻弄、逗弄 、对弄、咕弄、糊弄、和弄、架弄、局弄、卡（qiā）弄、掐弄、圈弄、日弄、侍弄、显弄、择弄、团弄/逗拢/对哝

动：显配

形：谎皮、俏皮/殃腔/大气、局气（意义：讲道理）、硬气、俏气、艮气/憋（憋）囚（囚）、憋屈

动：搭撒、杠撒、撼（hà）撒（撕）/摩挲（māsa）

动：忽闪/呼扇

形：花哨（梢、稍）

形：凉渗/脆生（声）/轻省

形：瓷实、肥实、厚实、浑实、密实、严实、硬实、匀实、欢实（势）、虎势、俏式

形：亮飕（意义：敞亮）

动：叨腾、吹腾、捣（倒）腾、翻腾、扑腾、跳腾、绕腾、支腾、折腾（蹬）

形：暴腾、熟腾、乱腾、暄腾

动：抠（抠）搜（搜）/动弹/缓醒/睃希（兮）

形：肉（肉）头（头）

形：快性、拧性、扭性、牛性、邪行（意义：奇怪）/喜兴（幸、性）、少相

形：黏（黏）歪（歪）、腻歪（味）/死秧

动：颤悠、轧（嘎）悠（杠摇）、逛悠（荡）、忽悠、晃悠、压（轧）悠

形：硬张、魔怔/硬正、平正（整）/真著（着、灼）

副：好生、紧着

分行排列尽可能兼顾不同词类和不同后缀的分别，但又不能太细，因而语音接近的不同后缀放在一行，中间用“/”号隔开。行后的数字是读音相近的后缀构成的同一词类的词的个数。

从在语言内部的分布看，单音描写性后缀主要出现在表示动作行为和性质状态的词中，也就是常出现在动词和形容词中。上述所列“动”即动词，共250个；“形”就是形容词，共136个；“副”是副词共2个。有的后缀专用于一个词类，有的则可以通用于两个词类。有的后缀专用于一个词，有的则可以用于多个词。

（二）单音节描写性后缀的发展

从历时考察看，单音描写性后缀的出现较晚，应该在唐代以后。限于材料，尚未见到唐代之前的用例。我们考察了《唐五代语言词典》（江蓝生等，1997），带单音节描写性后缀的词共7个。例如：

摆弄、张罗、温燉（暾）、拨剌

摆弄：本有“弄”的意义，后来逐渐虚化，成为词缀。《辞源》（吴泽炎等，1979）第1325页，举唐韩愈诗“别来杨柳街头树，摆弄春风只欲飞”解释为“摇动或捉弄”义，这里“弄”的意义已经虚化，不再表示手的“把玩”义，只是比拟树枝摇摆。

张罗：“张罗”由“张起罗网”义转喻“料理、筹划”，“罗网”的意义消失。《辞源》第1050页，举金元好问曲：“穷通前定，何用苦张罗。”可见金（宋）时转喻义已经很常用了。

温暾：“温暾”应该是叠韵联绵词。《辞源》第1850页，举唐诗解释为“暖意”。可能是受用字影响，这一意义逐渐由“温”承载，表示“不冷不热”，“暾”字生僻，后来写为“吞”。

拨剌：《辞源》第1311页，举《后汉书》张衡赋“弯威弧之拨剌兮”句，解释为象声词。现在的“拨拉”表示“拨动”。

由此可见AB式最晚产生于唐代，但是实际上可能更早些。宋元后单音节描写性后缀更多了，我们考察了《元语言词典》（李崇兴等，1998），单音节后缀20类，词28个：

逼勒、拨（不）刺、揣巴、摔掇、般（搬）弄、调弄、撮弄、抟（团）弄、摩弄、摩挲、扎煞（奓沙）、搭撒（飒）（垂下：白须搭撒）、滴溜、刁蹬、对付、恶叉（姹）、慌速、掀（轩）腾、踢腾、懵腾、添搭（答）、抹搭、扑搭、曲律（弯）、数落、趄磨、查胡（喳呼）、准成（程）

这些描写性后缀是由有具体描写意义的词根虚化的，而有些是直接添加并无含义的表音成分构成，还有少数是其他原因形成的。语言的内因、外因对单音描写性后缀的成因都有作用。语用需要是单音节后缀B形成的外因，主要是增加后缀之后，可传递出对词根含义的形容描摹，能延伸附加含义，使词语带上某种色彩，即口头性、随意性、贬斥性、形象性等。这一点还可以从后边谈到的语用功能中得到说明，此处不再赘述。

从内因看，是语言发展演化和对旧系统的不断修改的需要。AB式的单音节后缀B的形成主要有三种情况：

一是由词根虚化而成，例如“翻腾、闹腾、倒腾、折腾”的“腾”，“般（搬）弄、摆弄、撮弄、拨弄、撺弄”的“弄”等。“腾”、“弄”的构词范围扩大、构词位置固定，导致意义由实到虚，读音轻化，便完成了由词根到词缀的过渡。

二是由联绵词转化而成，例如“温吞（暾）、摩挲”，这两个本是叠韵联绵词，但是在使用过程中，因为减音构词，前一个音节实化，可以单独表义，甚至可以单用，后一个音节便成了词缀。

三是由类推附加而成，例如“乎”、“巴”成为词缀后不断类推附加，可以与不同的词根组合，如“乱乎、热乎、温乎、邪乎、玄乎、干巴、窄巴、蔫巴、僵巴、刺巴”等。虚化的词缀，或用于本有意义联系的词根的词缀，被附加到意义没有直接联系的其他词根上构成新词。

其中二类最少，三类最多。一、二类体现了描写性后缀的产生、演变状态，三类则体现了描写性后缀的成熟发展状态。从中可以发现，语言演化是在对旧系统的不断修改完善中进行的。由词组到词是对句法形式的修改，可以称为词汇化，由词汇词缀到描写性词缀是对构词形式的修改，可以称为语用化。描写性词缀是语言系统对内部形式修改的产物，在修改过程中经历了从松散到紧密，再从紧密到松散的结构变化。前者如“翻”和“腾”由两个词到一个词，由表示翻转腾起到表示“翻动”；后者如“翻腾”由一个词到可以拆分开，有无“腾”不影响词汇意义，比较：“你在屋里翻腾什么呢”和“你在屋里翻什么呢”，“翻腾”和“翻”的意思都是“翻动”。

修改的原则是保持内涵与形式的统一，使格式具有一致性；增加变化，使表达具有多样性。从这类AB式词的形成发展进一步印证了一个道理：语用频率会影响语义，进一步改变语法形式。约定俗成的“习性”就形成规律（邹韶华，2002）。描写性后缀有自己的构成、表达规律，是汉语语用词缀系统的一部分。

三、描写性后缀的构词功能

描写性后缀的构词功能是描写性后缀构词后具有的功能，可以从语义、语法、语用三个方面来认识。

（一）描写性后缀的语义功能

描写性后缀是词缀，所以首先符合词缀的特点，一般不能单独使用，可以类推构词，位置确定、缺少独立性。但从本节开头所列的主要特征看，描写性后缀比一般后缀更有特色，有一致的构词形式与构词意义，形成了汉语词缀的独特功能。

描写性后缀的读音有轻声音变，传统后缀大多没有音变。例如：

积极性、主动性、作者、编者、突然、欣然、深化、机械化、桌子、甜头

死性、邪性、欢实（势）、虎势（实）、暄腾、乱腾、摔弄、捏弄

上行是传统后缀，除“桌子、甜头”的后缀外，都读原调；下行是描写性后缀，都读轻声。

描写性后缀在《哈尔滨方言词典》中都标注为轻声，而在《现代汉语词典》中则不一定，例如：

翻腾、敲打、摆弄、作弄、直性、稀朗、敞亮、豁亮

这些词中的 B《现代汉语词典》标注原调，为什么有不一致呢？这主要有两个原因。一是有些后缀虚化不彻底，可能保留原有含义。例如“翻腾、敲打、摆弄、作弄、直性”，“翻腾”还有“上下滚动”义，不只是“翻动”义，“敲打”还有“打击”义，“摆弄、作弄”还有“耍弄”义，“直性”还会联想到“性子”。二是受书面语或字面意义影响没有按方言口语的实际读音标注。例如“稀朗、敞亮、豁亮”

同“稀拉、鲜亮、清亮”一样，口语中都读轻声。

不过，这样的不一致改变不了描写性后缀的轻声音变趋势，因为不标注轻声的词数量有限，这里只涉及5个描写性后缀、10个词，同《现代汉语词典》所有的54类描写性后缀、128个带描写性后缀的动词和形容词相比，分别约占9.2%和7.8%。而且其中受书面语或字面意义影响的应该按方言口语的实际读音标注，保留不同含义的应该分别标注。在《现代汉语词典》中，“清亮”（第1114页）、“透亮”（第1376页）就是分别标注的，这才合乎自然语言使用的实际情况。

描写性后缀的意义虚无或抽象而不具体，表达形式与意义基本无关，几乎只是无意义的音节，有的后缀甚至不像是语素。例如后缀“乎”：

乱乎（糊）（方）、热乎（和）、温乎、玄乎、悬乎（危险，不牢靠）、咋（阴平）乎（大声张扬、虚张声势）、邪乎（厉害）、忙乎（忙着干）、白乎（话）（起劲儿地说、侃）、吹乎（说大话）、暄乎（松软）、湿乎（湿润）、面乎（食物纤维少而细软）、贴乎（有意靠近，使关系密切）、腻乎（黏稠）

普通话有“在乎、忙乎”，可以是动词，还多少保留了“乎”的“于”义，而在方言口语的大多数词中这一意义几乎虚化殆尽，有的甚至写做“呼”。“乎”构成的除动词外，还有不少是形容词。有的词因附会词义而改变了书写形式，《现代汉语词典》中的“忙活”、“黏糊”应同“忙乎”、“黏乎”。改变了的书写形式又影响了实际读音（标注为“活”、“糊”的本音）。描写性后缀因为用字附会意义而易误解。比如“泼辣”，有的辞书未标轻声，哈尔滨方言是“泼（上声）勒”，也可以写做“泼拉”，后一个字应读轻声，并无“辣”义。另如描写性后缀“亮”：

敞亮（宽敞、明亮，通情达理、不小气）、赫（豁）亮（响亮）、清亮（清澈）、真亮（清楚）、利亮（利索）、眼亮（视觉开阔）

《现代汉语词典》收了“敞亮”，释为“宽敞明亮”，“亮”读去声。孤立地看，“亮”是词根，实际在哈尔滨方言中与上边所举的其他词一样，“亮”应是后缀，读轻声，构成一系列形容词。另如“棱（楞）”：

翘棱（木板等变得弯翘不平）、侧棱（向一边倾斜）、斜楞（向一边歪或斜眼）、拨楞（来回摆动）、支楞（翘起）、白楞（用眼白瞪人）、横楞（因不满而斜眼瞪人）、别（去声）楞（别扭）、沙楞（动作快、敏捷）

上述各例中多数词的后缀习惯上写做“楞”，“支棱、翘棱”的后缀因有“翘起”义而常写做“棱”。其实意义与书写形式基本无关，加上后缀后使词具有了动态和某种色彩。还有一些构成动词的描写性后缀在哈尔滨方言中也可以用“楞”或其他后缀替换。例如“弄”和“腾”：

摆弄——摆楞（用手反复动某物，喻指支配操纵）、团弄——团楞（揉成团儿，喻指控制）、撺弄——撺楞（怂恿）

倒（捣）腾——倒登、翻腾——翻登、扑腾——扑登

不知道的人常按“弄”的动词义读音，汉语词典注音为轻声或原调。“弄”，哈尔滨方言读 leng（摆弄）或 long（糊弄），否则就失去了其原有的语用含义。有的词虽有不同词缀形式，但多种词缀形式表义相同。这主要是因为方言用字不很固定，口耳相传难免变化，但也反映出对应确定语素或者说是文字并不重要。哈尔滨方言如：

（1）央咕（动词：央求）/央格（个）/央跟

（2）哜咕（动词：口角）/哜个

（3）秃喽（动词：脱开）/秃噜

（4）搁弄（动词：搅和）/搁娄/搁楞/搁拉

这些用字可以看做是一个语素的自由变体。由此构成的不同词形可以看做是异形词。不过，多数异形词并非仅仅是自由变体，还有某种不同的俚俗色彩、使用范围。(1)(2)(3)的“央格、吖个、秃喽”使用面更宽些；(4)的“搁弄、搁楞”可用于比喻义（串连鼓动)，另两个只用于实际动作。

《现代汉语词典》中有“拨浪鼓”一词，“拨浪”是什么意思?《汉语大词典》（许宝华等，1999）第3761页“拨浪”条解释为象声词，举宋《错立身》:“掠得我鬓发伶俐，着些吐津润了，拨浪便入城池。”又解释为“转动”:“他脑子里像拨浪鼓，拨浪了半天……”在“拨浪鼓”条举了《红楼梦》中的例子。其实，“拨浪”就是“拨楞”，意思是“来回拨动”,“拨浪便入城池”可描写甩头的动作；“拨浪了半天……”应该比喻“来回盘算”。《汉语大词典》还收了“拨楞”，解释为“晃动”:“一出水面，他把头用力地拨楞了一下，抖落了脸上的水珠。”又解释为“忽然”:“扭着扭着拨楞地停下来说：……”“晃动”的意思大致合适，只不过与“拨浪”条的“转动”等一样，太具体了。“拨浪”或“拨楞”，可以用于“头”、“耳朵”或其他小的物体“来回拨动”，有时相当于“摇动”，有时相当于“摆动”，有时相当于“扇动”(如“猪八戒的耳朵直拨楞”)。而这个动态是较快的，有力的，可以是连续的，也可以是一下子。如果是“一拨楞”则可以表示“突然”的意思。这也许可以说明描写性后缀构成的词所具有的形态、动态特征之丰富。

描写性后缀与词根结合不紧密，多数词根可以单独使用而词义基本不变，但是，也有一些词根不能单独使用或单独使用而词义有所改变。以哈尔滨方言的“巴”为例：

动词：磕巴（兼名词)、尬巴、哈巴、齁巴儿（兼名词）
形容词：刺巴、抽巴、将巴儿

“巴”位置确定、不能独立使用，与词根结合松散，词根大都能单独使用而词义不变。但是上边的动词“磕巴、齁巴儿、尬巴、哈巴”和下段形容词“刺巴、抽巴、将巴儿”，词根不能单独使用或单独使用而词义有所改变。这与词根语素化有关，词根因转义或生僻而难以理解，进而失去了独立的条件。例如“磕巴、齁巴儿”，分别以“走路磕绊、打齁”的原有意义比喻“口吃、不断喀痰”的动态，“抽巴”从“抽去”义引申出“萎缩、失去水分”（原因代结果）的意义；“刺巴、尬巴、哈巴、将巴儿”，读音（包括字形）与意义缺少独立联系，“刺、尬、哈、将”只有加上“巴”才分别有“不光滑、一张一闭（嘴）、（向外）弯腿走路、将就”的意义。并且“将巴儿”作为表示“勉强”意义的另一个词，可以分离单用词根。

总之，一些不合乎描写性后缀特点的词有其自身的原因，也是符合语言演变规律的，语言发展不可能一刀切、完全一致，总会有不平衡或接缘现象存在。而且，特殊总是少数，不影响整体趋势。比如上述53个词，可以分离单用词根的46个，比率仍占总数的86.7%。

（二）描写性后缀的语法功能

描写性后缀构成的词主要是动词、形容词，词性不同，描写的状态也有不同。现在列举《现代汉语词典》中带描写性后缀的词分析如下。

1. 后缀构成AB式动词（共63个）

结巴、磕巴、哈（hà）巴、拉扯、唠扯、磨蹭、勾搭、抹搭、扭搭、蹦跶、撺掇、摔打、拍打、敲打、逛荡、晃荡、悠荡（去声）、磨叨、念叨（道）、数叨（方）、絮叨、叨登、踩咕（方）、叨咕、叽咕、挤咕、捅咕、闹哄、忙乎、咋呼（方）、摆划、比画（划）、掺（搀）和、搅和、忙活、凑合（he）、哼唧、扒拉、扒（pá）拉（方）、抖搂、扑棱、翘棱（方）、侧棱（方）、斜楞、踅摸（方）、抓挠、摆弄、拨弄、撺弄、搓弄、撮弄、掇弄（方）、糊弄（方）、捏弄、作弄、摩（mā）挲（sā）、倒（捣）腾、翻腾、扑腾、侧歪（方）、颤悠、晃悠、转悠（游）

单音描写性后缀构成的动词描写动作行为的状态，即增加了动量的约束性、动作的随意性、动态的反复性。一般都是小动作，例如“捅”与“捅咕”，“扭”与“扭搭”，“扒”与“扒拉”，“翻”与“翻腾”相比；不带后缀的词动量无约束性，可以是大动作。带后缀的词多是较为随便或是不好的动作行为，例如“结巴”、“勾搭”、“撺掇”、“摔打”、“凑合”等，贬义词31个，约占50%；几乎都是反复不断的动作行为，例如“结巴”、“数叨”、“搅和”、“比画”、“摆弄”，都不是做一下就停止的动作行为。

形象的描写使很多动词向形容词靠近，突出形态，具有某些形容词特点。如加后缀“的”、AABB式重叠等。上述63个动词中，可以加词缀“的”，同时可以按AABB式重叠的词有52个，约占动词总数的83%。如“结结巴巴”、“蹦蹦跶跶”、“晃晃荡荡”、“倒倒腾腾”、“颤颤悠悠”等。有的不能重叠的词也可以加词缀“的”，如“斜楞的”，而后边所列的AB式形容词（65个）都可以加词缀“的”，说明这也是形容词具有的功能。

一般不重叠使用的词有11个（加下画线的），约占动词总数的7%，主要是带后缀“弄”的词，例如：

摆弄、搓弄、撮弄、掇弄、捏弄、作弄

这些词不重叠的原因主要是这些词的后缀虚化不彻底，受书面语影响，或者脱离口语实际。例如“撮弄”意义是“唆使，挑起是非”。《辞源》第1312页，举《儒林外史》“是石老鼠这老奴才把卜家的前头娘子贾氏撮弄的来闹了”。可以有“撮”的意义（挑拨）和“弄”的意义（搞得）。现在哈尔滨话“撮”可以单用，意义与“撮弄”相同，例如说“不要撮事”，就是劝人“不要挑起事端”。

此外，带描写性后缀的动词也具有一般动词的特点。及物动词可以带宾语，例如“挤咕眼”、“忙乎什么”、“翻腾东西”；不及物动词可以同一些常修饰动词的副词、短语组合，例如“直转悠”、“一个劲磕巴”、“哈巴过来了”；除个别词外，都能ABAB式重叠。

2. B构成AB式形容词（共65个）

干巴、窄巴、硬棒（方）、实诚、稳当、妥当、忙叨、厚道、神道、外道、温暾、烂糊、黏糊、乱乎（糊）（方）、热乎（和）、温乎、邪乎、玄乎、悬乎、暖和、软和、脆快、泼辣、稀拉、稀朗、敞亮、豁亮、透亮、鲜亮（方）、鲜灵（方）、光溜、滑溜、瘦溜、俗气、土气、小气、硬气（方）、脆生、板实、粗实、敦实、憨实、厚实、结实、老实、密实、皮实（方）、严实、硬实（方）、扎实、欢实（势）、虎势（实）、肉头、暄腾、乱腾、腻歪、腻味、急性、死性、邪性、直性、喜兴、少相、板正、平正

带描写性后缀的形容词理论上说都有重叠变换式，即常说的ABB式AABB式，这是加强扩展式。不过常用ABB变换式的词只有45个，占形容词数的69%，例如“窄巴巴”、“稳当当”、“软和和”、“腻歪歪”；而常用AABB变换式的词则有61个（只有“急性、邪性、直性”“少相”例外），约占形容词数的97%，例如“外外道道”、“热热乎乎”、“小小气气”、“扎扎实实”。

此类形容词常有一种加“的”变换式加强程度（哈尔滨方言都能变换），表现某种“样貌”特征。例如“干巴（的）”、“神道（的）”、“敞亮（的）”、“死性（的）”、“敦实（的）”、“土气（的）”，加“的”后原来的状态后缀读阴平，是重音所在。与带其他描写性后缀的词不同（如“干巴”不同于扩展式“干巴巴”），这类AB式词都可以受程度副词修饰，例如“挺干巴”、“很脆生”、“太死性”。但加“的”的变换式不受程度副词修饰，例如“实诚的”、“稀拉的”、“敞亮的”、“暄腾的”不能加“很”修饰。

带描写性后缀的词有兼名词（结巴、齁巴）的，还有个别带方言色彩的副词（冷丁）。

四、描写性后缀的语用功能

1. 语用表达功能

描写性后缀的语用表达功能主要体现在增加色彩、突出形态等方面。有的后缀构成的词感情色彩强，突出情态。动词后缀兼具动态和形态，下边举例分析一下：

叨咕、叽咕、挤咕、捅咕、闹哄、忙乎、摆划、掺（搀）和、哼唧、扒拉、踅摸（方）摔弄、摩（mā）挲（sā）、倒（捣）腾、

翻腾、扑腾、侧歪（方）、颤悠、晃悠、转悠（游）

这些词都是动词，但也都能像形容词那样按 AABB 式重叠增强程度，如“捅捅咕咕、叨叨咕咕、闹闹哄哄、忙忙乎乎、摆摆划划、掺掺和和”，等等。有分明的感情色彩：除有口语色彩外，还都有贬义色彩。动词描摹了各种动作的形象：常是小动作，有反复性。具有贬义色彩的词多，有 38 个，占总数（63 个）的 60%。

结巴、磕巴、哈（hà）巴、磨蹭、勾搭、抹搭、扭搭、蹦跶、撺掇、摔打、敲打、逛荡、晃荡、磨叨、数叨（方）、絮叨、叨登、踩咕（方）、叽咕、挤咕、捅咕、闹哄、咋呼（方）、摆划、掺（搀）和、搅和、凑合（he）、撮弄、哼唧、翘棱（方）、侧棱（方）、斜楞、抓挠、拨弄、撺弄、糊弄（方）、作弄、倒（捣）腾

具有褒义色彩的词 25 个，占总数的 40%。

拉扯、唠扯、拍打、悠荡（去声）、念叨（道）、叨咕、忙乎、比画（划）、忙活、扒拉、扒（pá）拉（方）、抖搂、扑棱、踅摸（方）、摆弄、搓弄、掇弄（方）、捏弄、摩（mā）挲（sā）、翻腾、扑腾、侧歪（方）、颤悠、晃悠、转悠（游）

形容词的形象性很明显，与动词相比，感情色彩倾向褒义。有 47 个褒义词，占总词数（65 个）的 72.3%。例如：

硬棒（方）、实诚、稳当、妥当、厚道、温暾、烂糊、黏糊、乱乎（糊）、热乎（和）、温乎、暖和、软和、脆快、泼辣、稀朗、敞亮、豁亮、透亮、鲜亮（方）、鲜灵（方）、光溜、滑溜、瘦溜、硬气（方）、脆生、板实、粗实、敦实、憨实、厚实、结实、老实、密实、皮实（方）、严实、硬实（方）、扎实、欢实（势）、虎势（实）、肉头、暄腾、直性、喜兴、少相、板正、平正

以上都可以是褒义词，但是其中有 3 个词在一些语境中也可以是贬义词：

黏糊、泼辣、稀朗

单音节描写性后缀与多音节描写性后缀形成态度、程度、范围系统。例如：

(1) 胖：胖乎（的）、胖的乎（的）、胖乎乎的、胖不搭儿的

(2) “干巴”、“干巴儿的”、“干巴的”、“干巴巴”、“干干巴巴”

(3) 热：热乎、热乎儿的、热的乎（的）、热（的）乎燎、热咕嘟、热腾的

例（1）用于感觉不同的表达。“那孩子胖乎儿（的）”是表示胖得好；如果改为“胖的乎（的）”或“胖乎的”则表示胖得不好，“胖不搭儿的”是中性。都是说胖，但表达的主观感觉、态度不同。例（2）分别表示不同程度，是形容词程度的从低到高的表达。“干巴”是稍有点干，“干巴儿的”是比较干（好），“干巴的”干到了一定程度（不好），“干巴巴”达到了较高程度，“干干巴巴”表示更高程度。一般形容词都有类似的不同表达法。例（3）表示适用对象、范围的差别。“热乎”用于人：这人待人热乎，真有个热乎劲儿。“热乎儿的、热的乎的、热咕嘟”都可以是事物，比如说：“这汤（屋）热乎儿的（或：热的乎的、热咕嘟的），快喝（进来）吧（或：不好喝）！”“热乎儿的”是“热得好”，后两词则表示不好。另外“热咕嘟”使用面窄，只用于汤水、空气等给人的感觉。“热的乎燎”使用面更小，只用于表示人自身火烤一样的感觉，如：“这两天发烧，浑身热的乎燎的。”“热腾的”只形容有热气的事物，如：“馒头热腾的。”“锅里热腾的。”

2. 语用选择

一般描写性后缀都附加贬义感情色彩和口语语体色彩，有相应的语

用特点。无论普通话还是各方言的后缀构成的词都会有地域、场合、语体等选择。语境选择似无须多说，但描写性后缀除一般语境选择外还有一些突出之处值得注意。有无后缀的词、不同后缀的词并存，用哪个由不同的人群根据对象来决定。例如“厉害”和“邪乎”、“欺骗”和“糊弄”，多数情况下城里人选前者，乡村人选后者，在正式场合用前者，在私下里用后者。试比较它们可出现的句子：

（1）看看都不行？你这么邪乎（厉害）呢？那狗可厉害（邪乎）了。

（2）你别欺骗（糊弄）人。

带描写性后缀的动词还有随意性，常用于描写非正常行为状态。例如：

般（搬）弄、逼勒、撮弄、撺掇、邪乎、玄乎、悬乎、忙叨、神道

比较一下，如果去掉后缀，“搬”、“逼”、“撺”、“撮”、“玄”、“忙”、“神”等词就失去了随意性和附加的色彩义。词汇意义基本没变，但使用的语域不同，由用于随便口语或俚俗语变为用于正规书面语或文雅语了。语体并不只是简单地分为书面语和口语，还有不同的层次。至少还可以把书面语分为通用语（这、麻烦）、文雅语（此、烦请）、客套语等（兹、是荷）；把口语分为通用口语（妈、吃）、俚俗口语（娘、造）、詈骂口语（娘的、塞）。用于口语的描写性后缀也有通用的“乎、巴”、俚俗的“咕、楞”，等等。

描写性后缀构成同一词族的同义词语，但语用效果不同。有时词根相同，如“捅、捅咕”、“铺、铺巴”，用前边的比较直接，用后边的带有附加色彩，比较：

（1）别捅了。

（2）别捅咕了。

（3）把被子铺铺就睡下了。

（4）把被子铺巴铺巴就睡下了。

例（2）用“捅咕”有暗中搞小动作的比喻义。带后缀“咕”的词几乎都是贬义的（总体说描写性后缀以贬义为主）。例（4）用“铺巴铺巴”，语气和缓突出了动作过程，比较随便。

总之，描写性后缀带有某种情态、色彩，增加了语言的形象性。汉语描写性后缀充分体现了这一语言的是形象化的语言（不同于西方形式化的语言）。这些有浓郁的语体、感情、形象色彩的描写性后缀，可以为不同人群、不同语境需要提供多样化的不拘一格的选择。

第三章　普通话、北京方言、哈尔滨方言状态词缀分布、对比

以下语料（其他各部分相同）先按结构分为前缀、中缀、后缀，再按音节分为单音节词缀、多音节词缀等。结构式一般遵循通用名称，特殊的另行编排。“ABCD”表语素不同的四音格词，相连表示关系紧密，如“AB”、“CD”，隔开表示关系松散，如“ACB”、“ACD”，但是“ABC”可以是“A+BC”、“AB+C”或“A+B+C”。“AABB”等表示语素相同的重叠形式。超过四音格的再按顺序增加字母“E”等。

此处（或者后文）例词的文字除特殊需要外，尽可能用简化字；需要注音的，尽量加圆括号用汉语拼音注音，需要用国际音标注音的，加方括号，拼音代替文字不用括号；例词后带括号的“（方）”按词典原文表示收自方言；其他括号或标声调如“（上声）”，或是列出可与其前字相互替换的字（同音异体），如“滴（嘀）”、“潮呼呼（乎乎）”，如果括号中的字与其前边的字相同，则表示亦可增音重叠，如“皱巴（巴）”。形容词前不标注词性，其他词标注词性，比如动词前标注“动”。

第一节　普通话状态词缀的分类、分布特点

如前章所述，《现代汉语词典》[①] 中常用的带状态词缀的词共389个，带前、中缀的词35个，其余354个都是带后缀的词；带单音节的词缀的词152个，带多音节的词缀的词237个。状态词缀共221类，前缀19类，中缀6类，后缀196类。

---

① 中国社会科学院语言研究所词典编辑室编，商务印书馆2006年第5版。下同。

上述考察分析了普通话状态词缀的基本类型、分布情况，下边概括一下普通话状态词缀的主要特点，先看表 3－1：

表 3－1

构词格式（例词）	词缀音节	词缀类型	词数	词缀类数	词缀读音
1. BA 式（梆硬）	单音节	前缀	19	13	本音或去声
2. CDAB 式（稀里马虎）	二音节	前缀	9	6	本音＋轻声
3. ACB 式（稀巴烂）	单音节	中缀	2	1	轻声
4. ADBC 式（急赤白脸）	单音节	中缀	2	2	轻声
5. ABDC 式（胡说八道）	单音节	中缀	1	1	阴平
6. ADCB 式（正儿八经）	二音节	中缀	2	2	轻声＋阴平
7. AB 式（干巴、忙乎）	单音节	后缀	128	54	轻声
8. ABB 式（红彤彤、沉甸甸）	二音节（叠音）	后缀	188	107	轻声＋阴平或读本音
9. ACD 式（蔫不唧）	二音节	后缀	5	4	轻声
10. ABCD 式（老实巴交）	二音节	后缀	1	1	阴平
11. A＋BCD 式（红不棱登）	三音节	后缀	5	3	轻声
12. ADBC 式（白不呲咧）	三音节	后缀	5	5	
13. ABCC 式（可怜巴巴）	二音节（叠音）	后缀	10	10	本音
14. AABB 式（鼓鼓囊囊）	二音节	后缀	12	12	阴平或读本音

从表 3－1 看普通话状态词缀的特点主要有以下几方面：

1. 各种构词格式、词缀类型较全面。

2. 相比之下，状态前缀较少，中缀更少，两类词缀合计才约占状态词缀的 9%。

3. 后缀种类多，构词能力强。特别是 AB 式、ABB 式，前者约占总数的 32%，后者约占总数的 49% 以上，合起来约占总数的 81%。普通话的状态词主要靠这种叠音后缀构成。读音基本是按照字的本调标注。

4. 重叠词缀词数、类数占的比例不小，与双声叠韵重叠合起来占总词数的 57% 以上。

5. 单音节词缀词数 152 个、类数 71 种，占的比例少于二音节词缀词数 227 个、类数 142 种。三音节词缀词数 10 个、类数 8 种，是最少的。

6. 词缀读音大多发生变化。以读轻声的居多，其次是阴平，完全读本音的较少。而完全读本音的一般是口语不说的书面语词。也有的是改变了口语读音。

普通话状态词缀的读音倾向于书面语，有的书面语语音标注在前，口语语音标注在后（如“水淋淋”），有的不标注口语语音（如“热辣辣”）。有的干脆改变了原有的读音、意义，如“空（阴平）落落（luòluò）”、“稀稀落落（luòluò）”。“空”本来读去声，“落落”读“làolào”的音变（阴平），“稀稀落落（luòluò）”读“làlà”的音变（阴平），就是“稀稀拉拉”。“落”是多音字，《现代汉语词典》也标注了“lào”、“là”二音。改变的目的大概是方便识认，但也更改了自然语言规律，人为增加了一些词语，因为这些词语在北方话口语中是没有人说的。

第二节 北京方言状态词缀的分类及其分布

我们考察了《现代北京口语词典》[①]、《北京话词典》[②]，其中的状态词共 896 个，状态词缀 430 类。前加词缀的词共 43 个，词缀 26 类；中加词缀的词共 63 个，词缀 33 类；后加词缀的词 790 个，词缀

---

① 陈刚、宋孝才、张秀玲编，语文出版社 1997 年版。

② 高艾军、傅民编，北京大学出版社 2001 年版。

371类。

一、前加词缀

共43个词，26类词缀。

(一) AB式单音节词缀（词26个、词缀12类）

梆硬、迸干、迸儿焦（意义：极焦）、齁热、齁冷、齁寒碜、岗尖儿、溜光、溜滑、溜尖、溜满、溜平、溜严、溜圆、精湿、刷(shuà)白、稀（希）松、稀嫩、稀破、晌干、晌晴、瓦蓝、瓦凉、锃光、锃亮、飞薄

(二) 多音节词缀（词17个、词缀14类）

叽刺喳刺

哗啦卜碌、哗楞卜(pu)楞、滴里嘟碌、滴里搭拉（楞）、叽里赶蛋、急里蹦跳、曲里拐弯儿、叽哩旮旯儿、犄里旮旯儿、踢刺(里)趿拉、踢刺(里)秃噜、唏哩呼噜、稀里（拉）糊涂、稀里马虎

喷儿喷儿香、扬扬不睬儿

以上为"CBAB"式、"CDAB"式、"BBA"式、"CCAB式"。

二、中加词缀

共63个词，33类词缀。

(一) 单音节词缀（词51个、词缀22类）

齁儿丁咸、稀巴烂

笨嘴巴舌、泥头巴脑、阴死巴活、笨手八脚、胡说八道、乌七(漆)八(巴)黑、稀烂八糟、撇齿拉嘴、撇嘴拉舌、贫嘴刮(呱)舌

急赤白脸、急叉(扯)白脸、死眉(mo)瞪眼、邪魔外道

儿、稀呼脑子烂、花末（马）掉嘴儿、胡里倒（上声）替（去声）

以上有“ACB”式、“ABDC”式、“ADBC”式。前两个词的“丁”、“巴”是嵌入“齁咸”、“稀烂”中的。说“巴、拉、里”是词缀不会有争议，但说“八、赤、刮”是词缀则可能不被认可。实际上“八”并非表示数量，只是个同音附会字，与嵌入词中的“巴”没什么区别，有的就可用“巴”替换，如“乌漆巴黑”，“赤、刮”也与本义无关，也可有其他同音、近音字替换。至于读音，则看位置，处于第二音节的读轻声，处于第三音节的读阴平。中缀“丁”、“巴”例外，读阴平。

下边是在双音节词（或语素）重叠的两个音节中间嵌入“里（哩）”（或其他词缀）、被称为“A里AB”式的词（即“ACAB”式）：

叨哩叨唠、蹀里蹀躞（dié xiè）、哆里哆嗦、疙里疙瘩、逛里逛荡、荒里荒唐、邋里邋遢、拉里拉（lǎ）忽、唠里唠叨、啰哩啰嗦、颟里颟顸、二刺二忽、晃了晃荡、腻咕腻糊（乎）

疙里疙渣、各里各气（意义：打扮特殊）、孩里孩气、愣里愣气、流里流气、媚里媚气、女里女气、傻里傻气、歇里歇（懈）松、二了二思、嘎拉嘎七、嘎里嘎巴

“里”的读音是“了”。周一民（2005）[①] 曾说值得注意的是，在汉语方言里普遍存在着的“A里吧唧”生动式，北京话一律把“里”说成“了”。例如“糊了糊涂”、“傻了吧唧”。另外注意，上述词的第四音节都读阴平（如“疙里疙瘩”）或原调（如“媚里媚气”），不读轻声。

下边是几个状态副词、名词：

副：瞅巴（不）冷子、抽不冷子、横巴棱子

① 《北京话的轻音和语法化》，《北京社会科学》2005年第3期，第148—151页。

名：呱嗒板、趿拉板、杂八凑儿

状态副词为“ADBC”式，“巴（不）”也是插入词中间，可以不用，但少了强调意味，如“瞅冷子”。“子”的用法也较特殊，没有构成名词。“横巴棱”可以单说，但是说“横巴棱子”，似乎增加了“这样”的意思。状态名词为“ABC”式，“呱嗒”、“趿拉”本是带状态词缀的动词，加词根语素“板”构成名词。“杂八凑儿”的“杂凑”类似一个状中短语，之间嵌入词缀“八”构成名词。

（二）多音节词缀（词12个、词缀11类）

腌刺（里）巴臜、糊鲁八涂、正儿八经、乌里八涂

臊眉（me）搭眼（胦）、夜里巴睁、瞎模糊眼、老眉咔嚓（嗤）眼、臊眉（me）喀嗤眼、泞不扎子黏、碍事不拉脚、阴死不拉活

以上是“ADCB”式、“AECDB”式、“ABDEC”式。

三、后加词缀

词790个，词缀371类。

（一）单音节词缀（词418个、词缀103类）

1. 单音节词根带单音节词缀（词394个、词缀100类）

动：按巴、凑吧、卷巴、搂巴、卖巴、拴巴、挖巴、挣巴、煮巴、拉巴、嘎巴、哈（hà）巴、揪巴、掐巴、龄巴（意义：打架）、卡巴、曳巴、砸巴、落（là）巴、迫巴、趔巴、敛吧、眨巴

抽巴、干巴、僵巴、紧巴、倔巴、皱巴（巴）、刺巴、瘦巴、死巴、蔫巴、窄巴（巴）

瓷绷（棒）、窄别

动：撕剥（意义：扯碎）、垫补

动：抹叉

宽绰、嫩绰（绰儿）、真绰、紧称、实成

动：熬嗤、巴嗤、扒嗤、掏嗤、磕（kè）嗤、龉嗤、哈嗤、撇嗤、秃嗤、吭哧（吃）、抠哧、扤哧、蹬哧、哼吃、咔吃（嚓）、搊吃（意义：削刮）、哽吃（意义：喉塞）、捣持（饰）、跑驰、翻斥、掰扯（哧）、咬扯（吃）、曳扯、刨扯

动：挤撮（同“挤对”）

动：蹦跶、跳达、抻跶、蹿跶、溜达、抽（抽）搭（搭）、挂搭、抡搭、就搭、撩搭、掖搭（意义：裂开）、扭搭、忽搭、凑搭、抹搭、搧搭儿、绕搭、扫搭、嘎搭、撅嗒、摔打（搭）、戳打、呲得（搭、打、达）

便当、快当、顺当

动：逛荡、晃荡

棍道、疯道、筋道（刀）、神道、外道、邪道

动：鼓捣、数叨

忙（忙）叨（叨）

动：搬登（腾）、迟登、撺登、叨登（扨蹬）、逛登、盘登（意义：零吃）、换登、活登、拾登（意义：乱翻捡）、涮登、淘澄、嘎噔、眯瞪

迷瞪

动：嗔掇、撺掇、掂掇（兑、对）、归掇（着）、拾掇、哏哆（地）（意义：申斥）、挤对（兑）、绕兑

大发、细发、活泛（份）、灵翻、灵分、生分、宣分

动：搭个（各、搁、咯）、搭勾

动：戳咕、打咕、搭咕、叨咕、捅咕、叽咕、唧咕、挤咕、捏咕、拧咕、扭咕、日咕、塞（sāi）咕、塞（sēi）咕、崴咕、掖咕、捣鼓、抹鼓（意义：涂抹）

嘎（生）古、毛咕（意义：害怕）、拐孤

动：把合、裹合（意义：掺和）、岔和、掺和（合）、搅和、欺和、谢和、忙合（忙乎、忙活）、匀和、搅哄、搅和、绕哄

乐和、全合（可）、软和、热火

动：吹呼（唬）、咋呼、就乎（合、和）、觉乎、栖乎（欺糊）（意义：聚拢、偎）、贴乎、扇乎、嫌乎、岔（差）糊、镇唬、

白话（呼、货）

潮呼儿、二乎（糊）、近乎、软乎（糊）、善乎、邪乎（虎、活）、悬乎、玄乎、匀乎、圆乎儿、晕忽（乎）、迷糊（忽）、面糊儿（和儿）、宣糊儿、烂糊、泞糊、黏糊（乎）儿

乱哄

动：闹哄、闹慌、动换

动：巴结、硌叽、磨叽、哼（哼）唧（唧）、吭唧

轻快（意义：低廉）

动：扒拉（落）、拨拉（浪）、背拉（意义：平摊）、提拉、刮拉、扬拉、概拉、划拉、画拉、叭拉、扒拉、撇拉、扑拉、撕拉、趿拉、挖拉、咋喇

皮拉、粗拉、粗刺、硬朗、硌棱（意义：刺耳）、翘棱、窄棱、二愣、激愣、拉楞

动：扑棱、歪棱、侧棱、白睖、立楞、斜楞、支楞、数唠、拘挛（lian）

豁亮、清亮、鲜亮、透亮、真亮、激灵、鲜灵

动：提溜（掳）、吸溜

光溜、滑溜、尖溜、快溜儿、曲溜儿、瘦溜儿、顺溜儿、稀溜儿、细溜儿、窄溜（溜）、中溜儿、鼓溜儿

动：抖搂（漏、露）、概搂、划搂、扒搂、寻睒、扑落、数落、散落、淘落、拨落、和乱（lou）、撕掳（罗）、提掳

动：缠磨、裹抹、绕抹、寻摸

刺闹（挠）

动：掰弄（nong）、摆弄（nong）、攒弄、搓弄（neng）、撮弄、捋弄（nong）、掇弄、翻弄、逗弄、对弄、咕弄、糊弄、和弄、架弄、局弄、卡（qiā）弄、掐弄、圈弄、日弄、侍弄、显弄、择弄、团弄、逗拢、对哝

动：显配

谎皮、俏皮、殃腔、大气、局气（意义：讲道理）、硬气、俏气、憋（憋）囚（囚）、憋屈、艮气

动：搭撒、杠撒、撼（hà）撒（撕）、摩挲（māsa）

动：忽闪、呼扇

花哨（梢、稍）

凉渗、脆生（声）、轻省

副：好生（意义：好好）、紧着

瓷实、肥实、厚实、浑实、密实、严实、硬实、匀实、欢实（势）、虎势、俏式

亮飕（意义：敞亮）

动：叨腾、吹腾、捣（倒）腾、翻腾、扑腾、跳腾、绕腾、支腾、折腾（蹬）

暴腾、熟腾、乱腾、暄腾

动：抠（抠）搜（搜）、动弹、缓醒、睃希（兮）

肉（肉）头（头）

快性、拧性、扭性、牛性、邪行（意义：奇怪）、喜兴（幸、性）、少相

黏（黏）歪（歪）、腻歪（味）、死秧

动：颤悠、轧（嘎）悠（杠摇）、逛悠（荡）、忽悠、晃悠、压（轧）悠

硬张、硬正、魔怔、平正（整）、真著（着、灼）

以上计数把音、字都不同的异体词也计算进去了。如“掂掇、掂对”、“归掇、归着”、“腻歪、腻味”等。

2. 多音节词根（或词根加词缀）带单音节词缀（词24个、词缀3类）

除了上述双音节词外，还有少数加单音词缀“咕”、“巴”、“的”的多音节词：

发毛咕

动：叫碴儿巴（碰儿、份儿）

份儿份儿的、哼儿哈儿的、哼啊哈儿的、溜儿湫儿的（意义：偷偷摸摸）、踢儿蹋的、三儿魔儿的、红臊儿的、紧溜儿的、辣蒿儿的、齐刷儿的、小趀蹓儿的、小的溜儿的

吓人呼啦的、吓人不喇的、黄不几几儿的、白卡卡的、稠糊糊的、粗个拉的、逛等儿等儿的、黄不唧儿的、灰不噜的、毛毛腾腾的（意义：慌张毛糙）

有些带“的”的词中还有其他后缀，如“蔫”、“的溜”，由各类单音、双音、多音词缀再加上“的”构成。视为多音节后缀似无不可，但“的”的作用的一致性超过其他差别，也就是都不再受程度副词修饰，因此归为一类。上述动词250个，副词2个，其余为形容词。

（二）多音节词缀（词372个、词缀268类）

1. 单音节词根带二音节词缀（词150个，词缀105类）

空巴寥、苦巴英儿、侧巴棱、中巴溜儿、美巴滋儿、泥儿巴咂、红搭棱儿、乐模丝儿、乐模滋儿、抹咕丢、木个张（胀）（意义：麻木）、青个（颗、的）楞、咸个滋儿、臊么嗤、稀麻拉、光出溜、光屁溜

傲不腾（登）、白不搭、臊不搭（答）、闷不答、阴不答、湿不答、汕不答、干不搭、黏不搭、臊不搭、阴不搭、破不剌、黑不基、傻不唧（叽、几）、刺儿不唧、苦不唧儿、辣不唧儿、懒不唧、蔫不唧、软不唧、甜不唧儿、酸不唧、笑不叽儿（唧儿）、乐不叽儿、二不愣（楞）、青不楞、歪不楞、直不棱、中不溜儿、好不当儿、好不央儿（应儿）、红不赤、灰不拉（的）、僵不吃（嗤）、凉不丝儿、甜不丝儿、咸不丝儿、笑不滋儿、美不滋儿、傻不噔、甜不梭、麻不曰、笑么滋儿

副：横不楞（子）、冷不丁（孤丁）、猛不丁（孤丁）、悄不声儿、蔫（不）出溜、蔫不唧（叽）儿（意义：悄悄地）、冒儿咕咚（意义：突然）、哑巴搭儿、哑巴㗁儿（意义：默默）

沉得噜（陆）、闹得慌、憋得慌、闷得慌、沉得慌、闹得慌、漆得慌（意义：皮肤有板结感）、臊的慌、羞的慌、惨的慌、黑的乎、玄得忽、悬得忽、晕得忽儿、晕打呼儿、匀得溜儿、穷的哈、黄得楞儿

稠咕嘟（儿）、闷咕嘟、热咕嘟、齐骨都、黑咕咚、热咕咚、

零唧咕、谱儿郎当（意义：形容过分铺张）、酸咕囔（意义：变质酸味）

赖（赖）巴巴、硬巴巴、红哧儿哧儿、黑黪黪儿、苶呆呆、乐颠儿颠儿、咕丢丢（意义：衣服箍身、紧瘦）、厚墩墩、直勾勾、毒花花、苦哈哈、穷哈哈、气夯夯、辣蒿蒿、乐呵呵儿、气哼哼、黑忽忽（乎乎、糊糊）、胖忽忽、暖忽忽、颤忽忽、软忽忽、腻乎乎、傻乎乎、油乎乎、稠糊糊儿、臭烘烘、臊轰轰、赞儿哄哄、空落落、急吼吼、零激激（意义：毫不着力的样子）、白唧唧、浑糨糨、短撅撅（橛橛）、直撅撅、愣磕磕、水灵灵、鲜伶伶、稀棱棱、鼓溜溜儿、尖溜溜、矮趴趴、红扑扑儿、白生生、活生生、凉丝丝、甜丝丝、黑炭（tàn）炭（tān）儿、青虚虚、腻拽拽、死拽拽、乐滋滋、乐滋儿滋儿、美滋滋

上述状态后缀都是双音节的。按读音有叠音的“ABB”式和非叠音的“ABC”式；按声调主要是“轻声加阴平”（如“直不棱”），“轻声加轻声”（如“闹得慌”）或“轻声加本调”（如“青个楞”，可读阴平或去声的很少）；按意义词缀一般不能独立表义，个别相当于拟声词虚化的词缀可以（如“热咕咚、零唧咕”的“咕咚、唧咕”），但与此词的意义已无直接联系。

2. 单音节词根带三（多）音节词缀（词119个，词缀90类）

花里胡哨、麻里格扎（意义：粗糙而多小颗粒）、毛里咕叽（意义：慌张）、毛儿里咕唧（意义：到处是毛）、面里咕囔、黏里咕拽、泥里咕叽、贫里呱叽、热里忽剌、软里不塌、软里（勒）咕唧、腥里咕奈、猴里八七（猴儿扒梯）（意义：顽皮）、胡里八梯、零里八敲、紫里蒿青

汗沫溜丢、矮巴溜丢、酸巴溜丢、光巴齐溜、干巴疵咧、干巴拉瞎、贱巴啰嗦、傻巴睖瞪、长了咕耐、糟了巴唧、脏了咕叽、腻拉咕拽、杂拉咕咚儿、肉拉咕几、傻拉光鸡（几）、秃拉瓜几、秃拉巴叉、稀拉逛荡、邂拉光当、懈拉光当、傻拉呱唧、傻拉咕唧、水剌（里）巴唧、猴剌（里）巴唧（叽）、臭剌戛

唧、粉刺戛唧、卤刺嘎唧、咸刺嘎唧、青刺嘎唧、贱刺嘎唧、苦刺呱唧、凉刺呱唧、蔫刺不唧、蔫刺咕唧、肉咕囊叽、面咕囔叽、软咕囊儿、黑咕笼咚、胖咕囵墩儿、醉模咕咚、刺骂流星、苦磨撒曳（意义：极困苦）、黑格隆冬、灰骨碌嘟、圆骨隆冬、圆滚沦敦、圆滚噜嘟、黑漆燎光、辣呲忽咧、热呲忽刺、热厮忽刺（拉）、血糊淋拉、血丝胡拉、死气白赖（bāiliē）、直估笼统、鬼魔（抹）魇（眼）道、假模三道、嘎拉码七、嘎拉八七、二了八当、正儿八北

花巴（不）棱登、白不刺基、酸不拉唧、苦不拉唧、臭不拉唧、刺儿不拉唧、贱不拉唧、粉不刺唧、酸不刺唧、灰不刺（拉）唧、苦不刺唧、甜不刺唧、秃不刺唧、破不刺基、秃不（个）刺茬、灰不刺撒、破不刺撒、白不呲咧、淡不呲咧、光不出溜、好不当央、红不棱登、傻不愣登、直不棱登、滑不唧溜、酸不唧溜儿、黄不唧撩、黑不溜秋、灰不溜丢、酸不溜丢、灰不邋遢、胖不楞墩儿、细不连签、直不老挺

咸不唧唧、凉不唧唧、蓝不唧唧（叽）、黄不唧唧、甜不唧唧、水不几几、酸不溜溜、慢不悠悠

以上是单音节词根加上三音节后缀构成。基本格式为“ADBC”式（111个），有少数几个是“ACBB”（8个）式（中间的“D”、“C”表示组合关系松散的词缀），去掉“D”、“C”的“ABC（光出溜）”、“ABB（慢悠悠）”一般可以是一个具有意义的相对独立的组合。声调主要是“轻声加阴平加阴平”（如“直估笼统”），“轻声加本调加阴平”（如“血糊淋拉”）；“轻声加本调加本调”［如“鬼魔（抹）魇（眼）道”］的只有四五个。

3. 双音节词根加上双音节后缀（词103个，词缀73类）

疤瘌流星、鼻子拉糊、疙瘩啰嗦（噜苏）（意义：不平滑）、嘎巴溜丢（流秋、流星）、红眼巴瞎、猴头巴些（脑）、胡子八叉、胡子拉碴、愣眼儿巴唧（睁）、愣眼儿瓜哒、驴脸瓜搭、破衣啰撒、破衣啰嗦、眼泪巴撒、瞎话溜丢、吒啦流星（意义：叫喊不

绝，“吒啦”应同“咋喇”）、褶皱八囊、正经八百、正经八北、费劲巴拉、胡骂溜丢、精湿呱嗒、困眼儿巴唧、烂眼儿巴唧（瞎）、烂眼儿枯嗤、老实巴交（巴脚、巴焦、八焦）、挠头蹀躞（dié xiē，意义：头发乱）、泞泥巴蹅（chā）、四仰八叉、支楞八叉、胡闹八光、刺挠的慌

半半落落（罗罗）、寡寡落落（劳劳）（意义：心里发空）、空空落落、散散落落（luō luō）、笨笨拉拉、粗粗拉拉、边边溜溜、皮皮溜溜（意义：顽皮）、病病歪歪、病病秧秧、糙糙了了（上声）、柴柴拉拉、抽抽疤疤、凑凑忽忽儿、傻傻乎乎、恶恶实实（阴平，另词典阳平）、硌硌棱棱（意义：不平）、沙沙棱棱、剐剐捞捞、花花搭搭、急急毛毛（阴平）、挤挤插插、压压插插、紧紧叉叉、紧紧巴巴、揪揪巴巴、将将巴巴、磕（kē）磕巴巴、阴阴巴巴、糨糨糊糊、脏脏糊糊、乐乐呵呵、愣愣怔怔（睁睁）、凉凉渗儿渗儿、麻麻曰曰、扎扎曰曰、满满当当、满满登登、满满腾腾、骂骂咧咧、闷闷哧哧、密密麻麻（阳平）、抹抹丢丢（意义：不好意思）、沫沫丢丢（意义：污浊多泡的样子）、皮皮咂咂、扑扑楞楞、奢奢连连（意义：形容穿着不利落，马虎）、水水灵灵、影影绰绰（抄抄）、油油沆沆（hāng）、游游磨磨、稀稀罠罠（lāng lāng）、扎扎刺刺（意义：不平）

抽皱巴巴、嘎巴轰轰、嘎巴生生、二意思思、架子哄哄、可怜巴巴、面古嘟嘟、碎嘴叨叨、烟气杠杠、笑模悠悠、土气沆沆

以上是双音节词根加上双音节后缀构成。基本格式为“ABCD”式（32 个）和“AABB”式（53 个），有少数几个是“ABCC”式（11 个）。还有隔音重叠形式的（7 个）：

蹬楞蹬楞、扎拉扎煞、扎刺扎哄

动：垫巴垫巴、艮搭艮搭、甩搭甩搭、拽跶拽跶

以上都是“词根加词缀”再重叠，或重叠词根另加词缀构成，有“ABAB”式与“ABAC”式。

由带状态词缀构成的词再与另外的词或词根语素构成的词，如果已有单用的状态词，就不再计算在内，如“锃光瓦亮”就没有收入。

四、北京方言状态词缀的特点

以上考察分析了北京方言状态词缀的基本的类型、分布情况，下边概括一下北京方言状态词缀的主要特点。先看表3－2、表3－3，与普通话相同的尽量不改变例词和格式。

表3－2

构词格式（例词）	词缀音节	词缀类型	词数	类数	读音
BA式（梆硬）	单音节	前缀	26	12	本音或去声
CDAB式（稀里马虎）	二音节	前缀	14	11	本音＋轻声
ACB式（稀巴烂）	单音节	中缀	2	2	轻声
ADBC式（急赤白脸）	单音节	中缀	7	7	轻声
ABDC式（胡说八道）	单音节	中缀	10	4	阴平
ADCB式（正儿八经）	二音节	中缀	7	7	轻声＋阴平
AB式（干巴、忙乎）	单音节	后缀	394	100	轻声
ABB式（甜丝丝、黑炭炭儿）	二音节（叠音）	后缀	54	52	轻声＋阴平
ACD式（蔫不唧、闷得慌）	二音节	后缀	96	53	轻声（＋阴平）
ABCD式（老实巴交）	二音节	后缀	31	29	阴平
ADBC式（白不刺基）	三音节	后缀	111	86	轻声＋阴平
ABCC式（可怜巴巴）	二音节（叠音）	后缀	11	10	阴平
AABB式（鼓鼓囊囊）	二音节（叠音）	后缀	53	11	阴平

以上是与普通话相同的类型。下边表3－3所列的是与普通话不同的类型。

表3－3

构词格式（例词）	词缀音节	词缀类型	词数	词缀类数	词缀读音
BBA式（喷喷香）	二音节	前缀	1	1	本音
CCAB式（扬扬不睬儿）	二音节	前缀	1	1	本音
CBAB式（叽刺喳刺）	二音节	前缀	1	1	本音＋轻声
ACAB式（哆里哆嗦）	单音节	中缀	26	6	轻声
AECD式（瞅巴冷子）	单音节	中缀	3	2	轻声
ABC式（趿拉板）	单音节	中缀	3	2	轻声
AECDB式（老眉咔嗤眼）	三音节	中缀	3	3	轻声＋阴平＋轻声
ABDEC式（阴死不拉活）	二音节	中缀	2	1	本音
ACBB（咸不唧唧）	三音节	后缀（叠音）	8	4	轻声＋阴平
ABDE式（刺挠的慌）	二音节	后缀	1	1	轻声
ABAB式（蹬楞蹬楞、甩搭甩搭）	二音节	后缀	5	4	轻声
ABAC式（扎拉扎煞）	二音节	后缀	2	2	轻声
各式＋“的”式（小的溜儿的、吓人呼啦的）	单音节	后缀	24（加上“发毛咕、叫碴儿巴”二词）	3	轻声

从表3－2、表3－3看，北京方言状态词缀的特点主要有以下几方面：

1. 各种构词格式、词缀类型更加全面。比普通话多13种格式。

2. 后缀种类、构词能力和普通话差不多，词数占总数的87%以上。

但 ABB 式占的比例不如普通话大，只占总词数的 6%。

3. 重叠词缀词数、类数占的比例不如普通话多，与双声叠韵重叠合起来占总词数的 18% 多一点。

4. 单音节词缀词数 495 个，占的比例略多于二音节词缀词数和三音节词缀词数。

5. 词缀读音基本都发生变化。也以读轻声的居多，其次是阴平，都是口语读音。完全读本音的只有前缀。

第三节　哈尔滨方言状态词缀的分类及其分布

《哈尔滨方言词典》① 中常用的状态词缀共 327 类，其中前缀 25 类（单音节 16 类），中缀 41 类（单音节 31 类），后缀 261 类（单音节 60 类）。涉及的词 1120 个，主要是动词、形容词。

一、前加词缀

共 43 个词，25 类词缀。

（一）单音节词缀（词 27 个、词缀 16 类）

溜光、溜鼓、溜滑、溜尖、溜圆、溜平、拔凉、乔臭、乔臊、焦酸、绷硬、登硬、精泞、胶黏、稀暄、稀泞、稀屌贱、稀屌松、稀屌烂

瓦凉、恶臭、恶臊、岗尖儿、锃亮、刷白、漂白、锃光瓦亮

“稀屌松、稀屌烂”中的脏字一般不用，只说“稀松、稀烂”。但“稀屌贱”常说“稀烂贱”。“锃光瓦亮”是两个带状态前缀的成分“锃光”和“瓦亮”组合起来的，与北京话（可说“锃光”）不同的是一般不拆开用，偶尔可以单说“瓦亮”。

有个别词出自被考察词典词条后的例词，如“锃亮”常用，而正条未收。还有一些常用的此类状态词词典没有收入（如果收入的话，

① 尹世超编《现代汉语方言大词典》分卷，江苏教育出版社 1997 年 12 月版。

实际使用的状态词缀更多），例如“焦黄、焦绿、煞白、瓦蓝、精瘦、精湿、响晴、梆硬、通红、稀了糊涂、叽里咕噜、急了骨碌”等，而“乔臭、乔臊”则很少听说。词缀“里”与“了”甚至“拉”实际都同音。北京话多用“里”、“刺”，哈尔滨话多用“了”、“拉”。读 le、lɑ 都可以写做“了”，而读 le 不能写做“拉”。带单音节词缀的“溜光”等词与多音节词缀的第一音节一般都读阳平，“瓦凉”等词的第一音节都读去声。

（二）多音节词缀（词 16 个、词缀 9 类）

滴里当啷、踢拉堂啷、踢了趿拉、提了秃噜、离了啰唆、离了歪斜、犄拉拐弯儿、曲里拐弯儿、急了暴跳、急了骨碌、急里拐弯儿、稀里呼噜、稀里哗啦、稀里忽扇、稀里哈嗒（儿）、迷离马糊（儿）

多数前缀一、三音节双声，个别例外。

二、中加词缀

共 77 个词，41 类词缀。

（一）单音节词缀（词 63 个、词缀 31 类）

1. 带中缀的三音节词“ABC”式（词 26 个）、“ABA”式（词 1 个）

赖乎情儿

名：快性人、冻性味儿、酸性味儿、霉腥味儿、趿拉鞋、趿拉板儿、忽搭巾儿、忽搭门儿、斜楞眼儿、手巴丫儿、喉巴眼儿、家巴什儿、倔巴劲儿、干巴劲儿、哭巴精、倔巴头、当巴腰儿、杂八凑儿、拐拉腿儿、哈巴腿儿、迫拉脚

动：强咕强（强：去声）、填乎人、眨巴眼（睛）、卡巴眼（睛）、秃撸扣

以上一部分词根不可以连在一起用，如“快性人”、“哭巴精”不

能说“快人”、“哭精”。组合层次是“词根+词缀+词根”，另如“当巴腰儿”、“杂八凑儿”等。“拐拉腿儿”等名词，按层次分“拉”是夹在中间的后缀，即“（词根+词缀）+词根”。但是这部分词根可以连在一起（个别例外），如可以说“拐腿儿”、“斜眼儿”，这就同“冻味儿”、“当腰儿”、“杂凑儿”等一样了。“强咕强”则是词根重叠加词缀的“ABA”式。

2. 带中缀的四音节词

（1）“ACAB”式、“ABAC”式、“ABCB”式

屯里屯气、哈拉哈搭、苦巴苦业、水了水汤
乒楞乒啷
喊咕喳咕

以上四音节词第二个音节的“C”或“B”是中缀。“ACAB”式词4个，其他式各有一个词。

（2）“ADBC”式（12个词）、“ABDC（E）”式（17个词）、“DABC”式（1个词）

勾搭连环、稀糊烂贱、滑末掉嘴儿、贼目溜眼、斜抹掉角、斜目吊眼儿、熊叽尿腚（儿）、酸叽尿腚、哭叽赖歪、糊了半片、屁吱狼嚎、

齁喽气喘

笨手拉脚、没死拉活、没深拉浅、没好拉歹、绊手拉脚、贫嘴拉舌、尖声拉气（儿）、黄皮拉瘦、甜嘴巴舌、虚头巴脑、横头霸脑、尖头哨脑、狗头臊脑、贼奸六（道）怪、乌漆麻黑、嘎巴溜（丢）脆

蔫头耷拉脑

动：闲嘎嗒牙儿

以上的四音节形容词，“D”是词缀，“ABC”可相连表意义。最后一个形容词是“ABCDE”式，词缀“拉”去掉后“ABCE”式（蔫头

奁脑）可以独立成词。动词是“DABC”式。

比较多的是“稀糊烂贱、笨手拉脚、没好拉歹、贼奸六（道）怪”等类词，去掉词缀后一般也能独立表义：“稀烂贱、笨手脚、没好歹、贼奸怪”。“滑末掉嘴儿、贼目（轻声）溜眼、屁吱狼嗥”等另一些词独立性差些：“滑掉嘴儿、贼溜眼、屁狼嗥”不单独使用。

（二）多音节词缀（词14个、词缀10类）

死拉薅冷、硌拉巴生、恶拉巴心、熬拉巴糟、坷了巴碜、埋了咕汰、干肌拉瘦、破嘶拉声、乌了巴涂、老末喀（嗤）眼、正儿八经（儿）、乱马七糟、嘚了巴瑟

支棱八翘

以上的四音节词分别是“ADCB”式（“DC”是词缀）、“ABDC”式（“BD”是词缀），“AB”与前述此类型一样，是常可单用的组合形式（硌生、支棱）。

三、后加词缀

词1000个，词缀261类。

（一）单音节词缀（词671个、词缀60类）

1. 单音节词根带单音节词缀

（1）动：拉巴、磕巴、治巴、卖巴、置巴、劈巴、卡巴、眨巴、尬巴、凿巴、砸巴、杵巴、扔巴、擂巴、缠巴、拽巴、揪巴、敛巴、串巴、将巴（儿）、攒巴、捶巴、哈巴、撕巴、扯巴、搓巴、掐巴、撮巴、团巴、削巴、卷巴、爹巴、挣巴、拉巴、挤巴、支巴、造巴、试巴、凑巴、吖巴、捊巴、軥巴儿

丫巴儿

煳巴、馊巴、僵巴、涩巴、刺巴、死巴、倔巴、皱巴、抽巴、窄巴、干巴、光巴

（2）窄憋

（3）动：搭帮

（4）牢棒、硬棒

（5）嫩绰

（6）动：撩扯、拐扯、咧扯、赶扯、撇扯、掰扯、贬扯、扒扯、绕扯、黏扯（缠）、闹扯、拧扯

大扯

动：噃耻、掴嗤

动：扒察（无抠察）

（7）动：囊哧、哝哧、搊哧（斯）、憋吃

（8）准称、紧称、脆生（称）

（9）厚诚、实诚、实成

（10）动：拐搭、扫搭、抽搭、拎搭、抡搭、损搭、花搭、捽搭、倔搭、踱搭、摔搭、掀搭、撅搭、抹搭、扭搭、拧搭、搡搭、蹬搭、摟搭、蹿嗒、审嗒、呲打、悠打、溜达、颠达、跑跶、眯搭

（11）顺当、准当

（12）动：（kùang）荡（有晃荡的、悠荡杆儿）

（13）动：磨叨、数叨、唠叨、念叨、归道

神叨、鬼道、公道、筋道、黏道、妖道

（14）恶刀

（15）动：闹登、拆登、捯登、淘登、掴登、搬登、叨登、扑登、眯瞪

迷瞪

蒙登

（16）动：磨丢

（17）细发

（18）灵泛、活泛

（19）动：卖风

（20）动：拉嘎、锯嘎

（21）动：哜咯

（22）动：扎咕、扎咕（穿戴）、踩咕、戳咕、杵咕、夹咕、捶咕、颂咕 、捏咕、挤咕、强咕、摅咕、喳咕、央咕、哀咕、讲咕、嚷咕、呛咕、瘪咕、捣鼓、掖咕、捽咕、摆咕、扭咕、歪咕、

嚯咕

生古、摸咕

(23) 牛烘

(24) 动：填乎、摆乎、嫌乎、烦乎、就合（乎）、惹乎

面乎、碎乎（儿）、全乎儿、乱乎（儿）、扁乎、紧乎、玄乎、二乎、耳乎、邪乎、近乎儿、忙乎、匀乎（儿）

(25) 动：吹呼、咋呼、嘘呼

拉忽、颤忽

动：白话、忙活、凑合、差和儿

软和、乐和（儿）

(26) 动：吓唬、镇唬、哈唬

(27) 动：硌叽、杠叽、哽叽、磨叽、哝叽

酸叽

侃快、响快、脆快

(28) 动：扒拉（阴平）、拨拉、扒拉（阳平）、挂拉（阴平）、扯拉、撇拉、拖拉、提拉、吱儿拉、扑拉、挖拉、划拉、胡拉

粗拉、皮拉、铺拉、泼勒

(29) 动：拨楞、横楞、核愣、硌楞、斜楞、歪楞

别楞、闯愣、毛愣、麻愣、火愣、沙愣、沙棱

动：侧棱、支棱、翘棱、翻睖

(30) 清亮、真亮、敞亮、铮亮、眼亮、赫亮、鲜亮、利亮

精灵

(31) 滑溜（儿）、稀溜、顺溜、细溜、快溜（儿）、鼓溜儿、瘦溜儿、透溜儿、秀流

(32) 动：摔弄、涮弄、鼓弄、架弄、团弄、挖弄、剸弄、侍弄

(33) 动：套拢、透珑、团拢

(34) 动：抖搂、打搂

(35) 动：偻瞜

(36) 动：秃撸

(37) 动：咂摸、估摸、约摸、踅摸

(38) 畸扭

(39) 哨皮、臊皮、左皮、错偏（皮）

(40) 素气

副：诚气（的、是）

(41) 动：捽搡、攮搡

(42) 发实、欢实、瓷实、发实、硬实、挺实、膀实、肥实、愣实、足实、预实、厚实、值实、厚实（儿）、魁实、沉实、坐实、泼实、狠实、严实

虎势、闯势、凶势、欢神儿

(43) 动：摩挲、抠搜、哈撒

(44) 动：蹿腾、折腾、闹腾

快腾、慢腾

(45) 皮条

(46) 肉头

(47) 筋性、油性、外性、嚼性、恼性、仁性、酸性、瘦性、灵性、贼性、犟性、牲性、尿性、牛性、实性、快性、驴性、奘性、龙性、骚性、邪性、狂性、腻心（性）

(48) 旺兴、喜兴、少兴、足兴

(49) 腻歪、急歪、侧歪

(50) 动：(kùang) 悠、抻悠、转悠、嘎悠、哈悠

(51) 实在

(52) 动：捂扎

以上是358个单音节词根带单音节词缀的词，其中动词203个，形容词153个，名词、副词各1个。即使把音近的词缀归并在一起，也有52类单音节后缀（例中括号内的数字表示词缀类别）。

2. 双音节或多音节词根带单音节词缀的词（313个词）

(1) 三个音节的“ABC（缀）”式（3个词）、“C（根）AB”式（6个词）

副：成天价、简直杆儿、大约摸儿

动：藏妈乎儿、抓瞎乎儿、瞎白话

名：鞋趿拉（儿）、大划拉、小捅咕（儿）

以上是双音节词作为词根带上单音词缀构成新词，或带后缀的词作为语素前加词根构成新词。

（2）“AB的”式（56个词）

眼睁（儿）的、面荒儿的、溜光儿的、真是的、趁是的、横是的、洋式儿的、批儿片儿的、浑儿画儿的、丢修儿的、哆嗦（儿）的、含糊（儿）的

冷清的、澄清儿的、冷冰的、静悄（儿）的、喘吁的、狼哇（哇）的、踢蹋（儿）的、文绉（儿）的、正格（儿）的、规矩的、稳当（儿）的、服帖（儿）的、整齐的、热闹儿的、快乐儿的、健康儿的、精神儿的、富态的、马虎（儿）的、明白儿的、清楚儿的、疯癫的、埋汰的、肋脦的、邋遢的、孤单的、光秃的、弯曲的、年轻（儿）的、丁当（儿）的、明亮儿的、啰嗦的、消停儿的、稀疏（儿）的、实惠儿的、白净儿的、别扭的、絮叨的、诚是的、妥当儿的、适当儿的、平安的、轻松儿的、轻微儿的

以上是双音节词根（可以独立成词或短语）带上单音状态词缀“的”构成的词，词根结构复杂，有主谓关系、偏正关系、并列关系、双声叠韵关系。

（3）“AB（B为缀）+的”式（207个词）

敞亮儿的、亮堂儿的、顺当儿的、乱乎的、烂乎的、烂乎儿的、胖乎的、胖乎儿的、温乎的、温乎儿的、暖乎儿的、热乎的、热乎儿的、暄乎的、软乎的、软乎儿的、面乎的、面乎儿的、晕乎的、晕乎儿的、匀乎儿的、膙乎的、臭乎的、油乎的、软和儿的、闹哄儿的、闹哄的、皱巴的、利索儿的、利亮儿的、光溜的、光溜儿的、滴溜儿的、酸溜的、酸溜儿的、瘦溜的、滑溜的、滑溜儿的、顺溜儿的、稀溜的、稀溜儿的、细溜儿的、匀溜儿的、直溜

(儿)的、暄腾(儿)的、黏糊儿的、乐呵儿的、腻歪的、真亮(儿)的、干巴的、潮呼的、潮呼儿的、密实的、严实(儿)的、粗拉(儿)的、紧巴(儿)的、脆生儿的、凉丝儿的、凉哇的、凉哇儿的、凉飕儿的、稀拉(儿)的、鼓囊的、娇滴的、辣蒿的、辣蒿儿的、密麻的、毛嘟儿的、彪哄的、毛烘的、臭烘的、臭烘儿的、毛烘儿的、热腾(儿)的、热辣的、火辣的、笑呵儿的、笑哈(儿)的、笑嘻的、笑眯的、喜洋的、喜滋(儿)的、乱蓬的、软塌的、软囊的、羞答(儿)的、甜滋儿的、苦森的、香喷(儿)的、腥蒿的、胖墩的、美滋(儿)的、乐滋儿的、病殃的、病歪的、贼溜的、泪汪儿的、球哄儿的、影绰儿的、真绰儿的、宽绰儿的、冷飕的、齐刷(儿)的、乱哄的、乱糟的、乱腾的、虎绰(儿)的、穷嗖(儿)的、直勾的、圆乎儿的、圆乎的、胆儿实的、孤零的、矮墩的、牛烘的、野歹的、狠歹的、气冲的、气乎的、对付儿的、麻酥的、麻酥儿的、白茫(茫)的、白花(花)的、油汪儿的、破歪的、明晃(晃)的、亮晶儿的、亮铮儿的、沉甸的、厚墩的、满登的、慢悠(儿)的、慢腾(儿)的、疲塌(儿)的、懒塌(儿)的、懒洋(洋)的、粉嘟儿的、粉扑儿的、灰溜的、灰突的、灰蒙的、红通(通)儿的、红乎的、红扑儿的、血乎的、血淋的、蓝盈(盈)儿的、绿油(儿)的、黄澄儿的、醉醺的、黑黢的、黑糊的、黑糊儿的、黑压的、黑沉的、湿漉的、水淋(淋)的、水汪儿的、水灵(灵)儿的、湿漉儿的、空荡的、空落的、毛糙的、大咧的、假惺的、急冲的、甜滋的、刺儿哄的、薄溜儿的、瘦溜儿的、蔫嘎儿的、傻乎(儿)的、赖蒿(儿)的、眼巴(儿)的、颤巍(儿)的、晃荡(儿)的、筋道儿的、模糊(儿)的、迷糊(儿)的、轻巧儿的、黏糊的

松快儿的、漂亮儿的、悬乎(儿)的、老实儿地、壮实的、结实(儿)的、皮实的、肥实的、勾搭(儿)的、溜达(儿)的、沙愣(儿)的、准称儿的、丢当儿的、厚道儿的、零星儿的、冒失的、慌张的、窝囊的、机灵儿的、流气的、邪乎的、客气(儿)的、和气(儿)的、凉快儿的、轻快儿的、痛快(儿)的

以上都可以归入三个音节的“AB 的”式，但是其中的“B”是没有实在意义的词缀，而且不但“水淋（淋）的”等加括号的表示“B”可以重叠，其他也大多可以重叠（一般只有第二段的“B”不重叠）。

(4)“ABCD 的”或“ABC 的”式（3 个词）

跟头把式的、杂七马八儿的、喜爱人儿的

(5)“ACD、ABCD（E）+的”式（5 个词）

木个张的、麻拘连的、悬得棱的、零了八碎儿的、大舌头唧叽的

(6)“ABB + 的”、“ABCDD + 的”或“AABB + 的”式（6 个词）

神叨叨（儿）的、恶滋滋的、狠歹歹的、黄央央儿的、老娘们儿家家的、白白话话的

以上三类共有 14 个词。

(7)“（一）AA 的”式（27 个词）

日日的、仍仍的、登登的、拉拉的、海海的、缕缕的、鼓鼓儿的、柔柔儿的、游游儿的、悠悠儿的、晃晃儿的、咧儿咧儿的、吧儿吧儿的、蔫儿蔫儿的、妥（儿）妥儿的、板儿板儿的、飞儿飞儿的、嘚儿嘚儿的、溜儿溜儿的、跩儿跩儿的

一滋滋的、一哄哄的、一嗡嗡的、一哇哇的、一嗷儿嗷儿的、一呜呜的、一样（一）样的

以上是叠音词根带上单音词缀“的”构成的词，词根不单用。多数是三个音节的“AA 的”式。有少部分是“一 AA 的”式。

（二）多音节词缀（词329个、词缀201类）

1. “ACD”式（93个词）

酸叽溜、软（了）咕耐、甜咕耐、腥咕耐、湿咕奈、蔫咕咚儿、筋骨囊、甜么滋儿、笑么滋儿、火刺棱（辣）、齐呼拉、灰突撸、黑咕咚、活撕拉、绒嘟噜儿、肥嘟噜、圆咕隆、屁刺溜、滑呲溜、白呲拉、滑叽溜、热咕嘟、热火燎

副：生此（呼）拉

紧巴登、死个丁、艮个揪儿、软个囊、面个兜、咸个滋儿、叽咯浪、瞎摸叽、醉么哈儿

副：干巴楞儿

热搭乎、软搭乎、暄得乎、暄得乎儿、傻得乎、胖得乎、胖得乎儿、晕得乎（儿）、烦得乎、黑得乎、悬得乎、糨得糊、彪得哄、臭得烘、牛得烘、球得哄、软的哈、扁得哈、瘪得哈、苦得溜、稀得溜、稀得溜儿、细得溜（儿）、小得溜儿、稀得楞儿、干得噜儿、穷得拉儿、轻得撩儿、急得歪、粗大拉儿

浪不丢儿、涩不搭、潮不搭、臊不答、矬不搭、胖不搭儿、甜不叽、苦不叽、苦不叽儿、淡不叽、酸不叽、贱不叽、蔫不叽、绿不叽、绿不叽儿、甜不梭、麻不曰、扎不哕、斜不棱、乐不颠儿、甜不丝儿、稀不溜、光不溜（丢）、稀不拉（儿）、闷不出、憨不登、倔不登

副：冷（不）丁、猛不丁

上述单音节词根带双音节词缀的词，都可以看做是“ACD”式。有的（第一段）“CD”关系紧密，特别是由拟声词形成的词缀（如“咕咚”），可以做“A + CD”式，其他则为“A + C + D”式。

2. “ABB”式（35个词）

空落落、急捞捞、湿涝涝、汗渍渍、愣呵呵、辣蒿蒿、赖蒿蒿、青蒿蒿、腥蒿蒿、脓歪歪、仰歪歪、大咧咧、虎绰儿绰儿、虎腾腾、埋汰汰、臊烘烘、稀拉拉、赖叽叽、哭叽叽、穷嗖嗖、凉哇

哇、潮呼呼、屯乎乎、暄乎乎、肥嘟嘟、灰掬掬、恶刀刀、火辣辣、气夯夯、忙叨叨、野刁刁、浪丢丢、乐滋（儿）滋（儿）、乐颠颠（儿）、尖溜溜

以上三个音节的“ABB”式，“BB”前一个读轻声，后一个读阴平。有的也可以都读阴平。

3.“ABCC”式（8个词）和“AABB”式（37个词）

褶子巴巴、瘦筋巴巴、油渍奈奈、傻屄呵呵、雾气沼沼、彪子哄哄、烟气刚刚、娘们儿家家

满（满）登登、浑浑登登、半半拉拉、绊绊拉拉、别别拉拉、粗粗拉拉、勾勾巴巴、趔趔巴巴、坑坑巴巴、将将巴巴、赖赖巴巴、裂裂巴巴、皱皱巴巴、揪揪巴巴、夹夹咕咕、假假咕咕、捅捅咕咕、舞舞扎扎、磨磨叽叽、二二乎乎、大大乎乎、硌硌楞楞、硌硌殃殃、趔趔歪歪、病病歪歪、病病殃殃、摸摸搜搜、癞癞嘟嘟、密密麻麻、笨笨咔咔、瘪（瘪）瞎瞎、抖抖擞擞、微微了了、急急溜溜、扁扁哈哈、正正道道儿、架架哄哄

“AABB”式的“AA”是词根重叠，“BB”是叠音后缀。“AA”、“BB”都是词根重叠的（闹闹吵吵）或联绵表意义的单纯词重叠（疙疙瘩瘩）不收入。

4.“ABCD”式（58个词）

老实巴交、佝偻巴瞎、费事巴拉、害事巴拉、费劲巴拉、瘆人巴拉、烦人巴拉、难受巴拉、闹心巴拉、揪心巴拉、空手儿巴拉、邪乎巴拉、尖头巴脑、猴头儿八相、罗锅儿八相、正经八百、牲口霸（八）道、驴性霸道、曲溜八叉、眼泪巴叉、泪眼巴叉、希罕巴叉、红眼儿巴叉、胡子巴碴、甜嘴巴舌（儿）、二虎巴叽、老天巴地、一心巴火、吵吵巴火儿、溜精巴怪、蔫头巴脑、虚头巴脑、愣头巴脑、零头巴脑儿、头巴脑儿、行大（的）乎吃、干巴拉瞎、蔫巴拉瞎、埋汰拉瞎、鼻淳拉瞎、疤瘌咔叽、光腚拉叉、臭气拉

烘、肿眼咕叽、瞎眼咕叽、冒烟（儿）咕咚、大嘴抹哈儿、拧屄搭撒、大肚（子）咧些、烂眼枯瞎、透珑丝杯儿、烟气呼燎、白毛儿搭撒、裙子溜星、疙瘩溜秋、破衣拉撒、半拉坷叽、牛屄搭烘

四个音节的“AB + CD”式，多数“CD”关系紧密，是双音节后缀。

5. “ADBC”式、“AACD”式（98 个词）

侉了巴叽、漂了巴叽、泞了巴叽、穷了巴叽、馊了巴叽、苦了巴叽、糟了巴叽、瘸了巴叽、软了巴叽、淡了巴叽、怯了巴叽、淘了巴叽、倔了巴叽、拧了巴叽、蠢了巴叽、滑了巴叽、土了巴叽、屯了巴叽、愣了巴叽、熊了巴叽、苶了巴叽、乐了巴叽儿、赖了巴叽、浪了巴几、傲了巴叽、肉了巴叽、野了巴叽、乌了巴涂、糊了巴涂、愣了巴怔、水了巴叉、暄了巴腾、窝了巴屈、憋了巴屈、煳了巴黢、强（了）巴火儿、热了巴火儿、蹋了趿拉、瘦了嘎叽、紫了蒿青、大了忽吃、二了忽吃、黏了呼吃、烂了糊哧、毛了三光、腻了咕抓、甜了咕叽、生了古气儿、匀了光叽、秃了光叽、澥了光叽

凉拉巴叽、稀拉巴叽、稀拉呱叽、蹋拉蹚啷、傻拉乎吃、邪拉乎哧、花里唬哨、贱不呲咧、灰不出溜、光不出溜、黑不出溜、酸不溜丢、紫不溜丢、花不棱登、红不棱登、直不棱（登）、破不拉叽、疤不拉瞎、嘎不溜秋、嘴不啷叽、虎不啷叽、滑不叽溜、裂拉三光

阴刺忽拉、热厮乎拉、醉么咕咚（儿）、刺儿拉嘎叽、瞎摸糊哧、干巴楞登、细巴连千、圆鼓抡墩、胖咕抡墩、粗鼓抡墩、屁大溜星、血赤糊拉、血丝糊连、血丝淋拉、红呲拉鲜、破呲赖歪、黑黢燎光、鬼魔道（六）眼儿、鬼魔三道、五迷三道、死气白赖

鼓鼓溜秋、吵吵巴火

早得赫儿呢

多数“AB”关系不紧密，“CD”关系紧密，“B”与“CD”一起

构成三音节后缀。只有最后一个例外，是“ACD + B”式。

以上四音节词第二个音节的“C”或“B”相当于中缀。

四、哈尔滨方言状态词缀的特点

通过上述考察分析，已经知道了哈尔滨方言状态词缀的基本的类型、分布情况。下边概括一下哈尔滨方言状态词缀的主要特点，先看表3－4、表3－5，与普通话相同的尽量不改变例词和格式。

表3－4

构词格式（例词）	词缀音节	词缀类型	词数	类数	读音
BA式（稀暄、瓦凉）	单音节	前缀	27	16	多读阳平和去声
CDAB式（迷离马糊）	二音节	前缀	15	9	本音 + 轻声
ACB式（无）	单音节	中缀	0	0	
ADBC式（糊了半片）	单音节	中缀	12	9	轻声
ABDC式（笨手拉脚）	单音节	中缀	17	8	阴平
ADCB式（正儿八经）	二音节	中缀	13	9	轻声 + 阴平
AB式（干巴、忙乎）	单音节	后缀	358	52	轻声
ABB式（空落落）	二音节（叠音）	后缀	35	29	轻声 + 阴平
ACD式（蔫不唧）	二音节	后缀	93	55	轻声 + 阴平
ABCD式（老实巴交）	二音节	后缀	58	35	阴平
ADBC式（白不呲咧）	三音节	后缀	98	53	轻声 + 阴平
ABCC式（褶子巴巴）	二音节（叠音）	后缀	8	7	阴平
AABB式（赖赖巴巴）	二音节	后缀	37	22	阴平

表3－5所列的是与普通话不同的类型。

表3－5

构词格式（例词）	词缀音节	词缀类型	词数	类数	读音
ABCB式（嘁咕喳咕）	二音节	中缀	1	1	轻声
ACAB式（屯里屯气）	单音节	中缀	4	4	
轻声ABC式（趿拉板）	单音节	中缀	25	8	轻声
ABAC式（乒楞乒啷）	单音节	中缀	1	1	轻声
各式＋“的”式（日日的）	单音节	后缀	304	1	轻声
AACD式（鼓鼓溜秋）	二音节	后缀	2	2	阴平（本音）

从表3－4、表3－5看哈尔滨方言状态词缀的特点主要有以下几方面：

1. 各种构词格式、词缀类型全面，但比北京方言类型少。表3－5是比普通话多出来的类型，而表3－4中还少了一种类型。

2. 后缀种类和中缀差不多，但词数特别多。约占总数的90%。

3. 重叠词缀词数、类数占的比例小。重叠类型不少。①

4. 单音节词缀“的”构成的词不少，约占总数的27%。

5. 词缀读音一般都发生变化。也以读轻声的居多，其次是阴平，完全读本音的较少。

---

① 姜文振《哈尔滨方言叠音和带叠音词缀的状态词》（《方言》1997年第6期）中把叠音状态词分为六种基本格式：AA式、一AA式、AXX式、AABB式、ABXX式、AYXX式。除AA式外，其余都是带状态词缀的格式。

第四节 普通话、北京方言、哈尔滨方言状态词缀的分类及其分布对比

普通话的状态词缀大都来自北京方言和哈尔滨方言。三种语言之间的差别主要是在读音、用字和使用量等方面，类型分布也有不同。总的看来，北京方言和普通话比哈尔滨方言更接近书面语。如“弄”，哈尔滨方言读 long，北京方言和普通话是 nong；哈尔滨方言的 le 音写做“了”，北京方言和普通话是“里”；哈尔滨方言的 lɑ 音写做“拉”，北京方言和普通话是“刺”；哈尔滨方言的“（闷）挺”，相当于北京方言和普通话的“（闷）的慌”的合音。哈尔滨方言更接近语言实际，按口语记音，选简明的字。哈尔滨方言状态词缀的用量多，北京方言的类型更多些。下边对比分析一下主要的类型分布差异。

一、前、中缀对比

普通话、北京方言和哈尔滨方言的状态前缀数量差别不是太大，状态中缀差别较大（见表 3 –6）。

表 3 –6

分类分布 / 语言	单音前缀		多音前缀		单音中缀		多音中缀	
	词数	词缀类数	词数	词缀类数	词数	词缀类数	词数	词缀类数
普通话	19	13	9	6	5	4	2	2
北京方言	26	12	17	14	51	22	12	11
哈尔滨方言	27	16	16	9	63	31	14	10

从表 3 –6 可以看出状态前缀的数量都不是很多，而北京方言和哈尔滨方言的状态中缀比普通话多好几倍，中缀类型也较普通话多。带中缀的词更具口语色彩，更有地方特色。

在哈尔滨方言中前缀一般都有规律地读阳平和去声。比如“焦（酸）”读阳平，“瓦（凉）”读去声。“瓦（凉）”在北京方言中也读去声，但在普通话中多读原调，个别读去声（如“刷”、“铮”）。

二、后缀数量及词类分布对比

单音节状态后缀构成的词较多，在普通话中约占总词数的33%，在北京方言中约占总词数的45%，在哈尔滨方言中约占总词数的65%（见表3－7）。

表3－7

单音节分类分布 / 语言	词数	词缀类数	动词数	形容词数	副词数	名词数
普通话	128	54	66	54	0	1
北京方言	400	103	250	148	2	0
哈尔滨方言	671	60	206	457	4	4

动词主要集中在这一类里，其他类型的动词很少。在哈尔滨方言中此类形容词远远超过动词，是因为哈尔滨方言中状态后缀“的”的构词能力强。副词、名词数量极少，这与分布互补及构词能力有关。状态描写词缀也如语法形式、内容分布的此消彼长一样，在某一词类中特别多，就以这一表达为主，那么，在其他词类中分布必然较少乃至没有，这也反映了适应需要的规律。

多音节词缀则主要是用于形容词（见表3－8）。

表3－8

多音节分类分布 / 语言	词数	词缀类数	动词数	形容词数	副词数	名词数
普通话	226	142	0	223	3	0
北京方言	372	268	4	359	9	0
哈尔滨方言	329	201	0	325	4	0

三、叠音后缀对比

普通话以叠音后缀构成的词最多，约占总词数的55%，其中ABB式词所占比例最高，约占总词数的50%（见表3－9）。

表 3－9

结构分布 / 语言	ABB 式词数	AABB 式词数	ABCC 式词数	A 了 BB 式词数
普通话	188	12	10	0
北京方言	54	53	11	8
哈尔滨方言	35	37	8	0

普通话中的 ABB 式词除部分词与北京方言和哈尔滨方言一致外，其余大都来自书面语。因而对普通话来说，这类词缀书面语色彩更强。哈尔滨方言的 ABB 式词不多，有的是被包含在带词缀“的”的词形中了，如“水淋淋的”、“懒洋洋的”，有的被带单音节词缀再带“的”的词取代了，如“闹哄的”、“热乎的”、“喜洋的”取代了“闹哄哄”、“热乎乎”、“喜洋洋”。

各类的 AABB 式不多是因为存在词的句法重叠形式，挤占了构词空间，减少了构词需要。如前所述，形式手段也是此消彼长，以此为构形的常用式，就不是构词的常用式了。普通话中的带单音后缀的动词甚至都可以通过 AABB 式重叠形式获得形容词的相应功能。一个词形（如“AB”式“吹乎”）有多个表达形式（“吹乎的”、“吹的乎的”、“吹吹乎乎”），既符合以少驭多的“简约原则”，也符合多样化的表达原则。而反过来 AABB 式的词形式却与此背道而驰，不可能再有扩展式了。

ABCC 式主要是古文留传下来的词语，几乎再没有什么发展。A 了 BB 式有较强的地域口语色彩，普通话没有吸收。

从发展看，构词词缀能产，会形成接近构形的格式，进入相同格式就会获得相同的格式意义，有相同的功能用法。例如“XX 的”式，不仅是状态词，其他形容词、动词（一）A（一）A 重叠也可以进入这个格式（如“太平的、大量的、腆腆的、一拐一拐的”）做谓语、状语、补语等，不受程度副词修饰，也就都成了状态词。

四、其他各类词缀对比

其他各类词缀对比集中在几个有地域特点的类型上，见下边表 3－10：

表 3－10

结构分布 / 语言	加“的”式词数	其他带多音节后缀的四音节词数	ABC、ACD 式词数	A 里 AB 式词数
普通话	0	11	5	0
北京方言	22	112	108	26
哈尔滨方言	304	156	118	4

表 3－10 反映出以下差异特点：

1. 加“的”式是哈尔滨方言的一个主要构词手段，有突出的描写性和地域口语色彩。

2. 其他带多音节后缀的四音节词数在北京方言和哈尔滨方言中占较大比率，不但因四音格的节律起作用，而且是因为这种表达（多音节词缀）更适合描写状态、更适合口语色彩。

3. 北京方言和哈尔滨方言的 ACD、ABC 式较多，远多于 ABB 式。

4. 北京方言中 A 里 AB 式较多，哈尔滨方言中较少，普通话中没有，这种格式缺少构词能力。

5. 普通话中的 ABB 式最多，带有书面语色彩。

五、关于数字构成的状态词缀

还有些构词成分由数字构成，多数位于重读位置，似也可以视为多音节状态词缀：

鬼魔三道	支棱八翘
五迷三道	正儿八经（儿）
贼奸六（道）怪	牲口霸（八）道
鬼魔道（六）眼儿	猴头儿八相
乱马七糟	罗锅儿八相
乱七八糟	正经八百
无肌（饥）六兽（受）	

“三道、八翘、儿八（注：“儿”不是儿化音）、马七（糟）、七八

(糟)、六（道）怪、霸（八）道、道（六）眼儿、八相、八百、六兽”也无实际意义。“八翘”的“八”写做“巴”也是可以的，“六（道）怪、霸（八）道、道（六）眼”已有不同形式了，可见并非是确定的数字。这些词的词根义（列在词根后括号外）基本就是词义（括号外加括号内的内容）：

鬼魔：诡秘（的样子）	支棱：翘起（不规则的样子）
五迷：很迷糊（晕头转向的样子）	正经：严肃认真（的样子）
贼奸：非常奸猾（的样子）	牲口：畜生（似的行为）
鬼魔：鬼祟（的样子）	猴头儿：猴子头脸（难看的长相）
乱糟：乱（乱糟糟的样子）	罗锅儿：驼背（难看的样子）
正经：正宗、严肃认真（地）	无肌（饥）：不饿（无聊难受的样子）

“五迷”单用写做“捂迷”或“寤迷”，都是神志不清的意思。“无肌六兽”何以表示“无聊难受”之义，是借词吗？找不到依据。曾有人解释说，此词是“五脊六兽”，出自满族人房顶的雕饰“五（条房）脊”上站着“六（个）兽”，因无所事事而无聊难受。而从状态词缀的角度看，应该写做“无饥六受”，“六受”已经是无实际意义的词缀，而词根是“无饥”，也就是吃饱了没事干。如果把数字后的语素看做词根，有的似乎也可以，比如“翘”、“相”，甚至“受”也有“忍受”意义，但是词根后的成分虚化程度很深，形成一个整体，和其他状态词缀的作用相同。例如“支棱八翘”又作“支棱八叉”，“正经八百”又作“正经八摆”。至于“乱马七糟、乱七八糟”其实就是“乱”，与“马、七、八、糟”的意义没什么关系。

由于读本音、虚化不彻底有的仍归入词根，按读音特点，也可以算做类状态词缀。不过，不必当做词根去找意义依据，比如说“八道”来自佛教用语的八道轮回等。与其他状态词比较来看，实际可能就是借音描写铺张而已，并无深奥理据。

以上只是管中窥豹，事实上根据一两本辞书收录的内容难免缺漏。例如仅《黑龙江方言词汇研究》（聂志平，2005，26—80）收入的带单音节状态后缀的黑龙江方言词就达851个，其中有不少在哈尔滨方言中也常用。

带“-挺”的词59个，如“捂挺、烤挺、硌挺、噎挺、烙挺、控挺、熏挺、撑挺、憋挺、饿挺、闹挺、吵挺、累挺、堵挺、胀挺”等；

带“-道”的词22个，如“正道、忙道、恶道、鬼道”等；

带“-搭”的词22个，如“耷搭、倔搭、审搭、呲搭、搡搭”等；

带“-咕”的词24个，如“捏咕、杵咕、踩咕、瘪咕”等；

带“-乎”的词47个，如“贴乎、虚乎、欺乎、填乎、凑乎、匀乎”等；

带“-拉”的词30个，如“刻拉、抖拉、拐拉、团拉、刮拉”等；

带“-巴”的词405个，与词根意义相同的373个，如“扫巴、掸巴、抠巴、摊巴、补巴、推巴、退巴、磨巴、刮巴、捏巴、焐巴、穿巴、拌巴、挤巴”，与词根意义不同的32个，如“砬巴、筋巴、垫巴、卡巴”等；

带“-哧”的词21个，如“囔哧、闷哧、抠哧、撩哧”等；

带“-性”的词44个，如“恼性、糖性、用性、念性、贼性”等；

带“-叽”的词19个，如：“哽叽、赖叽、磨叽、尿叽”；

带“-皮”的词13个，如：“插皮、错皮、鸟皮、臊皮”；

带“-气”的词12个，如：“霸气、大气、狗气、硬气”；

带“-实”的词45个，如：“肥实、狠实、魁实、愣实、凶实、挺实、恶实”；

带“-愣”的词88个，如：“白愣、别愣、翻愣、毛愣、涮愣、横愣、个愣、支愣、汤愣、呲愣”。

仅这些单音节后缀，只有词缀14个（类），所构成的词就这么多，由此可见状态词缀的构词量是非常之大的。其他方言的情况也应该如此。

第五节 哈尔滨方言状态前缀研究①

一、哈尔滨方言状态前缀的类型

如前所述，印欧语的词缀分为构词、构形词缀，汉语则没有构形词缀，只有构词词缀。不过，现代汉语（包括方言）的词缀系统有其特点与共性，形成了独特的词缀体系。汉语的构词词缀可以分为词汇构词词缀、语法构词词缀和语用构词词缀三类。

词汇构词词缀是只有构词意义或构词作用的词缀，如“阿”、“老”、“第”、“儿（轻声）”。其特点是与名词或数词性的语素组合，并不改变词性。语法构词词缀是既有构词意义又有语法意义的词缀，可以改变词根的词性，如“者”、“头”、“性”、“子”等。其特点是可以与不同词性的语素组合，并使之成为名词。语法构词词缀也有部分词汇或词类意义，不可缺少。如“读者”、“甜头”、“记性”、“铲子”等词，若缺少词缀“者”、“头”、“性”、“子”的话，就完全变成另一个词了。因此，一般把语法构词词缀和词汇构词词缀统称为构词词缀，不加区别。实际上，词汇构词词缀不影响词性，去掉后，词根的词性不变，如“阿哥”与“哥”。语用构词词缀就是状态词缀，也可以称为描写性词缀。这是一种介于构词词缀与构形词缀之间的词缀，一般没有实在的词汇义，也不具备确定的语法意义。它既可以增强程度，又能附加描写意义。状态词缀几乎都有音变。与前两类构词词缀相比，它与词根的关系更松散。如果按照现行的分类法划分，状态词缀也是构词词缀中的一类，但这些词缀的共同点是具有描写性，或者说其构成的词具有描写性。描写，具体说就是虚拟形态，增强语势，表达色彩。汉语状态前缀主要是形容词的词缀，如“刷白”、“蒙蒙亮”、“稀里马虎”中的画

① 此节曾在《汉藏语学报》2009年第3期发表。

线部分。

语用词缀及其构词数量都远远超过词汇、语法词缀。哈尔滨方言状态前缀就是语用词缀系统中的一部分。

我们考察《哈尔滨方言词典》[1] 中带状态词缀的词，共1120个，主要是动词、形容词。其中常用的状态词缀共328类：前缀25类（单音节16类），共43个词，类数和词数分别占总数的7.62%和3.83%；中缀41类（单音节31类），共77个词；后缀261类（单音节60类），共1000个词。前缀较少，可以认为是一个封闭的类。因为实际使用的状态词缀更多，所以文中所列出的词缀不仅限于辞书所收，但前缀数量最少的事实不会因此而改变。

（一）单音节前缀

主要有：

溜、拔、焦、齁、蒿、梆、绷、登、精、稀、恶、岗、顺、刷、煞、漂、通、确、瓦、锃

单音节前缀构成的词（可称“BA式”，B为词缀）有：

1. 溜光、溜鼓、溜滑、溜尖、溜圆、溜平、溜严、溜直、拔凉、焦绿、焦酸、齁咸、蒿辣、梆硬、绷硬、登硬、精泞、精瘦、精湿、精细、精稀、稀暄、稀泞、稀屌贱、稀（屌）松、稀（屌）烂、稀乱、稀面、稀囊、稀酥（迸脆）、稀碎、稀嫩

乔臭、乔臊

2. 喷香、恶臭、恶臊、恶苦、岗尖儿、岗（口）甜、顺甜、刷白、煞白、漂白、通红、通亮、确白、确黑、确青、确紫、瓦蓝、瓦凉、锃亮、锃光瓦亮

3. 胶黏、焦黄、飞薄、翻肥、滚热、滚烫、响晴

---

[1] 见李荣《现代汉语方言大词典》分册：尹世超《哈尔滨方言词典》，江苏教育出版社1997年版。

上述前缀B都没有实在的词汇意义，而是通过描摹状态来增强词根语素表达的程度。例如，“梆”虽可以使人想到敲木头的响声，但与词义并无直接联系，只是形容“硬”到了一定程度，不是一般的“硬”。“焦”虽可以使人想到烧烤物体的样子，但并非就是烧烤的“黄”，而是黄得超出一般。比如形容黄疸性肝炎患者的脸色或非常黄的鸡蛋黄都可以用这个词。“焦黄”的“焦”不同于“焦黑”的“焦”，后者是写实的词根，有实在的词汇义，不是虚化的词缀，因此这里未收入。

“稀面”的“面”是口感松软细腻，比如吃好的、煮熟的熟马铃薯的感觉。“稀囊”的“囊”，意义为缺少硬度、弹性，比如皮革中松弛的部分。“稀酥”常与“迸脆”连用，“迸脆”不单用。“稀屌松、稀屌烂”中的脏字一般不用，只说“稀松、稀烂”。正常人不说“稀屌贱”，常说“稀烂贱”。“锃光瓦亮”是两个带状态前缀的成分“锃光”和“瓦亮”组合起来的，与北京话（可说“锃光”）不同的是一般不拆开用，只可以单说“锃亮”或“瓦亮”。

有些词出自被考察词典词条后的例词，如“锃亮”常用，而正条未收。还有一些常用的此类状态词，词典没有收入；如果收入的话，实际使用的状态词缀更多。例如“焦黄、焦绿、煞白、瓦蓝、精瘦、精湿、响晴、梆硬、通红”等。多音节前缀亦如是，如未收“稀了糊涂、叽里咕噜、急了骨碌”等。而“乔臭、乔臊”则很少听说，应该属于山东方言。①

（二）多音节前缀

多音节前缀主要是双音节前缀，有以下两类。

1. 重叠式前缀

主要有：

梆梆、登登、齁齁、溜溜、嘎嘎、绷绷、刷刷、哗哗、呱儿呱儿、飞儿飞儿

① 董绍克、张家芝：《山东方言词典》，语文出版社1997年版，第29页有“乔臭、乔苦”词条。

重叠式前缀构成的词（可称“BBA式”，BB为词缀）有：

梆梆硬、登登硬、齁齁咸、溜溜光

嘎嘎硬、嘎嘎好、嘎嘎冷、嘎嘎甜、绷绷紧、刷刷干、哗哗干、呱呱湿、飞儿飞儿快

以上双音节前缀BB的两个音节似乎是由单音节前缀重叠构成，然而只有上一行的“梆梆”等四个前缀有对应的单音节前缀，其他都只有叠音一种形式。“飞儿飞儿快”的意义是“（刀）锋利”。“溜溜光”的意义是“一点不剩”；“溜光”的意义可以是“一点不剩”，也可以是“很光滑”。

2. 声韵式前缀

主要有：

逼了、滴里、嘀里、踢拉、踢了、提了、离了、叽里、犄拉、曲里、急了、急里、稀里、迷离、喊哧、噼里

其中有一些可能只是书写形式不同，如“叽里、犄拉、曲里、急了、急里”等。

声韵式前缀构成的词（可称“CDAB式”，CD为词缀）有：

逼了叭啦、滴里当啷、滴（嘀）里嘟噜、踢拉堂啷、踢了趿拉、提了秃噜、离了啰唆、离了歪斜、吉的咕咚、吉了咣啷、叽里咕噜、叽里呱啦、犄拉拐弯儿、曲里拐弯儿、急里拐弯儿、急了暴跳、急了骨碌、急了嘎啦、稀里呼噜、稀里哗啦、稀里忽扇、稀里哈嗒（儿）、稀里糊涂、稀里马虎、迷离马糊（儿）、喊哧喀嚓、噼里啪啦、噼了扑隆

称为声韵式前缀，是因为多数双音节前缀CD的两个音节，同词根“AB”的两个音节分别构成双声关系，即一、三音节CA的声母相同，二、四音节DB的声母相同。部分词根的两个音节叠韵，如“嘟噜”。

有人把这类视为一种重叠式。我们把它看做是按与重叠有关的语音规律增加的状态前缀，形容词根表达的声音接连不断或行为状态连续出现。重叠式一般指声、韵、调全同的重叠。如果说广义的重叠可以包括双声或叠韵，这类词与重叠相关，也只能归入双声、叠韵重叠。个别的韵母不同，声母还有共时差异（如“x”同“h”），有的从历时变化角度也难说明，因为还有例外。例如，“稀里马虎”有人读“里”为li，“稀里”就成了叠韵而非双声的词（“里”记音不准，应是le或lɑ）；“急里拐弯儿”有人写做“曲里拐弯”，是非双声叠韵的词（写做“曲”是附会“拐弯”的意义）。

“叭啦”是激烈的说话声。“咕噜”是不清楚的说话声或肠鸣声。“呱啦”是大而不清的说话声。“当啷”是小物件脱出下垂，也用来说眼皮、赘肉松弛下垂。“嘟噜”是东西成团成串的样子。“堂啷”是脚走路不利索、绊东西。“趿拉”是鞋在走路时拖地的声音或样子。“秃噜”是吞吃面条的声音。“呼噜”是喝粥、打鼾等发出的声音，但加上前缀就不用于打鼾了。

超过两个音节的前缀很少，只有“嘎巴溜丢（脆）”、“稀糊脑子（泞）”。

二、哈尔滨方言状态前缀的音、形变化

状态词缀的特点是语音形式变化与词缀化相对应，形成形、音、义对应规律。单音节前缀虽然由于位置在前，没有一般与词缀化相应的轻声音变，但同其他状态词缀一样，也有较为规律的语音变化。哈尔滨方言单音节前缀的音变分两部分，一部分常读阳平，例如（单音节前缀的1组词）：

> 拔凉、焦酸、焦绿、稀暄、稀泞、稀嫩、稀酥、精泞、精湿、精瘦、溜滑、溜光、溜鼓、溜圆、溜平、溜尖、梆硬

上述单音节前缀常读阳平。其中有的字音就是阳平。

另一部分常读去声，例如（单音节前缀的2组词）：

恶臭、恶臊、恶苦、岗尖儿、岗（口）甜、顺甜、刷白、煞白、漂白、通红、通亮、确白、确黑、确青、确紫、瓦蓝、瓦凉

上述单音节前缀都读去声，其中有的字音不是去声，也必须读去声。

也有几个不变音的，大都是因为还没有彻底虚化，介于词根、词缀之间。如（单音节前缀的3组词）：

焦黄、胶黏、飞薄、翻肥、滚热、滚烫、响晴

这几个词的前缀不读阳平或去声，读原调，可能是虚化不彻底的缘故。但是有的与词缀原有的意义相去甚远，可以算做状态词缀，也可以视为类词缀。有的还可以看到由实到虚的变化，例如“焦黄”有最初烧焦的意义，而现在表示程度高，描写某种突出状态的用法越来越多。如：

（1）火烧得发际焦黄。（明《平冤录》）

（2）白中略带焦黄色，或纯白而光滑……（明《审祝瑶函》）①

（3）啊冬茅草，我的焦黄的冬茅草。
夏日里，它是绿色的。（邬明显《我的焦黄的冬茅草》）

（4）这个兔儿爷我上了金殿小脸都焦黄。（单弦牌子曲《五圣朝天》）

（5）我20岁了，朋友见了我就说我脸色难看，焦黄，能快速的变白吗？谢谢了。我常上网熬夜，不知道和这个有没有关系。（《百度提问》提问者：teng2224）

（6）用筷子拨开猪牙草，叉开鸡蛋，焦黄的蛋黄碎开，白的、

① 例（1）—（2）出自北京爱如生数字化技术研究中心2007年出版发行的《中国基本古籍库·试用版》，黄山书社。

黄的、绿的，煞是好看。(羽木《端午节记忆》)①

明代还只能见到烧焦的或像烧焦的“焦黄”，现代则可以表示不一般的“黄”，离烧焦的意义越来越远了。草、脸、蛋黄的颜色都与“焦”的本义无关。

其他有几个接近状态词缀的用法，但是读音无变化，还有词汇意义。比如，“翻肥”可以联系到“向外翻开”的样子，表示“明显”之义；“滚热”、“滚烫”可以联系到“滚动、沸腾”的水；“响晴”可以联系到响声震人，把视觉状态变为听觉的，有通感的修辞意义。

重叠双音节前缀的两个音节变音的多，不变的少。变音、读做阳平的有：

梆梆硬、登登硬、齁齁咸、溜溜光、嘎嘎硬、嘎嘎好、嘎嘎冷、嘎嘎甜、绷绷紧、呱呱湿

不变音、仍读做阴平的有：

刷刷干、哗哗干、飞儿飞儿快

其中“哗哗干”也可以变读阳平，只是不如读阴平的多。

另如前所述，多数非重叠双音节前缀的两个音节同词根的两个音节分别构成双声关系，如“逼了叭啦”、“滴里当啷”的声母分别是“blbl”、“dldl”。一些音留下了古今语音演变的差异，例如“稀里哗啦”、“叽啦呱啦”，第一音节的声母 x、j 和第三音节的声母 h、g 分别对应，声母 x、j 是由声母 h、g 分化出来的。部分词根的两个音节叠韵，如“嘟噜”的韵母都是“u”。从声调上看，第一音节读阳平，第二音节读轻声，第三、四音节大多读阴平，特别是拟声词。例如：

急了骨碌、急了嘎啦、稀里呼噜、稀里哗啦、稀里忽扇、滴里

① 例 (3) — (6) 系百度搜索的网上材料。

当啷

以上拟声、拟形的词三、四音节读阴平。但是有几个三、四音节读原调，例如：

曲里拐弯儿、急里拐弯儿、急了暴跳、稀里哈嗒（儿）、稀里糊涂

而上述所有的词一、二音节都分别读阳平和轻声。

三、哈尔滨方言状态前缀的构词功能

哈尔滨方言状态前缀构词不具有普遍性，不能同所有性质形容词组合构成状态词，不过，构成的词却很有代表性，即侧重与感觉明显的性质形容词组合。例如，同单音节前缀组合的词根有：

鼓、滑、尖、凉、酸、咸、辣、硬、湿、稀、烂、碎、嫩、臭、臊、甜、红、亮

单音节前缀侧重与表示感觉不好的词根（来自性质形容词）组合。例如：

光、滑、尖、酸、咸、辣、硬、泞、瘦、湿、稀、松、烂、乱、囊、碎、臭、臊、苦

同单音节前缀组合的、表示感觉好的词根只有以下几个：

香、面、酥、嫩、暄、甜、红、亮

同重叠双音节前缀组合的性质形容词共有9个。表示感觉不好的词根（来自性质形容词）有6个：

硬、咸、光、冷、紧、湿

表示感觉好的词根只有4个：

好、甜、干、快

“干”还可能表示感觉不好。此外，多数没有扩展能力，少数有。这表明，这种现象在于整体相似性而不在乎个体相似性，侧重于相同形式结构对应相同语法、语用意义，而不是同一个词缀的形式、意义的类推性。

哈尔滨方言状态前缀构词也不是杂乱无章的，有一定的系统性，形成有代表性的感觉体系（眼、耳、鼻、舌、身的感觉俱全）。

触觉：

溜滑、梆硬、绷硬、登硬、精泞、拔凉、稀暄、稀泞、稀（屌）松、稀面、稀囊、稀嫩、稀烂、稀酥（迸脆）、瓦凉

梆梆硬、登登硬、嘎嘎硬、嘎嘎冷、绷绷紧、刷刷干、哗哗干

视觉：

溜光、溜鼓、溜尖、溜圆、溜平、溜严、溜直、稀烂、稀乱、稀碎、稀嫩、精瘦、精湿、精细、精稀、刷白、煞白、漂白、通红、确白、确黑、焦黄、焦绿、确青、确紫、瓦蓝、通亮、锃亮、锃光瓦亮、岗尖儿

溜溜光、呱呱湿、飞儿飞儿快

滴里当啷、滴（嘀）里嘟噜、急了骨碌、踢拉堂啷、踢了趿拉、离了歪斜、稀里忽扇、稀里哈嗒（儿）、犄拉拐弯儿、曲里拐弯儿、急里拐弯儿、急了暴跳

嗅觉：

乔臭、乔臊、喷香、恶臭、恶臊

味觉：

焦酸、齁咸、蒿辣、恶苦、岗（口）甜、顺甜

齁齁咸、嘎嘎甜

听觉：

逼了叭啦、提了秃噜、叽里咕噜、叽里呱啦、急了嘎啦、稀里呼噜、稀里哗啦、嘁哧喀嚓、噼里啪啦

上述词都表示人的外在的主观感觉，词缀不多，但是形成了包括“眼、耳、鼻、舌、身”的全面感觉系统。除个别兼表不同类别外（“稀烂”等），其中表示视觉的词最多，有各种前缀类型，特别是明、暗（用“黑”表示）兼备，颜色俱全。表示嗅觉的词最少，只有一种前缀类型，侧重强烈气味。表示味觉的词也不多，但已经是“五味俱全”。表示听觉的词都是带声韵前缀的拟声词。

只有少数几个词属于上述感觉系统之外的状态：

稀烂贱、嘎嘎好、离了啰唆、稀里糊涂、稀里马虎、迷离马糊（儿）

前两个与判断有关，后三个与意识有关。只有“啰嗦”与行为有关，但是也有判断的因素。这些都是状态前缀的语用功能决定的。

四、哈尔滨方言状态前缀的语用功能

状态前缀的语用功能就是描写状态，即开头提到的虚拟形态、增强语势、表达色彩。虚拟形态，不是据实描摹某种状态，而是根据语境选择可以充分想象的、模糊的语用含义；对词汇意义来说有些模糊的含义在语用方面并不含糊，有明确的表达效果，就是增强语势，表达色彩。增强语势体现在程度或量的强化，表达色彩在于使人了解说话人的主观态度。

元杂剧有很多CDAB式的词，不太好理解。例如：

雨淋的我湿渌渌，更那堪吉丢古堆波浪渲城渠，你看他吸留忽剌水流、乞留曲律路，更和这失留疏剌风摆希留急了树，怎当他乞纽忽浓的泥，更和他疋丢扑搭的淤。我与你便急章拘诸慢行的赤留

出律去。我则索滴羞跌屑整身躯。①

与哈尔滨方言对比，从状态词缀的角度就较好理解了。虽然词形、读音可能变化了，但是还可以看出其对应关系。如：

乞纽忽浓——稀里呼隆

吸留忽剌、失留疏剌——稀里哗啦（呼啦、刷拉）

疋丢扑搭——噼答啪嗒

有的虽然不能直接对应，但是知道前两个音节是描写后边词根的状态，就可以领会出对应的词语或者意义了。如：

吉丢古堆——吉嗒咕咚、急了咕嘟

乞留曲律——弯了巴曲、曲里拐弯儿

希留急了——拘了八叉、弯了八曲（哈尔滨方言毛发多弯儿叫“拘了毛儿”）

急章拘诸——战战兢兢

赤留出律——出溜出溜、出出溜溜

滴羞跌屑——哆了哆嗦

“吉丢古堆”描写波涛汹涌，声势浩大，咕咚咕咚的样子；“乞留曲律”描写东弯西拐的样子；“希留急了”描写弯曲扭动的样子；“急章拘诸”描写小心的样子；“赤留出律”描写打滑的样子；“滴羞跌屑”描写抖动的样子。联系语境，这段文字表达了“我”在大雨之中的感受：水大、风急、路弯、泥泞、难行，带有渲染的情感色彩。以上可见，如果是状态前缀，则没有词汇意义，只有语用含义。

除个别虚化不彻底的类前缀外，大多数单音节状态前缀没有词汇意义，例如“稀酥”、“焦酸”、“确黑”、“瓦蓝”、“通红”中前缀不表示词汇意义，词根“酥”、“酸”、“黑”、“蓝”、“红”可以单独使用，词

① （元）孟汉卿：《张孔目智勘魔合罗杂剧》，《中国基本古籍库·试用版》：《酹江集》，第265页。

汇意义不变。双音节前缀与词根的差异更为明显，都没有词汇意义。重叠式前缀如：

> 嘎嘎－硬、嘎嘎－好、嘎嘎－冷、嘎嘎－甜、哗哗－干、呱呱－湿、飞儿飞儿－快

短横前的词缀与后边词根的词汇意义几乎没有联系。有的可以辗转联系，如“梆梆硬、齁齁咸、溜溜光”，似乎同BA式的单音节前缀一样，还有一点词汇意义，但是显现的还是语用意义——“令人不快的、过分的”。

非重叠式前缀中有一类是加在拟声词根之前的，很容易被当做是与词根一样的拟声成分。实际上不是。比如说，“稀里哗啦、嘁哧喀嚓、噼里啪啦”就是不断地“哗啦、喀嚓、啪啦”，并没有“稀里、嘁哧、噼里”的声音。而“稀里忽扇、稀里糊涂、稀里马虎、迷离马糊”等非拟声词根之前的词缀“稀里、迷离（le）”显然也没有词汇意义，“稀里糊涂”就是“糊涂”，“里”都读“le”，应该写做“了”。只是把状态前缀写成书面语的时候，人们常附会意义，例如写做“黢黑”、“梆硬”、“迷离马糊”、“曲里拐弯儿”。“稀里哗啦”与“稀里糊涂”的“稀里”相同则可以互证前缀身份。

语用意义不是构词必需的，是根据语用需要增加的描写性意义，即增强程度、突出状态、表明态度，使表达形象生动。现在看，状态前缀的形成、使用都与语用相关。从形成看，有一些词缀是通过修辞手段构成的，最多的是采用通感方式，例如“嘎嘎－硬、嘎嘎－好、嘎嘎－冷、嘎嘎－甜、哗哗－干、呱呱－湿”都是用拟音词缀表示性质、状态、味道，赋予它们音响，把非听觉的变成听觉的。从使用看，有一些词缀是通过类推构成的，例如“稀里呼噜、稀里哗啦、稀里忽扇、稀里哈嗒（儿）、稀里糊涂、稀里马虎”中的“稀里”已经成为一种语用标记，用它就有特定的语用含义，即增加程度和色彩。

汉语的程度可以通过语法虚词构成，也可以通过语用词缀、重叠构成（汉语词的重叠也不是真正的构形变化）。前者是语法的，有普遍性，后者是语用的，没有普遍性，根据需要改变，没有改变的也有改变的可能。语用词缀和重叠所构成的“程度”是一种模糊增量，表达主观态度。

比如，“梆硬”是硬过了头，“梆梆硬”是超过一般的硬过了头。“稀里哗啦”是连续“哗啦”，“稀里糊涂”是一直处于“糊涂”状态。总之，是要表明说话人的看法、评价。正因为表达主观态度，所以就必须带上感情色彩。状态前缀主要带有贬义色彩，表示“过头、不好”。

单音节状态前缀构成的有贬义色彩的词共 41 个，占总数（54 个）的 75.9%。如：

溜光、溜鼓、溜滑、溜尖、溜圆、溜严、拔凉、焦绿、焦酸、齁咸、蒿辣、梆硬、绷硬、登硬、精泞、精瘦、精湿、精细、精稀、稀泞、稀屌贱、稀（屌）松、稀（屌）烂、稀乱、稀囊、稀碎、乔臭、乔臊、喷香、恶臭、恶臊、恶苦、岗尖儿、刷白、煞白、漂白、通红、确白、确黑、确青、确紫

有的单音节状态前缀构成的词根据语境，既可以表示褒义，也可以表示贬义色彩。共有 6 个，占 11.1%。如：

溜直、稀嫩、瓦凉、通亮、锃亮、锃光瓦亮

例如“大道溜直”是褒，而“腰挺溜直”可能是贬；说“黄瓜、皮肉稀嫩”可能是褒，而“玉米、皮冻儿稀嫩”可能是贬；夏天说“屋里边瓦凉”是褒，而冬天说“鞋里边瓦凉”是贬；说“办公室通亮”可能是褒，而睡觉说“卧室通亮”可能是贬；说“鞋、器皿擦得锃亮或锃光瓦亮”是褒，而“某人脸、鞋锃亮或锃光瓦亮”多是贬。

也有的表示褒奖态度，带有夸张色彩，共 7 个，占 12.9%。如：

溜平、稀暄、稀面、稀酥（迸脆）、岗（口）甜、顺甜、瓦蓝

重叠式前缀构成的词有 8 个表示贬义色彩。如：

梆梆硬、登登硬、嘎嘎硬、齁齁咸、溜溜光、绷绷紧、呱呱湿、嘎嘎冷

3个表示褒义。如：

嘎嘎好、嘎嘎甜、飞儿飞儿快

2个可以表示褒义或贬义。如：

刷刷干、哗哗干

声韵式前缀没有表示褒义色彩的词。表示贬义的词有26个，占总数（28个）的92.8%。如：

逼了叭啦、滴里当啷、滴（嘀）里嘟噜、踢拉堂啷、踢了趿拉、提了秃噜、离了啰唆、离了歪斜、吉的咕咚、吉了咣啷、叽里咕噜、叽里呱啦、犄拉拐弯儿、曲里拐弯儿、急了暴跳、急了骨碌、急了嘎啦、急里拐弯儿、稀里呼噜、稀里哗啦、稀里忽扇、稀里哈嗒（儿）、稀里糊涂、稀里马虎、迷离马糊（儿）、噼了扑隆

表示中性义色彩（与或褒或贬不同）的词有2个，占总数的7.2%。如：

喊哧喀嚓、噼里啪啦

总之，除个别状态前缀由有具体描写意义的词根虚化的外，多数是增加并无实在含义的词缀传递出对词根含义的形容描绘，延伸附加含义，使词语带上某种色彩，如口头性、随意性、情感性、形象性等。

五、哈尔滨方言状态前缀构词后的句法功能

带状态前缀的词与不带状态前缀的词功能不同，这种功能差异是词缀赋予的。

（一）重叠功能

带状态前缀的词的重叠比性质形容词的AABB式重叠更有规律。带

状态前缀的词都不能 AABB 式重叠，这一点同其他各类状态词一样。例如，不能说“溜溜严严”、“拔拔凉凉”、“焦焦绿绿”等。

带单音节状态前缀的词都可以按 ABAB 式重叠（加“的”），构成强调式。例如：

焦酸——这橘子焦酸焦酸的。
齁咸——这菜齁咸齁咸的。
精泞——那条道精泞精泞的。
恶苦——这药恶苦恶苦的。
通红——小手儿冻得通红通红的。
岗尖儿——她端来岗尖儿岗尖儿的一大碗饭。

ABAB 重叠式一般都要加“的”才能使结构完足，否则不自足。最后一例定语的“的”可以不用，但是其他同类形式一般不用做定语。

带多音节状态前缀的词一般都不重叠。BBA 式理论上应该可以 BBABBA 式重叠。例如：

(7) 饭吃得溜溜光。——饭吃得溜溜光溜溜光的。

(8) 衣服箍在身上，绷绷紧。——衣服箍在身上，绷绷紧绷绷紧的。

(9) 褥子尿得呱呱湿。——褥子尿得呱呱湿呱呱湿的。

破折号后的句子也可以说，但是很少听到，似乎有过分夸张的意味。

CDAB 式只有拟声词能重叠。例如：

(10) 他们俩叽里咕噜叽里咕噜说个没完。

(11) 鞭炮噼里啪啦噼里啪啦一个劲地响。

（二）充当句子成分

带单音节、重叠状态前缀的词常充当谓语、补语、定语，常常重叠加“的”。做谓语、补语一般不受什么限制，不必加其他成分，不带动态助词。例如：

(12) 这水沟子恶臭。
(13) 肚子吃（得）溜圆。
(14) 精湿的衣服
(15) 那个人精瘦精瘦的。
(16) 衣服浇得精湿精湿的。
(17) 精瘦精瘦的身材
(18) 这块干粮梆梆硬。
(19) 刀磨得飞儿飞儿快。
(20) 刷刷干的草。

例（12）如果去掉前缀“恶”，可以说成：

a 这水沟子臭了。
b 这水沟子臭过。
c 这水沟子臭着呢。

否则不行。因为“了”、“过”与状态相矛盾（动与静），“着呢”（强调程度）与程度相冲突。

做定语的使用率比其他成分要少，一般须加助词“的”。不带单音节状态前缀的单、双音节词则可以不加助词“的”。例如：

(21) 稀烂的肉、瓦蓝的天。
(22) 溜光儿的大马路。
(23) 岗尖儿（的）一碗饭。
(24) 烂乎肉、蓝天、阴沉天。
(25) 平坦（的）大马路。

只有例（23）“岗尖儿”有时例外。

带声韵状态前缀的词也常充当谓语、补语、定语，常常加“的/地/得”，不带动态助词；与前两类不同的是还可以做状语。例如：

(26) 你逼了叭啦（地）说半天了！（状语）
(27) 他走道踢拉堂啷、踢了趿拉（的）。（谓语）
(28) 这条道犄拉拐弯儿的。（谓语）
(29) 他气得急了暴跳的。（补语）
(30) 那是个稀里糊涂、稀里马虎的人。（定语）
(31) 噼了扑隆地跑进来几个孩子。（状语）

拟声词一般可以单用做独立成分，或者成句。例如：

(32) 咕咚，咕咚，外面有人砸墙。
(33) 咔嚓！咔嚓！

带声韵状态前缀的拟声词不能这么用。

六、哈尔滨方言状态前缀的类型学意义

汉语各方言中状态前缀的数量都不多，但都普遍存在。通过与哈尔滨方言的对比分析，可以发现其语言类型学价值。我们对汉语北方、客家、赣、湘、吴、闽、粤七大方言作了有代表性的初步考察，北方方言中北京方言的状态前缀类型较多，有很大一部分与哈尔滨方言相同；南方方言中客家方言、吴方言的状态前缀类型较多。以客家方言为例，也有一部分状态前缀与哈尔滨方言相同。下面选择几类举例说明。

北方方言状态前缀较多，东北和华北方言的数量、分布差不多。我们考察《现代北京口语词典》①、《北京话词典》②，其中的状态词900个，状态词缀446类。前加词缀的共43个词，词缀26类，分别占总数的4.77%和5.82%。

① 陈刚、宋孝才、张秀玲编，语文出版社1997年版。
② 高艾军、傅民编，北京大学出版社2001年版。

（一）单音节前缀（词26个，词缀12类）

BA式：梆硬、迸干、迸儿焦（意义：极焦）、齁热、齁冷、齁寒碜、岗尖儿、溜光、溜滑、溜尖、溜满、溜平、溜严、溜圆、精湿、刷白、稀（希）松、稀嫩、稀破、响干、响晴、瓦蓝、瓦凉、锃光、锃亮、飞薄

（二）多音节词缀（词17个，词缀14类）

CBAB式：叽刺喳刺

CDAB式：哗啦卜碌、哗楞卜（pu）楞、滴里嘟碌、滴里搭拉（楞）、叽里赶蛋、急里蹦跳、曲里拐弯儿、叽哩旮旯儿、犄里旮旯儿、踢刺（里）蹋拉、踢刺（里）秃噜、唏哩呼噜、稀里（拉）糊涂、稀里马虎

BBA式：喷儿喷儿香

南方方言也都有状态前缀，有的数量甚至不比哈尔滨方言少。我们考察了《客家话词典》[①]，其中的状态词共375个，状态词缀308类。带前缀的词44个，词缀25类，分别占总数的11.73%和8.11%。

（一）单音节词缀（词26个，词缀10类）

BA式：梆硬、梆紧（很紧）、刮淡（很淡）、刮肥、刮甜、刮苦、刮乌（很黑）、刮威（威武）、刮精、刮瘦、横光、横新（簇新）、精光、烂贱、烂平（极便宜）、溜光、溜滑、妙轻（飘轻）、喷臊、喷香兼（尿臊味）、喷香、喷臭、摄薄（很薄）

刁凉（很凉快）、刁嫩、刁脆

（二）多音节词缀（词18个，词缀15类）

① 陈庆忠编，香港银河出版社2002年版。

BBA式：梆梆硬、邦（邦）雄（高强、很厉害）、哔哔跳（活气活跃）、卜卜脆、kuān kuān儿转（转动）、呼呼滚（形容干得起劲，奋发向上）、麻麻亮（蒙蒙亮）、喷喷香、惹惹滚（吵吵嚷嚷样）

CDAB式：哔力百历（接连不断爆裂声）、哔力不捙（接连不断地冒出）、敝力播罗（形容着急忙忙的样子）、滴里答腊（零零碎碎）、圭哩呱啦（吵吵嚷嚷）、叽哩咕噜、咭力咯洛（硬物相碰击的响声）、霹雳拍勒（鞭炮声：噼里啪啦）、乒玲邦朗（风吹动门窗等的响声）

《南昌方言词典》[①] 状态前缀也比较多，词61个、词缀42类。其中的单音节状态词缀38类，词57个。如：

BA式：宣红、通红、森黄、刮绿、乜乌、乜黑、乜暗、乜烂、乜咕、乜软、蓬香、学臭、学臊、鲜甜（很甜）、揪酸、学苦、呵辣、丁咸、刮淡

闽方言、粤方言、上海方言、长沙方言状态前缀略少些。

仅从词典看，北京方言与哈尔滨方言状态前缀类数相当，而且有一些词缀与哈尔滨方言的用法一样。有的哈尔滨方言不说，但理解无障碍，如“溜满、齁热、齁冷、齁寒碜”。上述客家话、南昌方言中“邦硬、溜光、宣红、通红、邦邦硬、滴里答腊”等词的状态前缀与哈尔滨方言相同，体现出方言之间的共性特征。值得注意的是，只有词汇相同，可能是同源或者是借用，而语用词缀的共性则反映了语言的内部机制、语言的内在本质相同。

状态词缀的产生、发展受到语言内部关系的制约和语言外部条件的影响。汉语具有的特点是状态词缀形成的有利条件。比如，元音占优势，音节结构分明，能清楚地分出声母、韵母和声调；可以通过交错变化的语音形式达到表达目的，否则，就形不成音节和声、韵、调配合的

① 熊正辉编：《南昌方言词典》，江苏教育出版社1995年版。

韵律。有的词缀不是本身有意义，而是语音的调配有意义，所以常被视为“陪衬”音。读音形式的增、改，一定会伴随语义内容的变化，只不过可能不是词汇的概念意义，而是附属的色彩意义或语用意义。比如前缀“噼里”、“稀里”分别与后边词根“啪啦”、“糊涂”形成双声或叠韵关系，增强表现力，也是只有形成条件才有可能。

语义内容特点也通过状态词缀反映出来，那就是求生动形象化，不求确定形式化。状态词缀传达一种感受，一种主观态度或评价。带状态词缀的词往往是难以翻译的，这种感觉靠意会表达，与认知域（文化认知、语境认知等认知范围）和表达习惯有关。如果说印欧等语言是具有形式化特征的语言，那么可以说汉语是具有形象化特征的语言，具有相同类型的语言可以产生相同的语言变化特征，状态词缀的主要类型特点是：

1. 产生于音节分明、元音占优势、有声调、有语音重叠的语言。

2. 不靠固定词缀，而靠固定格式突出个性与主观感受。

3. 语用认知上淡化形式，不求词缀相同，而只要词缀格式相同，重视生动、形象表达。

汉语各方言状态词缀有自己的个性。一些用字和读音不同，组合不同，又反映了方言之间的差别和个性。哈尔滨方言与各方言状态前缀比较，有如下差异：

1. 数量不等、词缀化程度不同

各语言状态词缀数量多少不等，北京、哈尔滨等北方方言及客家、南昌方言居多。

2. 结构形式不同

哈尔滨方言结构形式丰富，其他方言各格式也有选择倾向。如有的方言有较多的 BA 式，有的 BA 式较少。

3. 句法功能不同

有些格式的功能受限制，而有的不受成分限制。比如哈尔滨方言 BA 式，带了“的”则可做定语，否则可能不行。而在有些语言里就不受或相对较少受限制。

4. 语音变化不同

哈尔滨方言较整齐一致，很少有特殊，而有的方言则不同。有的音变明显，有的音变不明显。

第四章　其他方言状态词缀的分类及其分布对比

第一节　其他北方方言状态词缀的分类、分布

其他方言包括部分北方方言和各有代表性的南方方言。

北方方言主要再选山西（太原）方言与徐州方言为代表，是因为这两个方言区离哈、京方言区较远，太原方言与西北民族地区接近，有自己的地域特色和语言特点；徐州方言北连山东，南接河南、苏皖，是离南方方言较近但有中原特色的方言。

一、太原方言

我们考察了《太原方言词典》①，其中带状态词缀的词231个，词缀类型169种。

（一）前缀（词18个、词缀8类）

1. 单音节词缀（词15个、词缀6类）

日能、日怪、日哄、刷白、刷新、刷平、刷展、黢黑、齁咸、齁甜、绷硬、绷直、绷脆、绷亮（满脸灰土）、焦黄

2. 多音节词缀（词3个、词缀2类）

圪溜歪斜、圪溜拐弯儿、一溜歪斜（脚不稳，不能直走）

① 沈明编《现代汉语方言大词典》分卷，江苏教育出版社1994年12月版。

（二）中缀（词 28 个、词缀 18 类）

1. 单音节词缀（词 27 个、词缀 17 类）

晃得脑、提溜起、稀巴烂、簇产新（极新）

扁眉杀眼、鬼眉溜眼、灰眉处眼、楞眉悻眼（鲁莽冒失）、肉眉悻眼、尿眉悻眼（没出息）、猪眉幸眼（人长得猪头猪脑，胖脸小眼凸嘴）、蔫眉处眼、死眉害眼、死眉处眼（不机灵没眼力）、呆眉悻眼、楞头悻脑、肉头悻脑、牛筋圪韧（有嚼头）、不精烂明（不聪明）、嘴尖拔舌（说话不让人）、黄皮寡瘦、支楞八翘、活里捣腾、阴麻糊涂（天阴沉）

忽提忽撩（形容人轻浮）、薄里薄拉、圪地圪弯（非常弯曲）

2. 多音节词缀（词 1 个、词缀 1 类）

山里八气（土气）

（三）后缀（词 185 个、词缀 143 类）

1. 单音节词缀（词 59 个、词缀 36 类）

青拉、划拉、拨拉、晃悠、困弄、忽老（晃动）、摔掇、掂掇（掂）、拾掇、脱舔、脱剥（脱掉）、忽［sai┤］（肉多颤动）、抖搂、忽旋、摞拍（摞）、估摸、约摸、扑楞、仄楞、扎巴、扑腾、脑震、腻味、崩搭（顶撞）、呲咋（训斥）、吼掐（大声训斥）、训坎（训斥）、港气、娇气、俗气、小气、红活（热闹）、忙活、老实、严实、瓷实、皮实、耐实、筋斗（嚼有弹性）、挺括、忽塌（松动）、拌忽、晾忽、晒忽、洒忽（“忽”都表稍微随便的意思）、耍忽、悬乎、玄乎、云乎（满意）、欢势、欢捞（小鸡小鸭活跃）、迷瞪（迷惑）、泼辣、抠索、凉哨（凉快）、抹擦

偷悄悄的、糊擦溅擦

2. 多音节词缀（词 126 个、词缀 107 类）

磨喃喃（唠叨）、嘟喃喃（嘟囔）、俏洒洒、亮瓦瓦、黄乎乎、黄澄澄、黄楞楞、红凛凛、红刺刺、瓷定定、瓷撇撇、干蹭蹭、硬铮铮、硬撅撅、面刀刀、黏拽拽、红丹丹（红得可爱）、红支支（不可爱）、红八八、湿拉拉、肉敦敦、顺溜溜、尖溜溜、直溜溜、滑溜溜、瘦溜溜、瘦精精、展刮刮（身材挺拔）、干蹭蹭（很干）、干熏熏（燥热）、阴刹刹、涩巴巴、苶呆呆、甏横横（形容吃得很饱）、憨固固（憨气较劲）、直固固、凉阴阴、热嗡嗡（热烘烘）、乱哄哄、薄吝吝（非常薄）、厚粗粗、厚敦敦、暖墩墩（暖和）、热敦敦、绵敦敦、扁菜菜（扁平）、扁蛋蛋（扁圆）、轻单单、直在在、绿茵茵、白刹刹、白花花、白洞洞 、黑墓墓、黑乌乌、黑糊糊、黑刹刹、干刹刹、黑胆胆、黑沉沉、黑踏踏、黑铁铁、黑压压、黑油油、灰溜溜、死挺挺、酥擦擦（疏松）、虚腾腾（喧腾）、肥踏踏、水灵灵、毛烘烘

平不塌、中不溜、猴叽撩（猴一样好动）

悄悄秘秘（悄悄的）、漓漓拉拉、黏黏拽拽、泥泥忽忽、密密麻麻、展展活活（身板挺直）、虎虎势势（健壮）

清圪凌凌、牛屄哄哄、蓝圪茵茵、绿不意意（绿得不可爱）、水不菜菜、白不菜菜、青圪茬茬（青色带茬茬）、青圪森森、灰不处处、傻不悻悻、呆不悻悻

软圪囊叽、浓挖圪叽（水少到洗不净衣物）、油脂抹奈、肉里圪耐、瘦麻圪筋、滑不刺啦、烂零圪擦（破烂不堪）、松丢特拉（衣过于肥大）、轻单圪觫（举止轻佻）、黑不溜秋、傻了八叽、咸了八叽、澥了咣当、稀了咣当、傻不楞兴、闷不愣兴、糊麻擦独（模糊不清）歪流扯切（结构不整齐）

滴淋不擦（泥泞）、尿糊抹擦（脏乎乎）、黏糊不擦（黏乎乎）、冷冰不擦（待人冷淡）、冷掏湿挖（形容吃冷食难受）、疙瘩练褚（绳线等缠在一起）、心慌忽塌、兀突八次（不冷不热）、黑潮烂伍、神经烂伍、黑死伍烂（颜色暗旧）、鬼口扁六道（瞎吹牛）、死松特拉（松松垮垮）、迷糊打蛋、死蔫圪榄（菜失水份样）、稀松害拉（做事不精干利落）

太原方言的状态词缀主要体现出以下几方面的特点：

1. 各种类型较全，但是前缀和多音节中缀数量较少；

2. 单音节中缀、多音节后缀与其他北方方言接近；

3. ABB 式词较多，约占所有词的 31%，绝对数量多于北京方言和哈尔滨方言。

二、徐州方言

我们考察了《徐州方言词典》①，其中状态词缀 392 个，词缀类型 122 种。

（一）前缀（词 43 个、词缀 24 类）

1. 单音节词缀（词 32 个、词缀 16 类）

稀脏、稀好、稀俊、稀甜、稀冷、稀破、稀烂、稀热、喷香、瘟臭、瘟腥、瞎腥、瞎臊、烂臭（十分臭）、烂臊、虚尖、虚青、虚蓝、虚紫、虚绿、苦辣、苦咸、岗稠、瞎稀、崩脆、风脆、焦脆、风酥、漂白、煞白、溜滑、响晴

虚紫烂青

2. 多音节词缀（词 11 个、词缀 8 类）

曲娄拐弯儿、迷娄麻哈儿、迷娄马哈儿、稀娄麻哈儿、稀娄泄歪、稀娄忽刺、滴娄打挂、吉娄疙瘩、咿娄哇拉、劈娄扑登、稀里呼噜

（二）中缀（词 16 个、词缀 13 类）

1. 单音节词缀（词 9 个、词缀 7 类）

眼巴眼望、旷里旷当

甜乎人儿、凑乎局儿、腌不脏、二不愣（不好不坏居中）、没

① 苏晓青、吕永卫编《现代汉语方言大词典》分卷，江苏教育出版社 1996 年 12 月版。

材拉用、斜目掉向、黄皮瓜瘦

2. 多音节词缀（词7个、词缀6类）

齁不（子）咸、恶娄歹怪、腌拉巴脏、胶不（子）黏、女里儿气、正儿八经、啰里八嗦

（三）后缀（词333个、词缀85类）

1. 单音节词缀（词225个、词缀40类）

踅摸、瞅搭、抹搭、扑楞、支棱、铺腾、掰斯、铺斯、败斯、拿斯、嗑斯、透斯、葬斯、作斯、抛斯、刺娄、勃娄、局娄、扑娄、摸娄、勃娄、数娄、眯娄、提娄、着娄、戳娄（不懂却随意触动、摆弄或挑拨）、没娄、日显娄、搓由、扤由、走磨由、芥由、团由、凹不、翘不、捋不、砸不、楔不、数不（责备、陈述）、縲不、干不、霉不、瞎不、蔫不、拧不、撕不、搂不、卷不、支不、错不、指不（直立）、捏不、瞎不、楔不、斜不、切不、归落、挓挲、扎煞、挓杀、揸杀（毛发、手指、树枝等张开）、抠刺（抠）、眯瞪、翻登、拾登、捯登、踢登、趵蹬、跳登、颠登、繁登（复苏）、lá巴、赖巴、傴巴、炼巴、作碎（糟践、破坏）、糊弄、和弄、奚弄、刺弄、划拉、摆治、糟停、恶影、腻歪、拉咕、念咕、捣咕、凑呼、吹乎、煽乎、喳乎（咕）、摆乎、绕乎、戳乎、扯乎、把乎（儿）、搧乎、邪乎儿、悬乎儿、暄乎、黏乎儿、暖乎儿、软乎儿、匀乎儿、圆乎、忙乎（儿）、臊乎儿、邪乎儿、全乎儿、腼皮、灵泛、活泛、厚泛、整泛（匀称、整齐）、巴查、扒查（一点点积累）、老棒、硬棒、敞快、凉快、实在、实诚、厚实、严实、拐孤、生古、泼辣、鲜亮、平亮（儿）（平坦）

打提娄、叨登喊呼、辣眼哄、磨嘴哄、累腰哄、渫牙哄、平平敲（儿）（大体相同，不分高下）

迷瞪的、滴溜的、拉拉的、巴不得的、［kə˥］瘆的、赖不查的、硬棒的、甜（不）乎儿的、甜不索的、笑不查的、苦涩的、

稀溜儿的、肥嘟儿的、滴溜的、迷（迷）登（登）的、巴不的的、叭儿叭儿的、满满不当（的）、拍拍的、溜圆鼓娄的、鼓鼓囊囊的、登登的、積嘟儿的、尖尖的、阔阔的、实朴的、真格的、样齐的、样登的、顺序的、少（不）乎儿的、大落儿的、大乏儿的、直杠儿的、快乎儿的、凉［sê˥］的、黄巴儿的、黑黪的、黑隆儿的、灰不唧的、热不唧的、肉不唧的、能不唧的、瘦不唧的、憨乎儿的、晕乎儿的、臭乎儿的、腥乎儿的、笨乎儿的、少乎儿的、热乎儿的、稠乎儿的、温乎儿的、烫乎儿的、由不唧的、呆孩儿的、橛哼的、倔倔的、懵懵的、杠杠儿的、正道（儿）的、脆生（儿）的、水灵（儿）的、涩［kʻar˥］的、试试的、叭儿叭儿的、啪儿啪儿的、急嗷嗷的、威儿威儿的、呜儿呜儿的、瓜儿瓜儿的、滂滂的、透透儿的、拉拉的、一楞一楞的、汗津（津）的、够扤的、够缴里的、热乌涂的、盛不唧的、湿不拉的、哑不道儿地、零滴娄的、闷不吭声的、闷斯不吭的、乌不罩眼儿（的）

2. 多音节词缀（词 108 个、词缀 45 类）

零滴答、笑不查、斜不梁

黏［tʂua˥ tʂua˥］、屎［tʂua˥ tʂua˥］、零叽叽、黄干干

想的哄（想念得很）、憋的哄、冤的哄、疼的哄、难受的哄、懒的哄、吵的哄、唾沫的哄、痒痒的哄、撑的哄、紧的哄、硌脚的哄、热的哄、累的哄、辣的哄、气的哄、吓的哄、压的哄、喜的哄、烫的哄

扎扎［uɛ˥ uɛ˥］（扎不唠的）、抠抠边边、蔫蔫乎乎（儿）、疑疑乎乎、二二乎乎、磕磕巴巴、赖赖巴巴、抠抠巴巴、筋筋拉拉（筋多）、黏黏糊糊（儿）、苶苶洋洋（阴平）、冒冒失失、挤挤查查、争争［uɛ˥ uɛ˥］、疲疲查查、花花搭搭

干不实焦（干硬）、软不丁当、憨不愣登（通）、傻不愣登、呆不愣登、蔫不愣登、酸不赖歪、甜不赖歪、苦不赖歪、酸不赖歪、紫不赖歪、黄不赖歪、扁不赖歪、母不赖歪（粗笨）、稀不赖歪、稠不赖歪、膵不赖歪、疲不拉塌、娘娄巴唧、怪娄巴唧、猴娄

巴唧、蔫娄巴唧、呆娄巴唧、愣了巴叽、腌娄古七（脏乱）、圆咕隆咚、膘不拉唧、苦不拉唧、矮不拉唧、孬不拉唧、黏不拉唧、白不拉唧、骚不拉唧、屹楞八睁、屹娄八睁（睡得迷糊的样子）、直不愣腾、皮不愣腾、刺不楞腾、黑不溜秋、假不六道儿、憨不流扯、憨不拉式、火娄不出、火不留辣、嫲儿不叠当（缓慢、男带女人气）、干不实焦、霉不烂将、仰不刺叉、滑不刺擦、血糊流拉、白不拉差、黏不拉差、赖不拉差、黑不拉差

大不咧咧、怒气冲冲、牛屄轰轰、透亮丝丝

驴脸呱嗒、鼻子拉塌、胡子拉碴、大四巴脚（大模大样）、老实巴脚、支娄［pa˅˧ ts‘a˅˧］

徐州方言的状态词缀主要体现出以下几方面的特点：

1. 中缀很少，只有16个；

2. 几乎没有“ABB”式词（4个）；

3. 后缀多，尤其是单音缀的“AB”式，带“的”的和其他多音节词缀构成的四音节词较多。数量甚至词形都与哈尔滨方言接近。

第二节　南方方言状态词缀的分类、分布

在六大南方方言中，我们各选一个有代表性的方言为考察对象。有的代表面大些，有的小些，但都应该能反映出该方言的真实情况。

一、厦门方言

闽方言分歧最大，选哪一个为代表都可能不够理想，考虑到厦门作为海港，影响会大些，因而我们考察了《厦门方言词典》①，其中的状态词共83个，状态词缀56类。

（一）前缀（词16个、词缀6类）

1. 单音节词缀（词11个、词缀2类）

---

① 周长楫编《现代汉语方言大词典》分卷，江苏教育出版社1993年9月版。

乔苦（刁难）、乔吊（要挟，刁难）

臭焦（焦）、臭笨（笨）、臭酸（酸臭味）、臭腥、臭烂、臭香（白薯变质味）、臭重、臭力、臭老（词头表过分）

2. 多音节词缀（词5个、词缀4类）

膏膏缠（缠、纠缠）、倥倥颠、倥倥显（走路不稳摇摇晃晃）、哱哱喘（气喘吁吁）、细细踅（绕来绕去）

（二）中缀（词1个、词缀1类）

1. 单音节词缀（词0个、词缀0类）

无例

2. 多音节词缀（词1个、词缀1类）

条不二直（与“条直”义“干脆”同）

（三）后缀（词66个、词缀49类）

1. 单音节词缀（词47个、词缀30类）

摆拨（摆弄）、拐弄（拐骗）、臊皮（讽刺挖苦）、抠亵、抠洗（讽刺挖苦）、刁靠（刁难）、掺滥（掺混）、点打（提醒）、讪［siau˥］（挖苦）、揾园、揾勘（掩藏）

密［sa˩］（合适）、密搭（严实）、疏弄（间隔大）、糊泛（马虎）、怪［siau˥］（使奇怪、意外、古怪）、歪［tsʻuaʔ］（歪斜）、黄酸（脸黄肌瘦）、花［hiat˩］（色彩娇艳）、挑弄（整齐漂亮、伶俐、房屋宽敞）、跳达（聪明活泼）、紧气（迅速）、稳当、软气（轻松）、软路、软水、光生（光滑细腻）、清气（干净）、松细（稀落 松散）、松弄、公道（公平）、凶势（可怕）、贵气（高贵有价值）、硬气（艰巨费劲）、赶气、煞气（指得到充分满

足)、失气（丢了面子)、实气、大心气、实晶（充满而密实)、恶势（性情等凶恶)、狭［tueʔ˥］（窄小）

泛泛代（马马虎虎)、宽宽仔、中中仔（中等的)、［Liam˥］［Liam˥］仔（轻轻地）

副：匀匀仔（慢慢地）

2. 多音节词缀（词 19 个、词缀 19 类）

趸玲啷（绕圈子，不直截了当）

赣吗吗（呆头呆脑)、旧落落（陈旧过时，同：旧落［pʻauʔ］)、好当当（好端端)、幼毛毛（草、发等短、软、密)、新点点（极新)、软㩙㩙、软溢溢、软［kauʔ˥］［kauʔ˥］、软［sio˩］［sio˩］、静生生、静［tsauʔ˩］［tsauʔ˩］（静寂)、重坠坠（沉甸甸）

动词：哑洽洽（无言可答，哑口无言)、䠷湿湿（不表态，不吭声）

羁羁㩙㩙、稀稀厍厍、匀匀狭狭（言行举止不大方）

厦门方言的状态词缀主要体现出以下几方面的特点：

1. 前缀不算少，但只有两种类型，多音前缀都是叠音的；

2. 中缀几乎是空白；

3. 单音后缀较多，多音后缀类型少，几乎都是“ABB”和“AABB”式叠音后缀。

二、东莞方言

我们考察了《东莞方言词典》①，其中的状态词共 109 个，状态词缀 102 类。

（一）前缀（词 6 个、词缀 5 类）

1. 单音节词缀（词 3 个、词缀 2 类）

① 詹伯慧、陈晓锦编《现代汉语方言大词典》分卷，江苏教育出版社 1997 年 12 月版。

湿碎（零碎）、烂熟、烂贱

2. 多音节词缀（词3个、词缀3类）

立立乱（十分杂乱）、泅泅黐（黏糊糊）、埸埸黏

（二）中缀（词1个、词缀1类）

1. 单音节词缀（词1个、词缀1类）

滚赤热辣（热又烫）

2. 多音节词缀（词0个、词缀0类）

无例

（三）后缀（词102个、词缀96类）

1. 单音节词缀（词13个、词缀11类）

疏另（非常稀疏）、打交、闹交、糟交、密笼、密实、滑脱、阔趟（房屋宽趟）、顺溜、顺当、灵［kɛŋ˩］（灵验）、水皮（水平低）

大眼哟［tɔk˧］

2. 多音节词缀（词89个、词缀85类）

心郁郁（形容动态）、暖郁郁、蓝棍棍（很蓝）、黑掹掹（阴平）、黑模模（阴平）（很黑）、黑孖孖（阴平）（很黑）、令［tɔk˧］［tɔk˧］（闪闪发亮）、静英英（或静英敲）（阴平）、走腾腾（跑得快）、清［təŋ˩］［təŋ˩］、凉浸浸、嘭爆爆（去声）（气鼓鼓）、光脱脱、光秃秃、浅达达、脸喷喷（软而烂）、软糯糯（软黏）、圆碌碌（圆溜熘）、滑脱脱（光滑打滑）、霉胎

胎（阴平）（烂得一塌糊涂）、短切切、暖屈屈（暖洋洋）、咸赧赧、咸硬硬（很咸）、肥腩腩、滑潺潺、白咳咳（很白）、白雪雪、红䵅䵅、红［pok˧］［pok˧］（非常红）、横撑撑（蛮不讲理）、深擒擒（非常深）、薄［sit˧］ ［sit˧］、薄抑抑（非常薄）、［pen˦］丁丁（很厚实）、高呈呈、绿汁汁（绿油油）、黄摛摛、乌钉钉（阴平）（糊了糊涂）、淡灭灭、生勾勾（阴平）（活生生）、齐茸茸（整整齐齐）、懵闭闭（糊了糊涂）、矇茶茶（矇胧）、矇光光（蒙蒙亮）、大拿拿、鞋熠熠（粗糙）、多罗罗、松蟢蟢、松棒棒（很松软）、阔驼驼、阔答答、眼甘甘（目不转睛）、眼矇矇（眯缝眼的样子）、眼湿湿、眼碌碌、眼白白、眼睁睁、硬［k'aʔ˧］［k'aʔ˧］（硬程度深）、空欧欧（阴平）、重得得（非常重）、晕酡酡、瘟沌沌（晕乎乎）、轻［pəŋ˅˧］［pəŋ˅˧］、散丫丫（松松散散）、烂溶溶（稀巴烂）、瘦蜢蜢（瘦瘦的）

清［təŋ˩］敲（清澈）、凉浸敲（凉丝丝）、矮矬敲、矮摸敲、短切敲、脸（软）胎敲（或“撇敲”）、高埕敲（很高）、青卑敲（青青的）、黄桑敲（很黄）、轻［pəŋ˅˧］敲（很轻）

青交交敲（很青）

口多多（多嘴多舌）、口花花（喜欢说得天花乱坠）

傻傻更更（傻里傻气）（阴平）、訡訡沉沉（吟沉：唠叨）、麻麻压压、干干红红（非常干燥）

巢皮伊［zɔ˅˧］、巢皮衣鹅（非常皱）、瘦髀额鹤

东莞方言的状态词缀主要体现出以下几方面的特点：

1. 前缀、中缀极少；

2. 后缀较多，尤其是“ABB”式词，约占总词数的63%，也超过了一些北方方言这一类型的词数。有个别词与普通话相同，如“光秃秃”、“眼睁睁”，大多用不同的叠音词缀，如“绿汁汁（绿油油）”、“暖屈屈（暖洋洋）”。

三、客家方言

我们考察了《客家话词典》[①]，其中的状态词共355个，状态词缀308类。

（一）前缀（词44个、词缀25类）

1. 单音节词缀（词26个、词缀10类）

邦硬、梆紧（很紧）、刮淡（很淡）、刮肥、刮甜、刮苦、刮乌（很黑）、刮威（威武）、刮精、刮瘦、横光、横新（簇新）、精光、烂贱、烂平（极便宜）、溜光、溜滑、妙轻（飘轻）、喷臊、喷香兼（尿臊味）、喷香、喷臭、摄薄（很薄）、习凉（很凉快）、习嫩、习脆

2. 多音节词缀（词18个、词缀15类）

邦邦硬、邦（邦）雄（高强，很厉害）、哔哔跳（活气活跃）、卜卜脆、kuān kuān儿转（转动）、呼呼滚（形容干得起劲，奋发向上）、麻麻亮（蒙蒙亮）、喷喷香、惹惹滚（吵吵嚷嚷样）

哔力百历（接连不断爆裂声）、哔力不逮（接连不断地冒出）、敝力播罗（形容急急忙忙的样子）、滴里答腊（零零碎碎）、圭哩呱啦（吵吵嚷嚷）、叽哩咕噜、咭力咯洛（硬物相碰击的响声）、霹雳拍勒（鞭炮声：噼里啪啦）、乒玲邦朗（风吹动门窗等的响声）

（二）中缀（词7个、词缀5类）

1. 单音节词缀（词5个、词缀4类）

串打串（串串的）、大目约

怪里怪气、絮里唆啰（形容细小摩擦声）、黏牙吊齿（黏牙

① 陈庆忠编，香港银河出版社2002年5月版。

齿）

2. 多音节词缀（词2个、词缀1类）

胡七八说、乱七八糟

（三）后缀（词304个、词缀278类）

1. 单音节词缀（词26个、词缀12类）

眨巴（眨一眨）、霸道、公道、侧歪（轻声）、搀合、和气、硬气、神气、涩个（涩的）、顺当、稳当、顺溜、帮八（铺张）、帮八帮八（铺张铺张）

歌歌跳（肚子里发出声响）、鸹鸹跳（形容说个不停）、呱呱跳（大声叫嚷）、咣咣跳、唧唧跳（形容疼得很厉害）、呷呷跳（形容说个不停）、爵爵跳（踩泥水声）、哐哐（叫）跳（大声叫喊）、悬悬跳（形容有下坠危险）、躅躅跳（形容走路很神气）、黑黑的、溻溻的（水往下滴）

2. 多音节词缀（词278个、词缀266类）

新仲仲、新簇簇（极新）、矮 dêb dêb（阳入）、矮顿顿（矮矮的）、矮黜黜（矮短）、白那那（白叉叉）、白雪雪、白蓬蓬（头发白）、薄业业（薄薄的）、饱驼驼儿、背 kú kú、背拱拱（背有些驼）、背寒寒（佝偻腰）、鼻齉齉（鼻涕拉瞎）、鼻臬臬（仰鼻傲慢的样子）、鼻扭扭（高傲无礼的样子）、扁煠煠（形容很扁）、病厌厌、病绉绉、长拉拉、长担担、茎担担（植物根须多而长）、长 gói gói 儿、长绕绕、潮乎乎、仇朵朵（蔫不哏儿的）、重佗佗（沉甸甸）、臭 pāng pāng（臭气熏天）、脆 nàng nàng（形容很脆易折断）、脆讷讷（形容很脆）、淡滑滑儿（淡而无味）、顶呱呱、短黜黜、短笃笃（矮矮的）、额岩岩儿（前额突出）、耳 hiâg hiâg（两耳招风的样子）、耳角角（留心听的样子）、肥腯腯（胖乎乎）、肥咚咚（胖古墩）、肥 dêb dêb（形容汤水油腻）、干丢丢（干枯样子）、干业业（很干样子）、戆沺沺（傻乎乎）、戆顽顽（傻呵呵）、高亭亭、高伽伽、高迎迎、骨射射（骨瘦如柴的样子）、寡了了（非常单调乏味的样子）、寡 lāi lāi（无油煮的青菜）、光秃秃、光脱脱（赤条条）、光髡髡（很光滑）、寒罗罗（冷飕飕）、汗卒卒（流汗的样子）、好滴滴（好端端）、合（“狭”音变）唧唧（很狭窄）、暗 tuí tuí（光线不足）、暗摸摸（黑乎乎）、黑摸摸、黑麻麻、痒豺豺、叫豺豺（哭丧着脸）、恶豺豺（恶狠狠）、红豺豺（红得刺眼）、红卵卵（红得可爱）、红揪揪（发红样子）、红通通、花绿绿（花玫玫）、滑 guid guid、滑荡荡、滑溜溜、黄腊腊、黄 sêmsêm（黄得难看的样子）、灰朦朦、秽溻溻、秽牛牛（非常脏的样子）、叫嗲嗲（哭叽叽的）、叫愁愁（叫苦样）、金郑郑（金闪闪）、紧 gûg gûg（行李绑得结实、会算计）、惊啰啰（很害怕样子）、茎缆缆（形容体瘦青筋外露）、颈偏偏（态度傲慢样）、颈绑绑儿（形容脖伸得长长的）、肯嘟嘟（恨恨的）、空框框（空荡荡）、苦咥咥、出剁剁（不善言辞）、蓝借借（蓝瓦瓦）、烂溶溶（破烂烂）、老邦邦（人长相老、菜老）、老岩岩（老态龙钟）、老琢琢（大模大样，儿化为摆出很老气的样子）、老艾艾儿、lào（稀疏）臛臛（稀稀拉拉）、冷凄凄、冷浸浸、凉浸浸（冷飕飕）、乱较较、蛮竭竭（执拗得很）、蛮椅椅儿（形容很凶的样子）、慢 sò sò（慢腾腾）、毛披披（毛发披散）、毛浓浓（毛发很乱）、毛葱葱儿（毛发直竖样）、毛研研儿（毛色差、少光泽）、淖加加（很稠样）、淖咕咕、跄唆唆（慢吞吞）、黏夹夹（黏乎乎）、聂（圆器凹陷）榜榜、齐缉缉（很整齐）、气妙妙（气鼓鼓）、气摄摄（气忿忿）、青球球（青不里叽）、青浸浸（绿油油）、轻妙妙（轻飘飘）、热化化（热乎乎）、惹（竖）杈杈（横七竖八）、绒蓬蓬、肉骨骨（肉乎乎）、肉粽粽儿（喻体胖）、软入入（呼呼）、软黎黎（软塌塌）、软台台（受潮变软乎）、若（软）溻溻、湿溻溻、弱唧唧、臊嘭嘭（腥味很重）、娆瞬瞬儿（浪里巴唧）、娆顶顶、烧爊爊（热腾腾）、生勾勾、瘦伽伽（瘦拉嘎叽）、瘦申申（瘦溜儿）、瘦劫劫、瘦臛臛、瘦 già già（瘦而弱）、衰消消

（穷酸样）、死腻腻（病歪歪）、死绉绉、死黎黎（筋疲力尽的样子）、俗八八（庸俗不堪）、酸 gúng gúng（酸酸的）、甜椰椰（发胡后适口）、甜丝丝、辣丝丝、辣苏苏、乌蒙蒙、乌妒妒（乌黑黑的）、乌潭潭（黑乎乎）、乌拭拭（小孩脸上污成黑花脸）、乌聿聿（黑得发亮）、乌吖吖（黑得可怕）、乌梭梭（脏得发黑）、乌牛牛、乌黑黑（黑不溜丢）、喜连连（喜洋洋）、闲了了（无事可做）、闲索索（十分闲）、香喷喷、笑嘻嘻、兴棍棍（兴冲冲）、兴族族、兴滚滚儿（兴致很高）、凶霸霸、牙狌狌（龇牙凶样）、阏（生气）咄咄（怒气冲冲）、眼瞬瞬（无神样）、眼关关（不停翻白眼样）、眼郭郭（无精神）、眼铁铁儿（形容眼球凸出，凶）、苦巴巴、泫（烂）巴巴（水分多变得稀烂）、泫汤汤（水拉巴唧）、iè 担担（满不在乎样）、硬秉秉（形容性直）、硬脡脡、硬翘翘、硬碚碚（硬梆梆）、硬觉觉、油花花（油渍麻花）、圆碌碌、圆罗罗、圆緉緉儿（圆滚滚的）、熷（干）惹惹、丢嘿嘿（遗失）、耳聒聒（耳鸣）

瘦落格（瘦得不得了）、圆叮当（圆溜溜）

挨挨只只（叹气声）、暗暗等等（不清洁）、邦邦百百（困难很多，人穷计尽的意思）、帮帮八八（铺张、鱼潜水声）、比比帮帮（做事拖泥带水，不干脆利索）、参参猜猜（犹豫）、嘈嘈济济（又嘈又闹）、抻抻本本（井井有条）、重重滞滞（物很沉重）、虫虫（都读“重”）仲仲（重重复复）、癫癫懂懂（神经失常、二乎乎）、浮浮溢溢（形容到处是漂浮物）、戆戆当当、戆戆 gó gó（发傻的样子）、拱拱竭竭（忙忙碌碌、小孩坐卧不安）、古古琢琢（非常诙谐的样子）、鬼鬼细细（鬼鬼祟祟）、鬼鬼挖挖（阴险挑拨）、孩孩洋洋（懒散、无生气）、呵呵咄咄（形容言语凶恶）、呵呵霸霸、嘢嘢杰杰（忙忙碌碌）、跃跃杰杰（小孩不听话）、花花嘢嘢（随意挥霍的意思）、昏昏粉粉（迷迷糊糊）、焦焦唧唧（常生病）、精精打打（精明）、懒懒透透（没精打采）、烂烂款款（衣衫破烂）、黎黎（沉落）批批（掉膀子的样子）、敛敛检检（利利索索）、撩撩刁刁（十分不正派）、零零星星（零碎的）、零零钉钉（零散的）、零零聿聿、摸摸梭梭（磨磨蹭蹭）、磨磨秀秀

（手脚不麻利）、拈拈 nûg nûg（不干脆，黏黏糊糊）、拈拈蘸蘸、拈拈忑忑（小偷小摸）、黏黏夹夹（黏黏糊糊）、啫啫（吝啬）察察、拧拧囊囊（拖拖拉拉）、牛牛扭扭（执拗）、扭扭揪揪（非常叫人为难）、纽纽纠纠（弯曲）、沤沤浇浇（埋里埋汰）、爬爬蹶蹶（形容坐立不安）、敲敲扁扁（反复挑剔）、轻轻瓶瓶（很轻的）、攘攘郑郑（熙熙攘攘）、攘攘觋觋、傻傻庚庚（傻里傻气）、顺顺境境（十分顺利）、牙牙蛇蛇（喋喋不休）、痒痒豺豺（痒痒的）、游游索索（游游荡荡）

昂昂伢伢（争吵相骂）、包包摄摄（包着、掖着）、趯趯魄魄（蹦蹦跳跳）、喘喘禅禅（唠唠叨叨）、滴滴 dûd dûd（用手不断触碰人）、呵呵掇掇（呵斥）

丑木八八（形容貌丑）、胡子发发（无理谩骂，逞蛮乱说）、空手些些、冷汗 pǎi pǎi（受惊出冷汗的样子）、牙射邪邪（闹着玩的样子）、眼核光光（眼睛垂下）

矮牯鼎董（矮小）、矮顿车迟、暗摸挤嗟（黑咕隆咚）、肥劳 lêb dêb、黑咕隆咚、糊鲞麻加（糊成一团）、花里毕驳（花里花哨）

胡须惹杈（胡子拉撒）、须胡惹杈（胡子拉碴）、目汁当顶（眼细巴叉）、目汁 biǎ hǎi（睡意浓而流泪）、目屎 jâbjê（满眼眵目糊）、泡糊泌坝（形容到处是泡沫状物）、蓬头苴加（披头散发）、青红 guìn guàng（水混浊不堪）、青龙 guìn guàng（潭水很深很绿）

客家方言的状态词缀主要体现出以下几方面的特点：

1. 前缀接近北方方言，尤其是多音的类型较全；

2. 中缀较少，有的词与普通话相同；

3. 单音节后缀“AB”式与普通话基本一致，“AA 跳”式类似于哈尔滨方言“AA 的”式（瓜瓜儿的），都是叠音词根加后缀构成；多音节后缀的各类四音节词都有一些，几乎是一应俱全。

4. 最突出的是叠音后缀多。“ABB”式词比普通话还多，这还不算那种陈述关系的叠音词。很多陈述关系的重叠形式还有较实在的词汇义，因而未列入状态词缀之中。这类词有的已有一定程度的虚化了。例如：

喙 vê vê（嘴不正貌）、喙嘟嘟儿（嘴翘表不满）、喙熬熬儿（表不满）、肩错错（肩下垂）、口花花（油腔滑调）、理滔滔儿（道理一套又一套）、面臭臭（满脸生气样）、目照照（因光线不足而用劲看）、目趣趣（勉强抬眼）、目眯眯（眯目）、目眨眨（视力模糊）、目涩涩儿（眼涩）、目西西儿（因阳光强眯眼）、妳（奶）车车（乳房鼓鼓地）、手强强（摆出手想动又不动的架势）、尾钉钉（高兴得竖尾）、尾嚄嚄（摆动尾巴样）、尾蹑蹑（夹着尾巴）、尾拖拖（拖尾样）、牙射射（大笑露牙）、眼晶晶（目有神）、眼针针（全神贯注）、眼牛牛（直视相打样）、眼烹烹（怒视样）、眼伽伽（瞪大眼）、眼甚甚（紧盯）、眼铲铲（瞪眼）、眼白白（翻白眼）、眼辫辫、眼鼓鼓（瞪）、眼顾顾、眼光光（干瞪眼）

“AABB”式词也超出一些北方话“AABB”式词的数量。这方面也有很多未收入的词根重叠形式，如“横横掎掎（器物横置）、横横划划（物件过长，搬动不便）、尽尽撞撞（鲁莽乱撞）”，甚至还有“AAAA”叠音形式，如“呱呱呱呱（大声说话）”。

综上可见，客家方言中的叠音形式是很重要的构词手段，也是状态词缀的主要形式。客家方言中有些词与普通话一致，这可能是受了普通话的影响，如“光秃秃”、“滑溜溜”、“香喷喷”。也可能是保留了古汉语的共同材料，如“灰蒙蒙”、“冷凄凄”、“甜丝丝”、“笑嘻嘻”。词汇同源的可能性也有，但也可能是构词格式同源，就是共同因袭发展了古汉语的构词方式。相比之下，客家方言有更浓的文言色彩，如“新簇簇”、“肥腯腯”、“秽溻溻”。

四、南昌方言

我们考察了《南昌方言词典》①，其中的状态词共 110 个，状态词缀 68 类。

（一）前缀（词 61 个、词缀 41 类）

1. 单音节词缀（词 56 个、词缀 37 类）

① 熊正辉编《现代汉语方言大词典》分卷，江苏教育出版社 1995 年 5 月版。

宣红、通红、森黄、刮绿、乜乌、乜黑、[tuʔ˧] 紫、乜暗、乜烂、乜咕、乜软、蓬香、学臭、[pie˩] 腥、学臊、鲜甜（很甜）、揪酸、学苦、呵辣、丁咸、刮淡、[kie˩] 涩、[puʔ˥] 脆、揪韧、韧救、刮绿、硗硬、戌软、飞滚（非常烫）、揪圆、溜尖、脱大、脱高、吞厚、吞重、[se˩] 薄、飘轻、[kie˩] 粗、辣干（干，干瘦）、焦干（非常干）、辣叫（烧干草声）、辣湿（非常湿）、[tat˩] 黏、[kʻiɛt˩] 紧、[lɔŋv] 稀、[lɔŋv] 清（很稀）、[ie˩] 烂、老早、老远、老深、精光、[tsʻe˩] 光、（精光）、劈塞（塞得满满的）、更瘦（很瘦）、庚健（健康）

溜滑溜滑、更精鬼瘦（特别瘦）

2. 多音节词缀（词5个、词缀5类）

叽哩咕噜、津津有味

[ie˩] [ie˩] 落（不断掉饭）、[tsʻe˩] [tsʻe˩] 光（光滑好看）

（二）中缀（词10个、词缀4类）

1. 单音节词缀（词6个、词缀2类）

流哩流气、妖哩妖气、土里土气、懵里懵懂、纥哩纥哒

副词：冒搭冒尖（冷不防地）

2. 多音节词缀（词4个、词缀2类）

乌漆摩黑、乌七八糟、乱七八糟、零七八碎

（三）后缀（词39个、词缀23类）

1. 单音节词缀（词30个、词缀14类）

神气、焦巴、稳当、扎实（坚固）、实惠、热和、易得（容

易)、老实、诚实、厚道、公道、精灵、懵懂、客气（漂亮)、秀气、小气、阔气、洋气、福气、松快、撇脱（容易)、活泛

副词：同好生（子)、乖乖子、慢慢子、装假子、远远子、慢滴子（慢点儿)、偷偷子

滴家大子（一点点大)

2. 多音节词缀（词9个、词缀9类)

火辣辣

副词：好哩哩（好好地)、

眯眯摩摩（做做这做做那)、聋聋［ts'aŋ˩］［ts'aŋ˩］（年老昏聩，说东听西)

文质彬彬

麻哩极［k'iɛt˩］（不光滑)、弯哩骨［tɕiu˥］（弯弯曲曲)、胡子髟兜髟（胡子拉碴)、孤苦伶仃

南昌方言的状态词缀主要体现出以下几方面的特点：

1. 单音节状态前缀较多，其次是单音节后缀与中缀接近普通话；
2. 其他类型状态词缀都比较少，“ABB”式状态词几乎没有；
3. 是所有方言中多音节状态词缀最少的。

五、上海方言

我们考察了《上海方言词典》①，其中的状态词共216个，状态词缀149类。

（一）前缀（词20个、词缀18类)

1. 单音节词缀（词7个、词缀6类)

绷硬、精光、锃亮、簇新、煞爽、煞辣、［saʔ˥ ˧］清

① 许宝华、陶寰编《现代汉语方言大词典》分卷，江苏教育出版社1997年12月版。

2. 多音节词缀（词 13 个、词缀 12 类）

叽里咕噜、稀里糊涂、疙里糊涂

呼呼烫、滚滚烫、拍拍满、团团转、宿宿抖、呱呱抖、角角抖、溚溚渧

［saʔ˥ ˧］［laʔ˩ ˥］司齐、［saʔ˥ ˧］［laʔ˩ ˥］司平

（二）中缀（词 7 个、词缀 5 类）

1. 单音节词缀（词 7 个、词缀 5 类）

怪里怪气、乌里乌糟、悬里悬空、奇出怪样、困斯懵懂、黏嘴搭舌、面白䤈俏

2. 多音节词缀（词 0 个、词缀 0 类）

无例

（三）后缀（词 189 个、词缀 126 类）

1. 单音节词缀（词 20 个、词缀 13 类）

揎掇、灵泛、洋气、乡气、土气、妖气、扎实、厚实、阔绰、硬绷、横绷、滑哒、顺溜、稳当、便当、精刮、挺刮、精灵、轻巧、懵懂

2. 多音节词缀（词 169 个、词缀 113 类）

急溜溜、嗲溜溜、嗲里里、嗲咪咪、倦迷迷、硬皵皵、生皵皵、硬呛呛、硬橛橛、硬［dʑiɔ˩ ˥］［dʑiɔ˩ ˧］、软冬冬、卤搭搭、黏搭搭、苦搭搭、妗搭搭、屈搭搭、懈搭搭、湿答答、淡答答、苦答答、涩答答、潮答答、黏答答、滑答答、戆答答、寿答答、白塔塔、咸塔塔、薄塔塔、疲塔塔、黑塔塔、咸辣辣、热辣

辣、麻辣辣、甜味味、甜津津、福得得、瘦呱呱、昏冬冬、昏沉沉、呆瞪瞪、白呼呼、木呼呼、木局局、木［goʔ˩˪］［goʔ˩˨］、死板板、冷冰冰、寒丝丝、瀴飕飕、瀴汩汩、热烘烘、热齁齁、生［pʻã˩˥］［pʻã˩˧］、结固固、结绷绷、紧绷绷、干绷绷、干西西、湿淋淋、水汪汪、水英英、雨稠稠、滑离离、毛柴柴、毛乎乎、油落落、空落落、空荡荡、慢笃笃、滑笃笃、矮笃笃、胖笃笃、方笃笃、血利利、文绉绉、洋洵洵、笃悠悠、暖悠悠、轻悠悠、长悠悠、短悠悠、软悠悠、酥纳纳、韧冻冻、黏介介、黏夹夹、妗夹夹、狠霸霸、油光光、油罗罗、水罗罗、气潽潽、神洋洋、心带带、野豁豁、烂糟糟、翘松松、粗砺砺、浑洵洵、汗沥沥、红衬衬、绿油油、白醾醾、灰扑扑、灰秃秃、灰蒙蒙、雨濛濛、黄糯糯、黑黝黝、黑洞洞、静幽幽、黑幽幽、黑瘢瘢、黑黢黢、黑搨搨、白搨搨、灰搨搨、瘪搨搨（塌塌）、涩搨搨、滑搨搨、淡搨搨、湿搨搨、咸搨搨、睡茫茫、红兮兮

密密猛猛、萎萎戚戚、跌跌［tsʻoŋ˥ ˧］［tsʻoŋ˥ ˧］、筋筋拉拉

远脚洒洒、脂油奶奶、寒毛凛凛、书雾腾腾、贼忒兮兮、神经兮兮、妖怪兮兮、风赤离离（四面透风）

戆大搭煞、外行搭煞、厚皮搭煞、备时搭煞、好人搭煞、作孽八腊、罪过八腊、危险八腊、龌龊八腊、腻心八腊、眼瞎邋搭、汗湿劳曹、黑铁墨秃、黑漆墨通、清水呱［taʔ˥ ˧］、阴丝呱［ta˥ ˧］、厚滋纳答、黏滋疙瘩、白夹邋遢、黑勃六秃、黑勃隆冬、哭出糊拉、破支落宿（破碎零落）、淡来呱［laʔ˩˧］、淡嘴疙瘩、热滋潽烫、歪黑石角、血淋带渧、水淋带渧、生孛落托（半生不熟）、稀里光郎

直弄通

上海方言的状态词缀主要体现出以下几方面的特点：

1. ABB 式很多，共 125 个，约占总词数的 58%，类似于普通话；
2. 带多音后缀的四音节词有 33 个，也不算少；
3. 各类词缀类型较全，只是缺少带多音节后缀的三音节词。

无论前缀、后缀，特别是叠音后缀，很多都与普通话一致。例如

“精”、“锃”、“实”、“掇”、“辣辣”、“乎乎”、“荡荡”、“沉沉”、“油油”，等等。

六、长沙方言

我们考察了《长沙方言词典》①，其中的状态词共207个，状态词缀35类。

（一）前缀（词5个、词缀5类）

1. 单音节词缀（词3个、词缀3类）

溜刷、稀死垮烂、梆天石硬

2. 多音节词缀（词2个、词缀2类）

麻麻黑、毛毛热

（二）中缀（词23个、词缀14类）

1. 单音节词缀（词18个、词缀10类）

精打光、烂巴饭、馋巴敠水、汗巴水流、焦巴裂干、清丝蜜甜、捞基垮松、梦里梦冲、痞里痞气、糊里马大海、慰斯熨帖、吓煞巴人、死呆八板、梆死八硬、黄皮寡瘦、歪头戮脑、挤密研密、猛天搭地

2. 多音节词缀（词5个、词缀4类）

乌黢麻黑、乌七八糟、乱七八糟、啰里巴唆、零打八碎

（三）后缀（词179个、词缀16类）

1. 单音节词缀（词151个、词缀9类）

① 马镇兴编《现代汉语方言大词典》分卷，江苏教育出版社1993年10月版。

灵泛、圆泛、囫泛、活泛、小气、扎实、肥实、恶实、通皮、面糊、哭巴、咽巴

泼泼里、糠糠里、啰啰里、凉清清里、粉它它里、活嫩哒、花弄哒、恶筛哒、热伤哒、雾扎哒、恨毒哒、鼾潽哒、大马式哒、劲格哒、亲热倒哒、好不过哒

溜清的、乌青的、[soŋ˥]白的、刷白的、嘎白的、弄白的、弄黄的、[koŋ˥]黄的、黑黑的、密黑的、[min˥]黑的、[kuam˥]绿的、翡绿的、纠绿的、钉绿的、冰清的、清凉的、滚开的、飞燿的、滚燿的、翻燿的、烧热的、啰熟的、透鲜的、透亮的、清甜的、抿甜的、津咸的、撇淡的、[kua˧]涩的、滑苦的、[lia˥]苦的、[ȵie˥]苦的、[mia˥]苦的、啰苦的、臼酸的、浸酸的、稀洋的、稀泻的、稀乱的、稀糟的、糜烂的、统烂的、统麻的、纠麻的、稀碎的、糜碎的、糜融的、糜痨的、纠痨的、飞灵的、飞薄的、[lan˩]薄的、[ʂə˩]薄的、劈直的、壁敦的、壁陡的、拉稀的、[pia˧]泻的、巴酽的、巴黟的、粘巴的、[lən˧]泡的、梆紧的、梆硬的、绷坤的、绷紧的、绷硬的、绷脆的、弄软的、蜡软的、蜡皮的、蜡洋的、令熷的、喷香的、蒙细的、嘎粗的、拉粗的、捞轻的、匍重的、崭齐的、崭平的、刮浑的、焦干的、焦枯的、焦煳的、价湿的、拍实的、拍饱的、拍满的、捞空的、捞松的、罄空的、垮松的、稀散的、纠圂的、溜圂的、溜尖的、溜平的、溜光的、令光的、泛亮的、刷亮的、累肥的、累壮的、累胖的、刮瘦的、溜活的、[lei˨]活的、飞嫩的、绷老的、密严的、拍密的、膟臭的、烹腥的、匡臭的、水垮垮的、汗浸浸的、汗巴巴的、凉悠悠的、辣呵呵的、油咧咧的、痒兮兮的、筋暴暴的、骨头杵杵的、蜡死垮洋的

2. 多音节词缀（词28个、词缀7类）

凉悠悠

慢慢细细、摸摸细细、雾雾扎扎

毛糊隆咚、半（二）不阑干、神不愣通、灰糊隆咚、霉糊隆

咚、油糊隆咚

胡子拉沙、眼泪巴沙、造孽巴沙、快活溜（恋）哒、活泛溜哒、劲起敹哒、客气敹哒、大套糊哒、闹（吵）雾哒堆、泥巴糊卤哒

热醉哒、冷醉哒、热臭哒、饿臭哒、急臭哒、累臭哒、气臭哒、朽（自大）敹哒

长沙方言的状态词缀主要体现出以下几方面的特点：

1. 前缀较少，ABB 式少（包含在带“的”的词中了）。

2. 带词缀“的”的词很多，共 124 个，约占总词数的 55%，类似于哈尔滨方言，有不少词与北方方言一样，如“梆硬的”、“焦干的”、“刷白的”、“溜光的”、“稀糟的”、“油咧咧的”。

3. 各类词缀类型齐全，只不过有的包含在带“的”的词中，比如有“溜平的、稀散的、梆硬的”等很多带前缀再带后缀“的”的词。在 123 个带“的”的词中，带叠音后缀的 ABB 式再带“的”构成的词 8 个，ABCC 式构成的词 2 个，其余大都是带前缀再带后缀“的”构成的词，只有少数是由“烧热的、乌青的”等词根语素（偏正式）带“的”构成的。

第三节　长沙、岳阳方言状态词缀对比研究

本节是对南方方言的状态词缀的深入研究，以长沙、岳阳两地为代表，对这两地状态词缀进行了系统、全面的分析和描写。

一、与湘方言状态词缀相关的研究及本节研究说明

（一）湘方言状态词研究

张小克《长沙方言的 bA 式形容词》① 指出有丰富的“bA 的”式形容词是长沙方言的鲜明特色之一。所谓“bA 的”式形容词是指“捞轻的、匡臭的”之类形容词。这类形容词不能接受程度副词的修饰，无疑属于状态形容词之列。“bA 的”意思大体相当于北京话的“很 A”。

① 《方言》2004 年第 3 期，第 274—283 页。

沈红宇《长沙方言状态形容词讨探》① 列举了长沙方言状态形容词的结构类型，说“附加式状态形容词在长沙方言中占有绝对的优势，各形式之间还存在一定的对应转化关系”。

方平权《岳阳方言状态形容词的若干形式和特点》② 中提到：现代汉语普通话程度副词修饰形容词的主要形式，一种是副词直接加在形容词前，如：“很好”，这在岳阳话中的对应的表达是“蛮好”；一种是形容词+得+副词，如：“好得很”，这在岳阳话中的对应表达是“好得奇”、“好得新鲜”等。但是，岳阳话中形容词程度的表达主要不是这样的形式，而是大量运用重叠、加缀等方式使形容词和副词形成一个固定结构，来表达某一种性状的程度（有时也包括某些动作的方式）。认识这些形式，对于认识岳阳话是相当重要的。

（二）湘方言重叠式研究

李雨梅、曾常红《湘乡方言形容词的重叠式》③ 认为湘乡话属湘语衡邵片，是老湘语的代表语种之一。湘乡方言形容词的重叠式有ABB、AABB、A起A起、A里A气、多（好）八B、AXAY、XAYA等。从重叠式构成特征和语义特征、语音特征、语法功能这几个方面入手对湘乡方言的重叠式进行描写，为湘方言重叠式研究提供丰富的语言资料。

尹钟宏《娄底方言重叠式的构成形式及特征》④ 列举娄底方言有名词重叠式、动词重叠式、形容词重叠式、量词重叠式等多种。娄底方言的重叠形式有其独特之处，文中所说的重叠式，既有语素的重叠，也有词的重叠，尤其是娄底方言中有丰富的“四字格”，重叠形式十分丰富。

胡艳柳《湖南临湘方言的重叠式及类型小探》⑤ 中较为详细列举了临湘方言中各类重叠式，包括名词、动词、形容词的重叠式，并与普通话的重叠式进行比较。

---

① 《贵州教育学院学报》2004年第5期。

② 《云梦学刊》1994年第1期。

③ 《文史博览·理论》2007年第1期，第21—22页。

④ 《湖南人文科技学院学报》2005年第6期。

⑤ 《语言应用研究》2008年第10期，第113—115页。

李启群《吉首方言的重叠式》① 中列举吉首方言中名词、动词、副词、量词、形容词的重叠式，分类详细，内容丰富，并且讨论了吉首方言重叠式的构成和意义。

彭逢澍《湘方言考释》附录“湖南娄底方言中的‘四字格’”介绍了娄底方言中丰富的“四字格”，并把这些词组分为两类，一类是临时组合而成，一类是固定词组。

很多专家和学者对湘方言的重叠式作了各式各样的研究。对方言词缀的研究，大多都是传统词缀研究，常作为方言语法中的一部分出现。状态词缀与状态词重叠式结构有着密切关系，有的状态词缀就出现在状态词或重叠式中。至今为止，已有不少湘方言学者对各类湘方言的状态形容词和重叠式进行了详尽的分析。

上边所提到的很多研究内容，包括一些见解，对我们有很大的参考价值，我们也引用、借鉴了其中的一些成果。

（三）本节研究说明

湖南位于中国南部，在长江和洞庭湖之南，是个方言复杂的省份，大方言有湘语、西南官话、赣语、客家话四种，另外还有湘南土话、沅陵乡话等。每一种方言都是历史形成的，都可以去追溯它的历史渊源。“千百年来北方和东方的移民促使湖南这片土地上的汉语发生了深刻的变化，五代以前，湖南的外地移民多来自北方，五代以后，湖南的外地移民则多来自东部江西一带。北方移民南迁前后三次浪潮不仅在湖南境内沅、澧二水流域形成了北方方言（即西南官话）地区，也对湘语尤其是湖南北片的湘语带来了巨大的冲击。从东部来到湖南的移民绝大多数属于江西籍。随着江西籍移民的大量涌入，赣语在湖南产生巨大影响，以至在湘东由北而南形成狭长地带赣语区，或是在湘中、湘西等其他地区留下了赣方言点，或是使一些其他地点方言带上了不同程度的赣语色彩。”②

湘语是湖南的代表方言，分布较广，主要集中于湘中一带，可分为长沙型、湘乡型两种类型。长沙型湘语以长沙、湘潭、衡阳为代表，位

① 《吉首大学学报》1994 年第 3 期，第 43—48 页。

② 本节有关湘方言简介摘自《湖南省志》第二十五卷，《方言志》（上册）概述“方言背景”。

于湘中偏东地区；湘乡型湘语以湘乡、新化、邵阳为代表，位于湘中偏西地区。[①] 岳阳境内方言复杂，根据李蓝《湖南方言的分区评述及再分区》[②] 的“声韵调系统的三重投影法”，把岳阳方言划分在湘语区方言点内，但是平江划分在赣语区方言点内。岳阳县方言属于湘语还是赣语，至今仍有争议。现以新湘语长沙方言和情况复杂的岳阳方言两地为研究对象，主要考虑一是作者较为熟悉，二是两地状态词缀的类型、特点和使用情况在南方有一定的代表性。

本节考察长沙、岳阳两地方言的状态词缀，分别从结构类型、语音语义、用法句例这几个方面进行分析、描写。文中的材料来自前述词典、书刊、传媒和社会调查，但是由于现有文献对于状态词缀的研究十分有限，文中材料并非十分全面，而且词典等文献多为老派方言语音，主要体现在长沙方言调查[③]中。岳阳方言注意多以新派语音为主[④]。

在湘方言状态词缀研究中，所涉及的词，不仅有形容词，也有动词、副词，状态词缀种类相当丰富，形式多，数量大。我们首先通过词典、书刊以及日常生活的话语收集湘方言状态词缀的用例，再尽可能全面详细地描写两地的发音情况，分析、描写长沙方言、岳阳方言状态词缀的类型、特点；并对长沙方言、岳阳方言及其他方言状态词缀、普通话状态词缀进行对比分析。力求根据湘方言两个地区方言实际去分析状态词缀，对状态词缀进行分类，并且探讨状态词缀语音、语义、结构、用法的特点与共性。

所考察例词经当地人发音印证，下面是社会调查的发音人。

长沙方言发音合作人：

陈玉堂 男 56 岁 退休

---

① 《湖南省志》第二十五卷，《方言志》（上册），2001 年。

② 《语言研究》1994 年第 2 期。

③ 长沙方言调查中调查对象多为中年或老年人，所以实际注音时多参考《长沙方言词典》。

④ 岳阳方言没有如《长沙方言词典》这类权威文献标音，而且很多材料来自于日常生活，本文的方言注音多为本人的实地考察，部分参考方平权的《岳阳方言研究》。作者对新派语音较为熟悉，所以本文以新派语音为主。

陈　昭 女 25 岁 财务
丁　鑫 男 26 岁 审计
郑娭毑 女 60 岁 退休
李嗲嗲 男 78 岁 退休
岳阳方言发音合作人：
李健生 男 53 岁 国企工人
胡爱萍 女 50 岁 退休
唐　景 女 23 岁 护士

下面对符号的使用作一个说明：
(1) 使用国际音标来记录方言的元音、辅音。
(2) 使用五度制的数字来记录调值。
(3) 对一个词进行解释或举例的时候，这个词用 ~ 代替。
(4) 口语中存在，找不到相应的汉字，就用“□”代替。
(5) 轻声之前用点号标明。

二、长沙方言状态词缀

长沙市为湖南省会所在地，位于湖南省东部偏北，湘江下游。长沙方言是湘方言中发展变化较快的一支，方言学界有人把它作为“新湘语”的代表。以长沙话为代表的一类湘语主要特点是全浊塞音、塞擦音全部清化（以湘乡话为代表的另一类湘语仍保留浊音），而清化不以送气作为补偿手段，平声一律不送气、仄声有部分送气。长沙话原有尖团之分、舌尖前音与舌尖后音之分，到 20 世纪 90 年代，新派的这些差别都已消失。长沙话的鼻尾韵有前移的趋势，如［ŋ］变为［n］，［n］变为鼻化。长沙话还保留入声，自成一调，但无塞尾。长沙话与其他湘方言一样，只有子尾，没有儿尾，而且子尾非常丰富。普通话的儿尾，长沙话往往省略或用子尾，普通话和其他汉语方言不带儿尾、子尾的，长沙话也往往加上子尾。①

① 有关长沙方言简介摘自《湖南省志》第二十五卷，《方言志》（上册）第一章“长沙方言”。

下面用“+”号连接词根、词缀，词根主要用A或AB表示，AB-CD中相邻字母表示的成分语义关系近，如ADBC式（白不呲咧），A和BC（白呲咧）的关系近。

这里共收录长沙方言状态词缀178类，词517个。其中前缀5种，词缀75类，词127个；中缀7种，词缀26类，词50个；后缀11种，词缀77类，词340个。

（一）前缀

1. B+A式（单音节前缀“B”）（词缀61类，词113个）

精光、精瘦、浏清、溜清、白酸、浸酸、弄白、弄软、弄黄、□［koŋ²⁴］[①]黄、密黑、密严、□［mia⁵⁵］黑、□［mia⁵⁵］苦、□［kuan⁵⁵］绿、翡绿、纠绿、钉绿、飞嫲、滚嫲、翻嫲、烧热、啰熟、透鲜、透亮、泛亮、抿甜、津咸、撇淡、□［kua¹¹］涩、滑苦、□［lia⁵⁵］苦、□［ȵie⁵⁵］苦、稀洋、稀泻、稀乱［ɕi³³ lõ¹¹］、稀糟、稀烂、糜烂、统烂、统麻、纠麻、稀碎、醾碎、醾融、糜痨、纠痨、飞嫩、飞灵、飞薄、［lan］薄、劈直、壁敦、壁陡、拉稀、［pia¹¹］泻、巴硬、巴黏、巴涩、□［tian¹¹］巴、□［lən³³］泡、梆硬、梆紧、绷抻、绷紧、绷硬、绷脆、蜡软、蜡皮、蜡洋、蜡瘪、喷香、蒙细、拉粗、捞轻、钉重、崭齐、崭平、崭敦、崭新、焦干、焦枯、焦糊、价湿、拍实、拍饱、拍满、捞空、捞松、罄空、垮松、稀散、纠圆、溜圆、溜尖、溜平、溜光、令糟、令光、累肥、累壮、累胖、刮瘦、刮浑、刮毒、溜活、［lei³³］活、绷老、拍密、烹臭、烹腥、膟臭、匡臭

2. BB+A式（二音节前缀“BB”）（词缀2类，词2个）

麻麻黑［ma³³ · ma xə²⁴］、毛毛热［mau²⁴ · mau yẽ²⁴］

① 本文长沙方言中所有的国际音标注音，包括声调调值均参考《长沙方言词典》。

例解：①

麻麻黑：模模糊糊一片黑。例：天还冒亮，外面还是～。

毛毛热：微温。例：菜冷咖哒，饭还有点～。

3. CD＋AB式（二音节前缀"CD"）（词缀4类，词5个）

稀里胡涂、稀里哗啦、叽里呱啦、噼里啪啦、清丝蜜甜［ts'in33 sɿ33 mi24 tiẽ13］

例解：

清丝蜜甜：味道很甜。例：咯号橘子～的。

4. B＋A＋C＋A（多音节前缀"B""C"）（词缀4类，词4个）

挤密研密［tsi41 mi24 ŋa11 mi24］、板密研密［pan24 mi24 ŋa11 mi24］、雷急火急［lei13 tɕi24 xo41 tɕi24］、捞松垮松［lau33 soŋ33 k'ua11 soŋ33］

例解：

挤密研密：密密麻麻。例：天上的星星～，地上的石头挤得冒得条缝，拿起杂扫把打凤凰金龟，下下打不中。（儿歌）

雷急火急：很着急的样子。例：车就要开了，他才～赶到火车站。

5. BCD＋A式（三音节前缀"BCD"）（词缀3类，词3个）

嘿死八远［xə24 sɿ41 pa24 yẽ41］、哈死八远［xa33 sɿ41 pa24 yẽ41］、无时八晏［u13 ʂʅ13 ·pa ŋan55］

前缀能增加词语的程度，使其更生动形象。这些带前缀的词往往不能再受程度副词的修饰。（少数几个能受程度副词修饰。如："刮毒"、"刷亮。"）单音节前缀多读阴平和入声，但在口语中，经常变调成阴去来加重加深程度。

① 长沙方言中的例句，大部分来自《长沙方言词典》，还有一部分来自日常用语。

叠音双音节前缀也符合读音规律，第二音节轻声，更加重了整体的程度效果。前缀“稀里”、“噼里”常与词根“哗啦”、“呱啦”形成双声或叠韵关系，增强表现力。

（二）中缀

6. A + C + B 式（单音节中缀“C”）（词缀2类，词3个）

乡巴佬［ɕian^{33} pa^{33} lau^{41}］、精打光［tsin^{33} ta^{41} kuan^{33}］、稀巴烂［ɕi^{33} pa^{33} lan^{11}］

例解：

精打光：一点也不剩。例：他怕有可能蛮饿哒，把饭菜中恰得 ~

稀巴烂：很烂。例：那些个细牙崽（小孩子）就真有蛮烦躁，好好的蛋糕不恰，打得个 ~ 。

中缀的“稀巴烂”归到前缀类也不是不可以，因为“稀”、“巴”都是词缀，但是“稀烂”本来是个状态形容词，“巴”应该是后嵌进中间的词缀。所以归入中缀类，加了中缀“巴”后程度加重，还增加了贬义色彩。同样“精打光”也是一样，“精”、“打”都是词缀，“打”作为后嵌中缀程度重深。

7. A + C + AB 式（单音节中缀“C”）（词缀2类，词6个）

梦里梦冲［moŋ^{11} · li moŋ^{11} ts‘oŋ^{33}］、痞里痞气［p‘i^{41} · li p‘i^{41} tɕ‘i］、痗里痗气［mei^{33} · li mei^{33} tɕ‘i^{55}］、熨斯熨帖［y^{24} ʂɿ^{33} y^{24} t‘ie^{24}］、土里土气、神里神经

例解：

熨斯熨帖：干净整洁，办事情妥当。同“熨斯二帖”（属于“BC”中缀式）。例：你莫看他平时做事不怎么样啦，这件事还是搞得 ~ 哒。

梦里梦冲：头脑不清醒，胡思乱想，异想天开。例：你哪里咯样 ~ 啰，骂起叔叔哒。

痞里痞气：流里流气。例：一个 ~ 的家伙从公共汽车上下来。

“梦里梦冲”、“痞里痞气”这类的中缀“里”形成了一种“A 里

AB”的固定搭配，在长沙方言中，有不少这样的搭配，口语中更为常见，将“里”变调成轻声，“AB”重读常用于贬义。将词根“A”重叠后再加上中缀“里”构成“A里AB”式更增加了贬义色彩。

8. BA+C+A式（单章节中缀“C”）（词缀2类，词17个）

死咸子咸、死矮子矮、死慢子慢、死呆子呆、干冷子冷、嘎白子白、沤热子热（十分闷热）、哑红子红（红得不艳）

很冷八冷、很高八高、很快八快、很慢八慢、很早八早、很冷八冷、很晏八晏、很重八重、无晏十晏［u^{13} ŋan^{55} ʂʅ^{24}ŋan^{55}］

例解：

死咸子咸：很咸，咸得过分。例：他现在做菜有蛮难吃，~。

无晏十晏：很晚。例：你今天就要早点回来啦，莫像以前一样，一老~的。

“死A子A”也是一种长沙方言的固定搭配，“死”是程度副词，“子”无实义，两者与词根“A”一起更大程度地加深“A”的意义。中缀“子”不仅与“死”形成固定搭配，同时也能与其他一些副词搭配。如“哑红子红”的“哑”（暗，不鲜艳）。但“嘎白子白”、“沤热子热”这类情况，实际上这里的“嘎”、“沤”在这里并不是词汇义，只是起到描写作用，我们可以看为前缀。“子”为中缀时一般都是贬义。

“很A八A”这一固定搭配中的“八”却不太相同，一般由入声变调成轻声。口语时大多在第一词根“A”时稍作停顿，并且词根“A”大多为阴去调，这样就形成了明显的节奏感。加之副词“很”的修饰，口语中这般使用更能体现“A”的程度。这种搭配能类推，能够极大地加深语意。

9. A+D+BC式（单音节中缀“D”）（词缀2类，词4个）

馋巴□水［tsan^{13} · pa ie^{11} çyei^{41}］、汗巴水流［xan^{11} pa^{33} çyei^{41} liəu^{13}］、焦巴裂干［tsiau^{33} · pa lie^{55} kan^{33}］、乌黢麻黑［u^{33} ts‘i^{33} ma^{33} xə^{24}］

例解：

馋巴□水：形容小孩口里的口水多。例：莫紧得摸毛坨（小宝宝）的脸咯，搞得~的，又要换衣服。

汗巴水流：形容汗水很多。例：才洗哒澡又跑到外头去搞，搞得一身~的。

10. AB + D + C 式（单音节中缀“D”）（词缀6类，词7个）

吓煞巴人、胡说八道、死呆八板［sɿ41 ŋai13 pa24 pan41］、黄皮寡瘦［uan13 pi13 kua41 sə55］、歪头毁脑、巴不连得、结筋掼筋［tɕie24 tɕin33 kuan11 tɕin33］

例解：

吓煞巴人：相当吓人。例：崽也，你是冒看到那个车祸场面哦，~的，我腿都吓软哒。

结筋掼筋：同“结丝掼筋”，啰嗦，不干脆。例：咯个婆婆~讲了半天，我还是冒听懂。

纠缠不休。例：细牙子要听话，莫要咯样~。

死呆八板：很呆板。例：那个人做事一路就是~的，你又不是不晓得。

11. A + E + BCD 式（单音节中缀“E”）（词缀1类，词1个）

糊里马大海［fu13 · li m41 ta55 xai41］

例解：

糊里马大海：形容很脏，多指小孩。例：莫搞得一身~。

12. A + CD + B 式（二音节中缀“CD”）（词缀11类，词12个）

乱七八糟、乌七八糟、啰里巴唆［lo33 · li pa33 so33］、零打八碎［lin13 ta41 pa24 sei55］、来萨哒神［lai13 sa24 · ta ʂən13］、死洋蜡气［sɿ41 ian13 la24 tɕʻi55］、梆死八硬［pan33 sɿ41 pa24 ŋən11］、梆天石硬［pan33 tʻie33 ʂɿ24 ŋən11］、捞基垮松［lau33 · tɕi kʻua11 sog33］、蜡死

垮洋［la24 sɿ41 k'ua11 ian13］、熨斯二帖、结丝掼筋［tɕie24 sɿ33 kuan11 tɕin33］

例解：

零打八碎：零零碎碎。例：他屋里～的东西才多类。

来萨哒神：有精神干某事。例：一讲到玩，你就～。

捞基垮松：松松垮垮，活活动动。例：咯些椅子已经～的，小心它们垮啦。

死洋蜡气：有气无力的样子。例：球打输了，一个个～的。

蜡死垮洋：有气无力，同“死洋蜡气”。很软，多指物。例：这些菜还恰得呀，都～的，坏咯了吧。

梆天石硬（梆死八硬）：形容东西很硬，多指食物。例：咯号月饼～，咬都咬不动。

形容说话生硬。例：你讲话何改（为什么）是咯样～的咯，别个受不了撒！

态度强硬。例：看他那杂口气呀，～的，冒得一点让放得（没有一点退让的）。

“汗巴水流、焦巴裂干”中的“巴”不是嵌入原有词的。在《长沙方言词典》中，“汗巴水流”的“巴”读阴平［33］，可是实际口语中，“巴”在这种情况应该变调成轻声，作用是使其构成的词更具有描写性。同理“八”也是一样的，只是“八”在此处还是保留入声调，更显气势。如“死呆八板”、“胡说八道”。同“精打光”类似，“梆死八硬”中的“死八”也为后嵌式中缀。为了方便，没把它分入三音节前缀。“捞基垮松”、“蜡死垮洋”也是同样情况。

（三）后缀

13. A＋B式（单音节后缀“B”）（词缀12类，词27个）

结巴［tɕie24 pa33］、热和［ye24 ·xo］、灵泛［lin13 fan55］、圆泛［yẽ13 fan55］、囫泛［lõ13 fan55］、活泛［xo24 fan55］、活□［xo24 tʂ'ə24］、扎实［tsa24 · ʂʅ］、肥实［fei13 · ʂʅ］、恶实［o24 · ʂʅ］、面糊、哭巴［k'u pa33］、咽巴［ie11 pa33］、小气、硬气、土气、板

正、平正、稳当、妥当、勾搭、摆弄、作弄、糊弄、邪乎、玄乎、空洞

例：

活泛：动作机灵，同活□［tʂʻə^{24}］。例：咯杂牙崽好～的。

机器、部件转动自如。例：机子生哒锈，用起来不～哒。经济上宽裕。他咯几年搞得蛮～。

灵泛：机灵，聪明。例：咯杂牙崽就～啦，你一讲么子，他就晓得哪么做。

扎实：结实，牢固。例：你莫看我买的这杂盆子贵是贵啊，还是有蛮～的哦。

恶实：利害，严重。限做补语，表程度深。例：他咯一场病就病蛮～的。

长沙方言的单音状态后缀没有普通话那么丰富，不过同样能构成动词（勾搭）、形容词（热和）或者动名兼类词（结巴）。它们词性不同，描写的状态也有不同。动词都增加了动作的随意性、动态的反复性、动量的约束性（常是小动作）。这些动词甚至向形容词靠近，突出形态，具有某些形容词特点。大多数词可以加词缀“的”或构成 AABB 重叠式增强描写性，例如“妥当的、妥妥当当”等。形容词后缀表现某种“样貌”特征，常有一种加“的”变换式加强程度。（后文“AB 的”情况中分析。）这类形容词可以受程度副词修饰，但加“的”后的变换式不受程度副词修饰。这一特点在长沙方言和普通话中存在着共性。

14. AA + B 式（单音节后缀“B”）（词缀 2 类，词 11 个）

丫丫里［ŋa^{33} ŋa^{33} · li］、泼泼里［po^{55} po^{55} · li］、糠糠里［kʻan^{33} kʻan · li］、哆哆里［ya^{55} ya^{55} · li］、轻轻子、高高子、白白子［pə^{24} pə^{24} · ts］、□□子［lin^{33} lin^{33} · ts］、少少子、凉清清里［lian^{13} tsʻin^{55} tsʻin^{55} · li］、粉坨坨里［fən^{41} to^{13} to^{13} · li］

例解：

丫丫里：哇哇地。例：毛毛小婴儿饿得～哭。

泼泼里：（水、汤）沸腾的样子。例：锅里的水～开。

糠糠里：像筛糠一样浑身发抖，形容受惊吓或很冷的样子。例：冷得～。吓得他～。

凉清清里：形容凉的程度很深。例：热天里岳麓山白鹤泉的水～。

粉坨坨里：指某些食物纤维少而淀粉特别多。例：咯号红薯煮熟哒～。

粉嫩。例：你看那个小牙崽水色（脸色皮肤）几好，～。

□［lin^{33}］□子：悄悄地。例：他～走过来，把我吓得一弹吓得一跳。

“里”、“子”后缀经常伴随着重叠式出现，多数构成形容词。更为生动，给人感官更直接形象。“里”、“子”作为后缀时为轻声。

15“—的”式

（1）“BA的”式（后缀“的”，词159个）

浏清的、溜青的［liəu^{55} tsʻin^{33}ʻti］、溜清的［liəu^{55} tsʻin^{33} ·ti］、乌青的、乌黑的、甚白的［sən^{33} pə^{24} ·ti］、□白的［soŋ^{55} pə^{24} ·ti］、刷白的［ɕya^{55} pə^{24} ·ti］、嘎白的［ka^{41} pə^{24} ·ti］、嘎粗的［ka^{11} tsʻəu^{33} ·ti］、弄白的［lən^{55} pə^{24} ·ti］、弄软的［lən^{55} yẽ^{41} ·ti］、弄黄的［lən^{55}uan^{13} · ti］、□［koŋ^{24}］黄的、聋软的、聋白的、聋黄的、聋泡的［lən^{33} pʻau^{33} ·ti］、聋薄的［lən^{33} po^{24} ·ti］、齁咸的、墨黑的［mə^{55} xə^{24} ·ti］、密黑的［mi^{55} xə^{24} ·ti］、□［mia^{55}］黑的、咩黑的、□［kuan^{55}］绿的、翡绿的［fei^{55} ləu^{24} ·ti］、纠绿的［tɕiəu^{13} ləu^{24} ·ti］、钉绿的［tin^{55} ləu^{24} ·ti］、共绿的、冰清的［pin^{33} tsʻin^{55} ·ti］、清凉的［tsʻin^{55} lian^{13} ·ti］、滚开的［kuən^{41} kʻai^{33} ·ti］、飞㸆的［fei^{33} o^{55} ·ti］、滚㸆的［kuən^{41} o^{55} ·ti］、翻㸆的［fan^{33} o^{55} ·ti］、烧热的［ʂau^{33} yẽ^{24} ·ti］、啰熟的［lo^{33} ʂəu^{24} ·ti］、透鲜的［tʻəu^{55} siẽ^{33} ·ti］、透亮的［tʻəu^{55} lian^{11}（或lian^{55}）·ti］、泛亮的［fan^{55} lian^{11}（或lian^{55}）·ti］、刷亮的［ɕya^{55} ian^{11} ·ti］、清甜的［tsʻin^{33}或（tsʻin^{55}）tie^{13} ·ti］、抿甜的［min^{55} tie^{13} ·ti］、津咸的［tsin^{33} xan^{13} ·ti］、撇淡的［pʻie^{41} tan^{11} ·

ti] 或 [p'ia^{41} tan^{11} ·ti]、□[kua^{11}]涩的、滑苦的[ua^{55} k'u^{41} ·ti]、□[lia^{55}]苦的、□[ȵie^{55}]苦的、□[mia^{55}]苦的、□苦的[ya^{55} k'u^{41} ·ti]、咩苦的、白酸的[tɕiəu^{55} sõ^{33} ·ti]、浸酸的[tsin^{55} sõ^{33} ·ti]、精酸的、稀洋的[ɕi^{33} ian^{13} ·ti]、稀泻的[ɕi^{33} sia^{55} ·ti]、稀乱的[ɕi^{33} lõ^{11}]、稀糟的[ɕi^{33} tsau^{33} ·ti]、稀烂的[ɕi^{33} lan^{11} ·ti]、糜烂的[mi^{33} lan^{11} ·ti]、咩烂的、统烂的[t'oŋ^{41} lan^{11} ·ti]、统麻的[t'oŋ^{41} ma^{13} ·ti]、纠麻的[tɕiəu^{33} ma^{13} ·ti]、稀碎的[ɕi^{33} sei^{55} ·ti]、稀旧的[ɕi^{33} tɕiəu^{55} ·ti]、醾碎的[mi^{33} sei^{55} ·ti]、醾融的[mi^{33} (mie^{55}) iog^{13} ·ti]、咩融的、咩痨的、糜痨的[mi^{55} (mie^{55}) lau^{13} ·ti]、纠痨的[tɕiəu^{33} lau^{13} ·ti]、飞嫩的[fei^{33} lən^{11} ·ti]、飞红的[fei^{33} xən^{24} ·ti]、飞灵的[fei^{33} lin^{13} ·ti]、飞薄的[fei^{33} po^{13} ·ti]、[lan^{33}]薄的、[ʂə^{33}]薄的、飞嬬的[fei^{33} o^{55} ·ti]、翻嬬的[fan^{33} o^{55} ·ti]、滚嬬的[kuan^{41} o^{55} ·ti]、滚开的[kuan^{41} k'ai^{33} ·ti]劈直的[p'ia^{24} tʂʅ^{24} ·ti]、壁敦的[pi^{24} tən^{55} ·ti]、壁陡的[pi^{24} təu^{41} ·ti]、拉稀的[la^{11} ɕi^{33} ·ti]、[pia^{11}]泻的、巴碾的[pa^{33} ȵie^{11} ·ti]、巴黏的[pa^{33} ȵia^{13} ·ti]、巴涩的[pa^{33} tɕie^{24} ·ti]、□[tian^{11}]巴的、□[lən^{33}]泡的、梆硬的[pan^{33} ŋən^{11} ·ti]、梆紧的[pan^{33} tɕin^{41} ·ti]、绷抻的[poŋ^{33} tʂən^{33} ·ti]、绷紧的[poŋ^{33} tɕin^{41} ·ti]、绷硬的[poŋ^{33} ŋən^{11} ·ti]、绷脆的[poŋ^{33} ts'ei^{55} ·ti]、蜡软的[la^{24} yẽ^{41} ·ti]、蜡皮的[la^{24} pi^{13} ·ti]、蜡洋的[la^{23} ŋaŋ^{24} ·ti]、[la^{24} ian^{13} ·ti]、蜡瘪的[la^{24} pie^{41} ·ti]、喷香的[p'oŋ^{55} ian^{33} ·ti]、蒙细的[moŋ^{33} si^{55} ·ti]、蚊细的、蚊碎的、咩碎的、拉粗的[la^{24} ts'əu^{33} ·ti]、捞轻的[lau^{33} tɕ'in^{33} ·ti]、飙轻的[p'iau^{33} tɕ'in^{33} ·ti]、钉重的[tian^{55} tʂoŋ^{11} ·ti]、崭齐的[tsan^{41} tsi^{13} ·ti]、崭平的[tsan^{41} pin^{13} ·ti]、崭敦的[tsan^{41} tən^{55} ·ti]、崭新的[tsan^{41} sin^{33} ·ti]、焦干的[tsiau^{33} kan^{33} ·ti]、焦枯的[tsiau^{33} k'u^{33} ·ti]、焦糊的[tsiau^{33} fu^{13} ·ti]、价湿的[tɕia^{55}(或 tɕie^{55}) ʂʅ^{24} ·ti]、拍实的[p'a^{24} ʂʅ^{24} ·ti]、拍饱的[p'a^{24} pau^{41} ·ti]、拍满的[p'a^{24} mõ^{41} ·ti]、捞空的[lau^{33} k'oŋ^{33} ·ti]、捞松的[lau^{33} soŋ^{33} ·ti]、罄空的[tɕ'in^{55} k'oŋ^{33} ·ti]、垮松的[k'ua^{11} soŋ^{33} ·ti]、稀散的[ɕi^{33} san^{33} ·ti]、纠圈的

[tɕiəu^{33} lõ^{24} · ti]、溜圈的 [liəu^{33} lõ^{24} · ti]、溜尖的 [liəu^{55} tsie^{33} · ti]、溜平的 [liəu^{55} pin^{13} · ti]、溜光的 [liəu^{55} kuan^{33} · ti]、令糟的 [lin^{55} tsau^{33} · ti]、令光的 [lin^{55} kuan^{33} · ti]、累肥的 [lei^{33} fei^{13} · ti]、累壮的 [lei^{33} tɕyan^{55} · ti]、累胖的 [lei^{33} pʻan^{55} · ti]、刮瘦的 [kua^{24} səu^{55} · ti]、刮浑的 [kua^{24} fən^{33} · ti]、溜活的、□活的 [lei^{33} xo^{24} · ti]、绷老的 [poŋ^{33} lau^{41} · ti]、密严的 [mi^{55} gan^{13} · ti]、拍密的 [pʻa^{24} mi^{24} · ti]、烹臭的 [pʻən^{33} tʂʻau^{55} · ti]、烹腥的 [pʻən^{33} sin^{55} · ti]、膀臭的 [pʻan^{33} tʂʻau^{55} · ti]、匡臭的 [kʻuan^{33} tʂʻau^{55} · ti]、攀 [pʻan^{33}] 腥的、攀馊 [səu^{33}] 的、攀香的、攀臭的、逗霸的 [təu^{55} pa^{55} · ti]、嘎木的 [ka^{41} mu^{55} · ti]、□木的 [kua^{11} mu^{55} · ti]、亲像的 [tɕʻin^{33} tɕʻian^{11} · ti]、捏像的 [ȵie^{24} tɕʻian^{11} · ti]、通红的 [tʻən^{33} xən^{24} · ti]、通亮的 [tʻən^{33} lian^{11} · ti]

例解：

溜青的：（头发或布帛）很黑。例：她头发～。

溜清的：（水）很清澈。例：山里的泉水～。

刷亮的：很光亮。例：皮鞋刷得～。

刷白的：很白，同"□ [soŋ^{55}] 白的"。多指墙壁、瓷器、纸张。例：墙壁～。

嘎白的：惨白。例：他的脸～。

嘎粗的：等于"拉粗的"。

弄白的：很白。例：～纸。毛毛他脸上～。

弄软的：很软。例：刚生下来的毛毛一身～。

弄黄的：很黄。例：他病哒一场狠的，脸上～。

□ [koŋ^{24}] 黄的：很黄。例：他的手熏得～。

密黑的：同"墨黑的"、"□ [mia^{55}] 黑的"。

□ [kuan^{55}] 绿的：绿得使人讨厌。例：那汤～，只怕恰不得哒。

裴绿的：很绿。例：菜叶子～。

钉绿的：很深的绿。例：毯子～。

飞薄的：很薄。例：饼子煎得～。

飞嫩的：很嫩。多指蔬菜。例：～黄瓜。

飞灵的：很灵验。例：主任亲自出马，包你~，问题保险能解决。

飞燗的：同“翻燗的”、“滚燗的”。都是很烫。

啰熟的：很熟。例：田里的泥巴踩得~，熟化了的土壤，适合耕种。

抿甜的：很甜，同“清甜的”。例：稀饭里放了好多糖，~。

津咸的：很咸。同“咸津的”、“齁咸的”。例：这是哪个搞的饭咯，~。

撇淡的：很淡。例：汤里冒放盐，~。他一向对咯号事看得~。

□［kua¹¹］涩的：很涩。例：咯号柿子恰不得，~。

巴涩的：很涩口。例：柿子~。

巴黏的：很黏。例：咯号家伙~。

巴碾的：（汁液）很浓、很稠。例：咯碗茶~。稀饭煮得~。

滑苦的：味道很苦。同“□［lia⁵⁵］苦的”、“□［ȵie⁵⁵］苦的”、“□［mia⁵⁵］苦的”、“□［ya⁵⁵］苦的”。例：咯号药恰得口里~。

臼酸的：同“浸酸的”、“精酸的”，很酸。例：咯一点泡萝卜~。

稀洋的：同“蜡洋的”。（衣服、纸等）皱得很利害。例：衣服穿得~哒。

稀泻的：很稀。例：~泥巴。

稀碎的：同“糜碎的”。例：很碎。咯回买的米~。

稀糟的：很糟。例：咯件事搞得~。

很乱。例：教室里搞得~。

稀乱的：很乱。例：头发被风吹得~。

稀烂的：很破，很碎。例：咯件衣服~撒，叫我何是穿啰。

稀散的：很散。例：咯碗蒸鸡蛋冒蒸好，~。

统麻的：（质量或水平）很差、很低。例：咯件衣服~，我要买件好的。

统烂的：很破烂。例：那件衣服穿得~。

纠麻的：极差。例：他的字写得~。

（经济）很拮据。例：咯向搞得~，欠哒一身债。

纠痨的：（蔬菜、水果等因失去水分而）严重地萎缩。例：你何解买了一把~白菜回来哒。

纠绿的：很糟糕。例：咯号事情你何是叫他搞咯，搞得～。

纠圈的：同“溜圈的”。

［lan^{33}］薄的：很薄。例：肉切得～。

［$ʂə^{33}$］薄的：很薄。例：咯种纸～。

劈直的：讲直话，直来直去，很直。例：我是一个直性子的人，只晓得～。

壁陡的：（山崖、山坡）非常陡。例：咯座山～。

壁敦的：（物体）竖得非常直，（人）站立得很直。例：学生牙子个个站得～。

耷泡的：很松软。例：馒头蒸得～。

蜡皮的：酥脆的东西受潮后就韧。例：花生～不好恰哒。

很疲倦的样子。例：挑哒一天砖，□［lia^{24}］累得～。

蜡瘪的：很瘪。例：肚子饿得～。

蜡软的：很软。例：柿子～，恰不得哒。

形容疲乏无力。例：走哒一天路，两只脚～。

令糟的：很脆。例：刚炒的花生，～。

令光的：很光滑。例：头发梳得～。

一点也不剩。例：咯个月的钱用得～哒。

绷脆的：（食物）很脆。例：～泡萝卜。

说话爽快干脆。例：她答应得～。

绷抻的：很直，布或绳子的两头拉得很直很紧。例：绳子扯得～。

绷紧的：同“梆紧的”。

绷硬的：同“梆硬的”。

蒙细的：同“蚊细的”，很细。例：蚊子声音～。

捞轻的：很轻的。例：咯只塑料盆子～。

捞松的：很松散。（跟“紧”相对）。例：咯只背包捆得～，要重新捆过一下。

（肌肉）很松弛。例：你莫看他胖，他身上的肉都是～。

钉重的：很重。例：咯块板子～。

崭齐的：同“齐崭的”。很整齐。例：书架上的书摆得～。

崭敦的：很硬又很平整。例：咯一叠钞票～。

崭新的：同“新崭的”。很新。例：一双鞋子~，他就不穿哒。

刮浑的：很浑浊。例：水~。

刮毒的：非常狠毒。

刮瘦的：很瘦。例：她病得~哒。

价湿的：很湿。例：一身~，你到哪里去哒咯。

拍实的：里面塞得很满或者很紧。例：感冒哒，鼻子里~。

拍密的：很密。例：车子里好多人，挤得~。

拍饱的：很饱。例：肚子里~，不想恰饭。

拍满的：很满。例：口袋里塞得~。

捞空的：很空。例：早上冒恰饭，肚子里~。

罄空的：很空。例：一楼的两间住房，被偷得~。

醺碎的：同“稀碎的”。

醺融的：同“糜烂的”。（食物）煮得很烂。例：牛肉燉得~。

纍肥的：很肥。一般用于动物，用于人，则表贬义。例：猪喂得~。

累壮的：（人）很强壮，结实。例：那只后生子小伙子~。

（动物）很肥。例：咯只鸡~。

膵臊的：（气味）很臊。例：尿~。

膵臭的：同“烹臭的”、“匡臭的”。很臭。例：沟里的泥巴~。

在长沙方言中，有很多“BA的”中“B”变为55（阴去调），不论“B”原先读什么调，通过变调后所表示的程度更深了。例如：清［tsʻin^33］甜的—清［tsʻin^55］甜的。经过两者对比，后一种形式比前一种形式表示的程度更深一些。据张小克统计，长沙方言中约有28%的“BA的”式形容词具有这种变化，在他列举了“BA的”式这类词共200条中，变调的有63条（张小克，2004）。本文列举此类变调的词53条。如：

弄［lən^33］白的－弄［lən^55］白的、□［mia^33］苦的－□［mia^55］苦的、□［mie^33］苦的－□［mie^55］苦的、□［lia^33］苦的－□［lia^55］苦的、□［ȵia^33］苦的－□［ȵia^55］苦的、□［ȵie^33］苦的－□［ȵie^55］苦的、哇［ua^33］苦的－哇

［ua⁵⁵］苦的、聋［lən³³］薄的－聋［lən⁵⁵］薄的、□［ʂə³³］薄的－□［ʂə⁵⁵］薄的、精［tɕin³³］光的－精［tɕin⁵⁵］光的、溜［liau³³］光的－溜［liau⁵⁵］光的、□［lin³³］光的－□［lin⁵⁵］光的、焦［tɕiau³³］干的－焦［tɕiau⁵⁵］干的、精［tɕin³³］干的－精［tɕin⁵⁵］干的、□［mə³³］黑的－□［mə⁵⁵］黑的、糜［mi³³］黑的－糜［mi⁵⁵］黑的、□［mia³³］黑的－□［mia⁵⁵］黑的、咩［mie³³］黑的－咩［mie⁵⁵］黑的、糜［mi³³］烂的－糜［mi⁵⁵］烂的、咩［mie³³］烂的－咩［mie⁵⁵］烂的、糜［mi³³］痨的－糜［mi⁵⁵］痨的、咩［mie³³］痨的－咩［mie⁵⁵］痨的、糜［mi³³］融的－糜［mi⁵⁵］融的、咩［mie³³］融的－咩［mie⁵⁵］融的、冰［pin³³］冷的－冰［pin⁵⁵］冷的、清［tɕ'n³³］凉的－清［tɕ'in⁵⁵］凉的、清［tɕ'in³³］甜的－清［tɕ'in⁵⁵］甜的、抿［min³³］甜的－抿［min⁵⁵］甜的、通［t'ən³³］红的－通［t'ən⁵⁵］红的、弄［lən³³］黄的－弄［lən⁵⁵］黄的、聋［lən³³］泡的－聋［lən⁵⁵］泡的、聋［lən³³］软的－聋［lən⁵⁵］软的、价［tɕia³³］软的－价［tɕia⁵⁵］软的、价［tɕia³³］湿的－价［tɕia⁵⁵］湿的、溜［liau³³］平的－溜［liau⁵⁵］平的、溜［liau³³］尖的－溜［liau⁵⁵］尖的、溜［liau³³］活的－溜［liau⁵⁵］活的、溜［liau³³］乌的－溜［liau⁵⁵］乌的、乌［u³³］青的－乌［u⁵⁵］青的、纠［tɕiau³³］酸的－纠［tɕiau⁵⁵］酸的、精［tɕin³³］酸的－精［tɕin⁵⁵］酸的、津［tɕin³³］咸的－津［tɕin⁵⁵］咸的、绷［pən³³］硬的－绷［pən⁵⁵］硬的

这些前缀都是由阴平调变成阴去调。又如：

刷［ɕya²⁴］白的－刷［ɕya⁵⁵］白的、刷［ɕya²⁴］亮的－刷［ɕya⁵⁵］亮的、□［kən²⁴］黄的－□［kən⁵⁵］黄的、□［lən²⁴］黄的－□［lən⁵⁵］黄的

这些则是由原来的入声调变成阴去调，很明显，这样的情况比较少。也有词根“A”变调成［⁵⁵］阴去调，表示程度更深。如：

溜滑［u^{24}］的－溜滑［u^{55}］的、拔实［$ʂʅ^{24}$］的－拔实［$ʂʅ^{55}$］的、拍实［$ʂʅ^{24}$］的－拍实［$ʂʅ^{55}$］的（入声变阴去）、刷亮［$lian^{41}$］的－刷亮［$lian^{55}$］的、泛亮［$lian^{41}$］的－泛亮［$lian^{55}$］的、透亮［$lian^{41}$］的－透亮［$lian^{55}$］的（上声变阴去）

“BA 的”式结构是长沙方言的鲜明特色之一。“BA”一般是形容词加上“的”字这一状态后缀形成的一种特殊的状态形容词。“BA 的”式相当于普通话中的“很 A”。在长沙方言里，这种“的”字状态词缀很多，本节列出了 159 个。对于这个“的”的性质，各家看法不同。有学者认为这个“的”并不是“BA 的”形容词内部的一部分，有学者一方面将这类词称为“很 X 的”类形容词，另一方面又认为其中的“的”是“表示定语关系的助词”（伍云姬，1999），不免有些自相矛盾。我们认为“BA 的”中的“的”是这个形容词内部不可缺少的一个成分，说得更确切些是个后缀。①由于它读为轻声［ti］，和长沙方言里相当于北京话“的”的结构助词同音，在书面上也写作“的”，但它和结构助词“的”是形同实异。在本文中，我们认为“的”是使“BA”更加生动形象，有更丰富的语用能力的状态词缀。

在“BA 的”式结构中，也有不少学者对“B”提出异议。据张小克的研究，他指出长沙话里 200 个“BA 的”式形容词中，有 81 个不同的“B”，并且从音、义两方面论证了“B”应该看做前缀，我们也认可这一看法。①通过上例的词，我们可以看到大多数的“B”的是没什么具体意义的，本身的词汇意义已经虚化，其作用只是附在词根“A”前，表示程度的加深。如：钉绿的——锭绿的、甸重的——钉重的、纠绿的——韭绿的、啰熟的——糯熟的、累肥的——累肥的、弄白的——聋白的、墨黑的——咩黑的、价湿的——加湿的、滑苦的——哇苦的、壁陡的——笔陡的、臼酸的——纠酸的、喷香的——烹香的、膵臭的——烹臭的，以及“糜碎的、密严的、津咸的”等，这些记写“B”的汉字可以同相近读音的汉字相互替换与词根“A”组成意思相

① 张小克：《长沙方言中的“BA 的”式形容词》，《方言》2004 年第 3 期，第 274—283 页。

近的词。很显然，它们只起到了记音的作用，并不表示具体词汇意义。②还有第二类的“B”，构词能力具有能产性[①]，虽然此类“B”和第①类一样，语源不明，语义虚化。但是一个“B”能与不同的“A”组合，都表“A”的程度很高。如“溜”：~平的、~光的、~活的、~滑的、~尖的、~圞的、~清的；“飞”：~薄的、~红的、~绿的、~灵的、~嫩的、~熘的；“捞”：~粗的、~空的、~泡的、~平的、~轻的、~松的、~稀的；“拉”：~稀的、~软的、~皱的、~碎的、~粗的、~饱的、~枯的等。像这样的“B”还有不少，但有的只能和少数几个“A”组合。如“滚、拍、弄、梆、巴”等。像第①类和第②类的“B”不仅能进入“BA的”式组合，而且如果没有“的”时，单独与“A”组合，这时的“BA”中的“B”就是状态前缀，即本文之前所说的单音节前缀。

当然在“BA的”式结构中，并不是所有的“B”的语义都虚化了。如：冰凉的、雪白的、清凉的等，普通话中常用到，长沙方言也会用到。这里的“B”有实在意义，不是词缀，而是词根。

（2）“AB的”式（词21个）

咸津的、花弄的、活泛的、热和的、灵泛的、圆泛的、圞泛的、活泛的、活嫩的、扎实的、肥实的、恶实的、面糊的、哭巴的、咽巴的、硬气的、土气的、板正的、平正的、稳当的、妥当的

在谈单音后缀时说到过，加“的”的变换式能加强程度。与“BA的”式一样的，“AB的”式也是长沙方言的特色之一，只是相对而言，数量较少。“B”也是词缀，在口语里，常为阴去调和阳平调。阴去：“灵泛的”、“圆泛的”、“土气的”、“稳当的”等（这些原来就是阴去），“恶实的”（入声变阴去），阳去：“哭巴的”、“咽巴的”、“咸津的”、“面糊的”等（阴平变阳平）。

16. AB+C式/A+B+C式[②]（单音节后缀“C”）（词缀2类，词

① 《湘方言词汇研究》，第六章 湘方言中的附加式合成词，第一节 附加式状态形容词。

② 用“+”来表示成分之间的语义关系的远近。

35 个）

盖嘎哒、活嫩哒［xo^{24} lən^{55} · ta］、花弄哒［fa^{33} log^{55} · ta］、恶筛哒［o^{24} sai^{33} · ta］、热伤哒［ye^{24} ʂan^{33} · ti］、雾扎哒、朽俫哒［ɕiəu^{41} ie^{11} · ta］、朽□哒［ɕiəu^{41} kan^{11} · ta］、恨毒哒［xən^{55} təu^{24} · ta］、奸潜哒、大懂哒［tai^{11} toŋ^{41} · ta］、劲格哒［tɕin^{55} kə^{24} · ta］、酸臼哒、喜饱哒、笑哈哒［siau^{55} xa^{41} · ta］、笑眯哒［siau^{55} mi^{55} · ta］、气□哒［tɕʻi^{55} kua^{13} · ta］、气臭哒［tɕʻi^{55}］、冷臭哒、喜仰哒、吓猛哒、吓散哒、策兮哒、来萨哒［lai^{13} sa^{24} · ta］、鼾噗哒［xan^{33} pu^{13} · ta］、灰雾哒［fei^{33} u^{11} · ta］、热醉哒、冷醉哒、整齐子、干净子、漂亮子、雪白子、通红子、□［lan^{33}］嫩子、臭气子［tʂʻau^{55} tɕʻi^{55} · tsɿ］

例解：

花弄哒：花色十分鲜艳（多指布料或衣服）。例：如今的乡里妹子一个个都穿得～。

活嫩哒：活蹦乱跳的，限指鱼虾等动物，一般不指人。例：今天买的鱼蛮新鲜，只只～。

恶筛哒：非常凶恶的样子。例：下次买东西再莫到那家店去了，那家老板娘～。

雾扎哒：同“雾雾扎扎”。因雾气或扬起的灰尘很厚，或因眼睛有毛病，看东西非常模糊，也指十分不清楚。例：十几个人在房子里蹦蹦跳跳，搞得～。

鼾噗哒：鼾声大作的样子。例：我的个娘啊，这是睡觉还是干嘛，一躺下来就～。

劲格哒：神气十足的样子（多含贬义）。例：得哒八十多分就～，别个（别人）得了九十多分都冒咯号样子。

朽□［ie^{11}］哒：很骄傲自大（与“劲格哒”义近，也多含贬义）。例：我看不惯他咯样范（样子），～的。

恨毒哒：恨极了。例：～那些坏家伙。

状态后缀“哒”是长沙方言中比较有鲜明特点的，一般为轻声。

与“AB的”不同的是，“B”有的是词缀，有的是词根。有的“B”无词汇义，并且能变换成“AB的”形式，但是由于口语习惯，还是常用于“AB哒”式。（A+B+哒）如“酸臼哒”、“劲格哒”、“雾扎哒”等。还有的“B”是词根，并与“哒”和词根“A”一起组合成为大多数为形补或动补的词，进一步扩展了词根“A”的程度，如上列“热醉哒”、“雪白子”两类带“哒、子”的词。为了加强气势，口语中，“A”如果变调成入声，“B”相对变调成阴去调。如：“活嫩哒”、“花弄哒”、“吓猛哒”等。“A”如果变调成阴去，“B”相对变成阳平和入声调。如：“劲格哒”、“恨毒哒”等。特别是“气臭哒”、“热醉哒”这类“B”，是长沙方言中特有表达程度的词。“子”也常与形容词组合，并且在长沙方言中，与“子”组合的形容词“AB”还能进行重叠，成为：“AABB子”（AB子→AABB子），如“整齐子”—“整整齐齐子”、“漂亮子”—“漂漂亮亮子”、“雪白子”—“雪雪白白子”“干净子”—“干干净净子”等。这样更增加了描写性与程度性。同样的，“子”作为后缀时为轻声。

17. AB+CD式/AB+C+D式（二音后缀“CD”）（词缀6类，词9个）

快活溜哒［k‘uai^{55} xo^{13} liəu^{33} · ta］、快乐恋哒［k‘uai^{55} xo^{13} liẽ^{33} · ta］、活泛溜哒［xo^{24} fan^{55} liəu^{33} · ta］、劲起□哒［tɕin^{55} tɕ‘i^{41} ie^{33} · ta］、客气□［ie^{11}］哒［k‘ə^{24} tɕ‘i^{55} ie^{33} · ta］、大套糊哒［tai^{11} t‘au^{55} fu^{33} · ta］、亲热倒哒［ts‘in^{33} ye^{24} tau^{33} · ta］、像死火哒、讲死火哒

例解：

活泛溜哒：机灵（灵活、宽裕）得很。同“活泛的”，但程度更深。

大套糊哒：大大咧咧的样子。例：你和他不蛮熟，就在人家屋里~，连礼貌都不懂。

劲起□［ie^{33}］哒：劲头十足，有用不完的劲。例：搞他自己想搞的事就~。

客气□［ie^{11}］哒：非常客气。例：昨天我到小王屋里去，他一屋人都~。

这类类似于“A+B+哒”式，只是词根由单音节变成了双音节（AB+C+哒），“C”是后缀，与“A+B+哒”式不同，它们不能去掉后缀“哒”和“的”字组合。“CD”中“C”为阴平，“D”为轻声。“客气□［ie^{11}］哒”中“□”本声是阳去调，但作为后缀进入词语后变为阴平。

把“像死火哒”、“讲死火哒”放在这一类中，因为“死火”也是长沙方言中表示程度的后缀。

18. ABB式（二音节后缀“BB”）（词缀28类，词41个）

水垮垮［ɕyei^{41} kua^{33} kua^{33}］、馋滴滴［tsan^{13} tia^{33} tia^{33}］、辣呵呵［la^{24} xo^{33} xo^{33}］、油咧咧［iəu^{24} lie^{55} lie^{55}］、痒兮兮［ian^{41} ɕi^{33} ɕi^{33}］、筋暴暴［tɕin^{33} pau^{55} pau^{55} · ti］、凉悠悠［lian^{13} iəu^{33} iəu^{33}］、汗浸浸的［xan^{11} tsin^{55}（或 ts'in^{55}）tsin^{55}（或 ts'in^{55}）· ti］、汗巴巴［xan^{11} pa^{33} pa^{33}］、酸白白［sõ^{33} tɕiau^{55} tɕiau^{55}］、胖乎乎［p'an^{55} fu^{33} fu^{33}］、热乎乎［ye^{24} fu^{33} fu^{33}］、哈乎乎［xa^{41} fu^{33} fu^{33}］、油乎乎［iəu^{24} fu^{33} fu^{33}］、硬梆梆［gən^{11} pan^{33} pan^{33}］、紧梆梆［tɕin^{33} pan^{33} pan^{33}］、松垮垮［sog^{33} k'ua^{33} k'ua^{33}］、水淋淋［ɕyei^{41} lin^{33} lin^{33}］、湿淋淋［ʂʅ^{24} lin^{33} lin^{33}］、血淋淋［ɕie^{24} lin^{24} lin^{24}］、泪汪汪［lei^{24} uan^{33} uan^{33}］、水汪汪［ɕyei^{41} uan^{33} uan^{33}］、油汪汪［iəu^{24} uan^{33} uan^{33}］、血糊糊［ɕie^{24} fu^{24} fu^{24}］、酸溜溜［sõ^{33} liau^{33} liau^{33}］、笑哈哈［siau^{55} xa^{33} xa^{33}］、乐呵呵［luə^{55} xo^{33} xo^{33}］、笑呵呵［siau^{55} xo^{33} xo^{33}］、笑眯眯［siau^{55} mi^{33} mi^{33}］、喜眯眯［ɕi^{41} mi^{55} mi^{55}］、红扑扑［xog^{24} p'u^{33} p'u^{33}］、静悄悄［tɕin^{55} tɕ'iau^{33} tɕ'iau^{33}］、冷清清［len^{33} tɕ'in^{33} tɕ'in^{33}］、假惺惺［tɕia^{33} ɕin^{33} ɕin^{33}］、病怏怏［pin^{55} ian^{33} ian^{33}］、齐崭崭［tɕi^{24} tsan^{33} tsan^{33}］、空捞捞［k'oŋ^{33} lau^{55} lau^{55}］、光溜溜［kuan^{33} liau^{33} liau^{33}］、空洞洞［k'oŋ^{33} toŋ^{55} toŋ^{55}］、孤单单［ku^{33} tan^{33} tan^{33}］、皱巴巴［tsəu^{55} pa^{33} pa^{33}］

双音节后缀“BB”经常与形容词词根和名词词根一起构成

“ABB”重叠式。受普通话影响，长沙方言中，这类重叠式有很多是相似的。“BB”不能单独使用，但也有以下几种情况。①“干巴巴”、“乐呵呵”、“热乎乎”等，这类“ABB”式，是形容词词根“A”加上状态词缀“BB”，也是我们最常见的“ABB”式结构，后缀“BB”一般读为阴平［33］。②“水淋淋”、“血淋淋”、“泪汪汪”、“水汪汪”、“血糊糊”等，词根“A”是名词，与状态后缀“BB”一起组合成了状态词。③“空捞捞”、“光溜溜”、“紧梆梆”、“齐崭崭”“酸臼臼”等，这类比较特殊，是由“BA”逆转后再重叠尾音而成。“BA→（AB）→ABB”。④“空洞洞”这类是单音后缀“B”重叠，“AB”是可以成词的，在长沙方言里这类很少，主要是受了普通话的影响。“AB＋B→ABB”。⑤与④不同的是，“AB”不能成词。这类“B”不是单音后缀重叠，而是必须以双音重叠的形式存在。如“皱巴巴”、“松垮垮”，但是这类词还可以把词根“A”重叠，构成“AABB”式。

“ABB”式也同样可以加上后缀“的”变换成“ABB的”加强式。加上“的”后，不管原来双音后缀“BB”为何音调，都会变成阴平。

19. AA＋BB式（二音节后缀“BB”）（词缀7类，词8个）

慢慢细细［man^{11} · man si^{55} si^{55}］、摸摸细细［mo^{33} · mo si^{55} si^{55}］、慢慢吞吞［man^{11} · man t‘ən^{33} t‘ən^{33}］、密密麻麻［mi^{55} · mi ma^{33} ma^{33}］、皱皱巴巴、松松垮垮、苦苦滴滴、雾雾扎扎［u^{11} u^{11} tsa^{11} · tsa^{11}］

“AABB”式在长沙方言中并不是很多。上文提到过能把双音双叠省略前叠音而成“ABB”式，“AABB－ABB”，如“皱皱巴巴”、“松松垮垮”。但还有些不能省略前叠音，只能以“AABB”形式存在。如：“慢慢细细”、“摸摸细细”、“慢慢吞吞”，词根在重叠后变为轻声。“雾雾扎扎”是由“雾扎”重叠而来，后缀“扎”在重叠后变为轻声。去掉叠音后可加后缀“的”或“哒”，形成“雾扎的”、“雾扎哒”变换式。

“AABB”也能加上后缀“的”成为“AABB的”变换式。

“ABB”式、“AABB”式有与其他同类结构区别的问题。首先是不同于句法（形态）重叠式，如“空旷旷”、“红红火火”、“说说笑笑”，前两个有原形词“空旷”、“红火”，且“旷”、“火”也是词根；后一个“说”和“笑”是两个词，重叠后构成并列词组。长沙方言受普通话的影响，这类形式有很多。但在这里，“BB”是词根，不是词缀。

20. AB + CD式（二音节后缀“CD”）（词缀7类，词10个）

装佯妈绿［tɕyau^{33} ian ·ma ləu］、装佯意子［tɕyau^{33} ian^{13} ·i ·tsɿ］、胡子拉沙［fu^{13} ·tsɿ ·la sa^{33}］、眼泪巴沙［ŋan^{41} li^{24} ·pa sa^{33}］、造孽巴沙［tsau^{11} ȵie^{24} ·pa sa^{33}］、作孽巴沙、闹雾哒堆［lau^{11} u^{11} ·ta tei^{33}］、吵雾哒堆［tsʻau^{41} u^{11} ·ta tei^{33}］、乌焦巴弓［u^{33} tsiau^{33} ·pa koŋ^{33}］、老实巴交

例解：

装佯妈绿：明知道却装作不知道。也作假装之意。同“装佯意子”。例：咯笔钱放哪里，你问他们一屋人搞么子咯，他们全～，会告诉你？

胡子拉沙：形容满脸胡子未加修饰。例：他屋里出了咯号事，看他这几天都是的～，作孽啊。

眼泪巴沙：两眼流泪的样子。例：我是看不得她，一天天～的相。

造孽巴沙：同“作孽巴沙”，很可怜的样子。例：咯只细牙子哭得～的，何解咯？

“装佯妈绿”这是典型的具有长沙方言特色的词，状态后缀“妈绿”无实在意义，并且“妈绿”可以替换成“马碌”等相近的音，只是一个单纯的语用标记。后缀“巴沙”也是常见的方言词缀。长沙方言中，不仅可以与名词连用，也能与形容词连用，构成具有方言特色的状态词。但是组合能力不强，仅限于构成几个表达让人感动可怜的词。如：“可怜（形）巴沙”、“造孽（形）巴沙”、“眼泪（名）巴沙”。这几个词都形象地表达了一种弱势的意蕴。

21. A + BCD 式（三音节后缀“BCD”）（词缀 7 类，词 11 个）

猛天搭地［moŋ^{41} tʻiẽ^{33} ta^{24} · ti］、半（二）不阑干［põ^{55}（ə^{55}）pu^{24} lan^{13} kan^{33}］、神不愣通［ʂən^{13} pu^{24} lən^{33} tʻoŋ^{33}］、哈不愣通、毛糊隆咚［mau^{13} · fu loŋ^{13} toŋ^{33}］、灰糊隆咚［fei^{33} · fu loŋ^{13} toŋ^{33}］、灰不隆通、霉糊隆咚［mei^{13} · fu loŋ^{13} toŋ^{33}］、油糊隆咚［iəu^{13} · fu loŋ^{13} toŋ^{33}］、叨儿啷当、蠢不待发［tɕʻyn^{41} pu^{24} tai^{55} fa^{24}］

例解：

猛天搭地：做事冒失、莽撞。例：啊也，你用手去抓电线啊，何是咯样 ~ 啰！

不知天高地厚。例：你 ~ 咧，咯号水平还想当冠军啦，不在头轮被淘汰就好了。

半不阑干：同“二不阑干”，事情只做到一半。例：做好事要做到底，做到 ~ 有么子用咯？

神不愣通：愣头愣脑。例：莫 ~ 咯，咯点咖子汤放咯多盐。

发神经。例：她受了刺激，有点 ~ 哒。

毛糊隆咚：形容有毛的动物或是物体的不整洁令人生厌或生畏的样子。例：刚才一只 ~ 的东西从我脚边跑过去，吓了我一跳。

灰糊隆咚：同“灰不隆通”，满是灰尘的肮脏样子。例：你看你咯，下午刚换的衣服，搞得 ~ 的。

霉糊隆咚：同“霉不隆通”。食物发霉或衣服长满了霉的样子。例：咯个面包 ~ 的，恰不得了。

蠢不待发：死不开窍，很笨。例：他硬是 ~，教几遍也不会做。

哈尔滨方言中“红不棱登”、“花不棱登”、“滑不唧溜”、“灰不溜丢”、“酸不溜丢”的后缀“不棱登”、“不溜丢”与长沙方言中“神不愣通”、“灰不愣通”中的后缀“不愣通”是一个意思，只是存在着方言读音和表达上的差异。具体不能解释成什么意思，只是表达某种感觉，更大程度地加强了描写性，使表达生动、形象。相对于“不愣通”，状态后缀“糊隆咚”的描写性更强，所表达的程度也更深。

22. A + B + A + B 式（二音节后缀“B”“B”）（词缀 2 类，词 5 个）

瘸起瘸起［mei^{33} · tɕʻi mei^{33} · tɕʻi］、皱起皱起、脔起脔起［lõ^{33} · tɕʻi lõ^{33} · tɕʻi］、□起□起［mei^{11} · tɕʻi mei^{11} · tɕʻi］、云里雾里［yn^{13} · li u^{55}u^{11} · li］

例解：

瘸起瘸起：没精打采。你何是咯样～啰？

脔起脔起：萎靡不振的样子。咯只人一路来都是咯样～。

□［mei^{11}］起□起：暗地里，暗中。莫看他平时没学什么，他是～用功。

云里雾里：糊里糊涂，弄不明白。你咯样一讲，反而把我搞得～哒。

后缀“B”重叠，为轻声。“A起A起”是一个固定格式，常用来描摹“A”的状态，重叠词根后，加深程度，增强表现力度。

23. AB＋CDE式（三音节后缀“CDE”）（词缀3类，词3个）

泥巴糊卤哒［ȵi^{13} · pa fu^{13} ləu^{41} · ta］、喜欢不恋哒、朽得一□起［ɕiəu^{41} · tə i^{24} kan^{11} · tɕʻi］

例解：

泥巴糊卤哒：到处都是泥巴。例：你到哪里玩去来，搞得一身～。

朽得一□［kan^{11}］起：得意、骄傲的样子。例：你看他啰，发表哒一篇小文章，就～。

二、岳阳方言状态词缀

岳阳境内方言复杂，有湘语，有赣语和西南官话，而且互相影响。洞庭湖以西、长江以北，是广大的西南官话区，幕阜山、云以东山区，绵延着漫长的赣方言地域，市辖区湘阴县和汨罗市西南部，和湘语的典型——长沙话的中心地带连成一片。①岳阳市在洞庭湖的东边，划分在湘语区方言点内（李蓝，1994）。由于地理位置的特殊和经济建设的发

① 方平权：《岳阳方言研究》，湖南师范大学出版社1999年版。

展，岳阳方言逐渐形成差异较大的老派和新派①。方平权提出（方平权，1999），岳阳话经历了一个由与北趋同变为与南趋同的过程的观点。他认为老岳阳话受临湘路北、华容这些紧靠长江、洞庭湖地带的影响，较多的具有西南官话的特征；而新岳阳话数十年来受岳阳县东北乡话的侵染，则带有了赣语的色彩。本文对岳阳方言状态词缀的语音描写，都是属于新派岳阳话。

下边共列举词缀 145 类，词 512 个。其中分为前缀 5 种，词缀 56 类，词 96 个；中缀 8 种，词缀 29 类，词 104 个；后缀 8 种，词缀 60 类，词 312 个。

（一）前缀

1. B + A 式（单音节前缀“B”）（词缀 47 类，词 84 个）

结湿［tɕie^{55} sɿ^{55}］、价湿［tɕia^{55} sɿ^{55}］、刷白［sua^{55} pʻə^{55}］、刷亮［sua^{55} liaŋ^{33}］、精瘦［tɕin^{33} səu^{324}］、精光［tɕin^{33} kuaŋ^{33}］、溜光［liəu^{33} kuaŋ^{33}］、溜清［liəu^{33} tɕʻin^{33}］、溜尖［liəu^{33} tɕian^{33}］、溜活［liəu^{33} xo^{55}］、□黑［mia^{55} xə^{55}］、□圆［lən^{33} yan^{13}］、累肥［lei^{33} fei^{13}］、累胖［lei^{33} pʻaŋ^{324}］、累壮［lei^{33} tsuaŋ^{324}］、□粗［mən^{33} ʦʻəu^{33}］、□细［mən^{33} ɕi^{324}］、浸甜［tɕʻin^{324} tʻian^{13}］、菲嫩［fei^{33} lən^{31}］、飞嫩［fei^{33} lən^{31}］、飞灵［fei^{33} lin^{13}］、飞薄［fei^{33} pʻo^{324}］、滑苦［ua^{55} kʻu^{51}］、浸酸［tɕʻin^{324} suan^{33}］、白酸［tɕiau^{324} suan^{33}］、津咸［tɕin^{33} xan^{13}］、嫩白［lən^{31} pʻə^{55}］、甸重［tian^{33} tsʻoŋ^{31}］、钉重［diaŋ^{33} tsʻoŋ^{31}］、撩清［liau^{33} tɕʻin^{33}］、撩生［liau^{33} sən^{33}］、透亮［tʻəu^{324} liaŋ^{33}］、通亮［tʻoŋ^{33} liaŋ^{33}］、寡黄［kua^{51} faŋ^{13}］、寡白［kua^{51} pʻə^{55}］、瘪淡［pʻia^{51} tʻan^{31}］、喷香［pʻən^{324} tɕiaŋ^{33}］、烹香［pʻəŋ^{324} ɕiaŋ^{33}］、喷臭［pʻən^{324} tsʻəu^{324}］、膀臭［pʻaŋ^{33} tsʻəu^{324}］、

① 岳阳境内方言复杂，根据《湖南方言的分区评述及再分区》的“声韵调系统的三重投影法”，把岳阳方言划分在湘语区方言点内。但是平江划分在赣语区方言点内。岳阳县方言属于湘语还是赣语，至今仍有争议。本文主要描写的是岳阳市城区新派方言，仍然是湘语，只是受到赣语的影响，带有了赣语色彩而已。

匡臭［guaŋ^{33} ts‘əu^{324}］、胮腥［p‘aŋ^{33} çin^{33}］、巴碾［pa^{33} ȵia^{13}］、巴黏［pa^{33} ian^{13}］、梆硬［paŋ^{33} ŋən^{31}］、梆紧［paŋ^{33} tɕin^{51}］、绷抻［pəŋ^{33} ts‘ən^{33}］、绷紧［pəŋ^{33} tɕin^{31}］、绷硬［pəŋ^{33} ŋn^{31}］、绷脆［pəŋ^{33} ts‘uei^{324}］、蜡软［la^{55} yan^{51}］、蜡皮［la^{55} p‘i^{13}］、蜡洋［la^{55} iaŋ^{13}］、蜡瘪［la^{55} pie^{55}］、拉粗［la^{33} ts‘əu^{33}］、拉稀［la^{33} çi^{33}］、捞轻［lau^{33} tɕ‘in^{33}］、捞空［lau^{33} k‘oŋ^{33}］、捞松［lau^{33} soŋ^{33}］、崭齐［tsan^{35} tɕ‘i^{13}］、崭平［tsan^{51} p‘in^{13}］、崭新［tsan^{51} çin^{33}］、焦干［tɕiau^{33} kan^{33}］、拍实［p‘ə^{55} sʅ^{55}］、拍饱［p‘ə^{55} pau^{51}］、拍满［p‘ə^{55} man^{51}］、拍密［p‘ə^{55} mi^{55}］、罄空［tɕ‘in^{55} k‘oŋ^{33}］、垮松［k‘ua^{51} soŋ^{33}］、垮烂［gua^{51} lan^{31}］、稀散［çi^{33} san^{51}］、稀烂［çi^{33} lan^{31}］、糜烂［mi^{14} lan^{31}］、统烂［t‘oŋ^{51} lan^{31}］、统麻［t‘oŋ^{51} ma^{13}］、纠麻［tɕiau^{33} ma^{13}］、稀碎［çi^{33} ts‘ei^{324}］、令糟［lin^{33} tsau^{33}］、令光［lin^{33} kuaŋ^{33}］、刮瘦［kua^{55} səu^{324}］、刮白［kua^{55} p‘ə^{55}］、刮浑［kua^{55} fən^{14}］、密严［mi^{55} ŋan^{14}］、道静［tau^{31} tɕ‘in^{31}］

例解：①

道静：很安静。例：住在这里还是很好的，蛮～。

岳阳方言单音前缀与长沙方言单音前缀有很多是重复的，区别就在读音上。在岳阳方言语音中，处于两字组后为阴去声的一般要重读，处于词缀地位的词一般要轻读（方平权，1999）。大部分词语都遵循这一语音规律。如："统烂"两个都为阳去调，但是"统"轻读，"烂"重读。但是也有特例，如"瘪淡"，两个都为阳去，但是"瘪"字重读了。本身为阴去调的，仍为阴去调。总的来说，前缀"B"多为阴平和阳平。前缀不仅能增加程度，也能加强描写性，这些大多被包含在带"的"的后缀中，能与"的"组合构成"BA的"式，也能与"哒"组合构成"BA哒"式。

2. BB＋A式（二音节前缀"BB"）（词缀2类，词3个）

① 岳阳方言和长沙方言中重复出现的词缀不再单独举出例句，并且已有例句的词语，又被归纳于其他词缀类别时，也不再单独举出例句。

麻麻黑、麻麻糊［ma^{13} ma^{13} ·fu］、嘛嘛糊［ma^{31} ma^{31} ·fu］

例解：

麻麻糊：凌乱，一团糟。例：这几天~，搞不清坨。

嘛嘛糊：相近于“马虎”。例：嗯莫做事都这么~好吧！

3. BCD+A式（三音节前缀“BCD”）（词缀1类，词1个）

稀死垮烂［ɕi^{33} sɿ^{51} k‘ua^{51} lan^{31}］

例解：

稀死垮烂：非常地乱。例：不晓得他昨天出了么里什么事，他回来的时候衣服都是~的。

4. CD+AB式（二音节前缀“CD”）（词缀2类，词3个）

稀里胡涂、稀里哗啦、叽里呱啦

二音节前缀不多，普通话中也有同样的说法。“稀里”这个词缀比较普遍，但在岳阳方言中，为了突出表现力，增加气势，将阴平变调成阴去。

5. BCD+A式（三音节前缀“BCD”）（词缀4类，词5个）

嘿死八远［xə^{55} sɿ^{51} ·pa yan^{51}］、哈死八远［xa^{33} sɿ^{51} ·pa yan^{51}］、捞基垮松［lau^{33} ·tɕi k‘ua^{51} soŋ^{33}］、蜡死垮洋［la^{55} sɿ^{51} k‘ua^{51} iaŋ^{13}］、无时十晏［u^{13} sɿ^{55} ·sɿŋan^{55}］

例解：

嘿死八远：很远。同“哈死八远”、“呵远八远”。例：嗯看他屋里咯些亲戚咯，他一出事，都跑得~，人呐！

无时十晏：很晚。同“呵晏八晏”、“无晏八晏”。例：嗯自己看看钟，都~了，嗯才晓得回来。

（二）中缀

6. A + C + B 式（单音节中缀"C"）（词缀 2 类，词 4 个）

亘哒亘［kən^{51} · ta kən^{51}］、稀巴烂［ɕi^{33} · p‘a lan^{31}］、暴哒暴［pau^{324} · ta pau^{324}］、单哒单［tan^{33} · P‘a tan^{33}］

例解：

暴哒暴：突然之间。例：几年不见，要是~看到嗯，我还不认得哒。

亘哒亘：整整地。例：那件事，我~搞了两年。

单哒单：单独地。例：我反正是~一个人住，几点回去都冒事。

7. A + C + AB 式/B + C + BA 式（单音节中缀"C"）（词缀 6 类，词 34 个）

哪里哪糊［la^{55} · li · la · fu］、麻里麻糊［ma^{55} · li · ma · fu］、泻里泻糊［ɕia^{324} · li · ɕia · fu］、马里马糊［ma^{33} · li · ma · fu］、炸里炸糊［tsa^{324} · li · tsa · fu］挫里挫形［ts‘io^{324} · li · ts‘io · ɕin］、牙里牙炸［ŋa^{33} · li · ŋa · tsa］、神里神经［sən^{13} · li · sən · tɕin］、上忙上紧［saŋ^{31} · maŋ · saŋ · tɕin］、下里下作［ɕia^{31} · li · ɕia · tso］、宝里宝气［pau^{51} · li · pao tɕ‘i］、土里土气［t‘u^{51} · li · t‘u · tɕ‘i］、傻里傻气［xa^{51} · li · xa · tɕ‘i］、苕里苕气［sau^{13} · li sau · tɕ‘i］、港里港气［kaŋ^{51} · li · kaŋ · tɕ‘i］、浮里浮气［p‘au^{13} · li · p‘au · tɕ‘i］、邋里邋萨［la^{324} · li la^{324} · sa］、邋里邋遢、古里古怪、龌里龌龊、娇里娇气［tɕiau^{33} · li · tɕiau · tɕ‘i］、□里□气［ȵia^{33} · li ȵia · tɕ‘i］、嗲里嗲气［tia^{51} · li · tia · tɕ‘i］、老里老气［lau^{51} · li lau · tɕ‘i］、屌里屌气［tiau^{51} · li · tiau · tɕ‘i］、猛里猛气［meŋ^{51} · li · meŋ · tɕ‘i］、流里流气［liəu^{13} · li · liəu · tɕ‘i］、怂里怂气［soŋ^{13} · li · soŋ · tɕ‘i］、骚里骚气［sau^{33} · li · sau · tɕ‘i］、朽里朽气［ɕiəu^{51} · li · ɕiəu tɕ‘i］、拍丝拍满［pə^{55} · sɿ · pə · man］、寡支寡白［k‘ua^{51} · tsɿ · k‘ua · p‘ə］、笔打笔直［pi^{55} · ta · pi · ts‘ʅ］、笔工笔直［pi^{55} · ŋoŋ · pi · ts‘ʅ］

例解：

哪里哪糊：不讲卫生，同“泻里泻糊”。例：他有蛮~，一身邋遢死哒也不洗澡。

对食物的品种和质量不讲究，能吃。例：她吃东西太~哒，所以长不好。

牙里牙炸：胡乱的。例：这么好的西装，~穿到他身上糟蹋哒。讨厌。嗯莫~管咯么多搞么哩。

挫里挫形：很土，没气质。例：嗯看他咯，~的，穿么哩都只这样范。

下里下作：贬义，既有下流，又有无耻的意思。例：嗯莫哧那个男人，他有点~。

苕里苕气：很不明理。例：嗯只怕有点~吧！乱七八糟，神里神经。电视看得~冒得味。“苕”原指红薯。在岳阳叫“茴”，因为是一种廉价高产的粗粮，不被看重。旧时岳阳多产红薯，外地人谩骂岳阳人常为“岳阳苕”或简称“苕”。

港里港气：很土气，落伍。例：嗯莫~好吧，现在哪个还这么穿啦！

□［ȵia^{33}］里□气：形容十分娇气，多指别人说话、动作、表情做作。同“娇里娇气”、“嗲里嗲气”。例：嗯讲话莫这么~好吧，受不了啊！

流里流气：形容不正经，下流。例：要嗯屋里的小妹子注意点啦，莫哧（理会）街上咯些~的小操子（小混混），现在的社会太乱了。

怂里怂气：形容动作、语气、表情等让人感觉很土，很没气质甚至很难看。例：嗯看他屋里牙崽像前世里冒恰过东西样的，恰餐饭都这么~的。

浮里浮气：指心气浮动，做事不踏实。例：嗯这么~哦哩怎么搞得事好。

邋里邋萨：形容不讲卫生，很脏。同“邋里邋遢”。例：他里一家人都~，一个月看洗哒个吧澡不。

笔打笔直：形容很直。同“笔工笔直”、“笔溜子直”。例：这棵树长得~。

指不良的习惯经严格约束得到改正。例：他学三年手艺，尽师傅整得~。径直。~往前走，莫转弯。

中缀“C”为轻声。这类词，长沙方言中也有不少。所不同的是，长沙方言中，只是中缀“C”变为轻声，其他的不变，并且，“AB”会重读，常为贬义。在岳阳方言中，也常为消极意思，但“AB”也变调念轻声。“A里AB”式是固定结构，在湘方言中尤为常见。这种格式，是把“A”重叠，再加上中缀“C”。我们把“AB”看做词根语素，但是实际上并非完全如此。前文所说的，把“精打光”、“稀巴烂”中的中缀“打”、“巴”视为后嵌入式。这里的“丝”、“支”、“打”也可视为后嵌中缀。所不相同的，“精光”本身就是一个状态词，而这里，除了“哪哪糊”、“麻麻糊”、“泻泻糊”可以看做这样的组合外，其他在岳阳方言中，不存在“挫挫形”、“神神经”、“笔笔直”这种说法。

“里”字中缀形成固定结构，如“宝里宝气”一词，实际是由“宝气”（AB）发展而来，“A气”组成一个形容词（AB→A里AB），先加上后缀“B”（气），再重叠词根“A”，把中缀“里”嵌入重叠词根之间。这是标准的“A里AB式”。“A里A气”式很具有方言特色，“A”是描绘人的品性的词，描写性很强，具有评议性，该式有两个特点：（1）只能评议人，不能评议物。（2）表示消极方面的品质性格特征。不过还有一种情况，如：“哪里哪糊”、“拍丝拍满”等词（下画线标出），不是重叠词根了，而是词缀重叠，再把中缀“里”后嵌入重叠词缀之间。如果我们用“A”来表示词根的话，实际上这类确切来说应该归为“B+C+BA式”，同样的，也是由“BA”发展而来（BA→B里BA）。“A里AB”式也能变成加“的”的加强式。

这里的“里”，我们认为它是一个状态中缀。但是很多学者有不同的看法，有人认为“里”是助词，和“A…AB”一起凑足四个音节，加强语气（彭逢澍，1999）。有人认为“里”作为状态词缀提供了重要证据。“里”起了两个作用：（1）衬音，成为语法重叠的标志；（2）增强贬义色彩（刘叔新，1990）。“牙里牙炸”、“神里神经”这两个词的“AB”是双音词根，把第一个词根重叠，“里”再嵌入重叠词根之间。

8. BA + C + A 式（单音节中缀“C”）（词缀 2 类，词 32 个）

无大马大［u^{13} ta^{31} ·ma ·ta］、无高马高［u^{13} kau^{33} ·ma ·kau］、无长马长［u^{13} ts‘aŋ^{13} ·ma ·ts‘aŋ］、无丑马丑［u^{13} ts‘au^{51}·ma ·ts‘au］、无贵马贵［u^{13} kuei^{324} ·ma ·kuei］、无多马多［u^{13} to^{33} ·ma ·to］、无重马重［u^{13} ts‘oŋ^{31} ·ma ·ts‘oŋ］、无远马远［u^{13} yan^{51} ·ma ·yan］、无深八深［u^{13} sən^{33} ·pa ·sən］、无粗八粗［u^{13} ts‘əu^{33} ·pa ·ts‘əu］、无宽八宽［u^{13} k‘uan^{33} ·pa ·k‘uan］、无臭八臭［u^{13} ts‘əu^{324} ·pa ·ts‘əu］、无久八久［u^{13} tɕ‘iəu^{51} ·pa ·tɕ‘iəu］、无亮八亮［u^{13} liaŋ^{31} ·pa ·liaŋ］、无歹八歹［u^{13} tai^{51} ·pa ·tai］、无厚八厚［u^{13} xəu^{324} ·pa ·xəu］、呵早八早［xɤ^{33} tsau^{51} ·pa ·tsau］、呵晏八晏［xɤ^{33} ŋan^{324} ·pa ·ŋan］、呵蠢八蠢［xɤ^{33} tɕ‘yn^{51} ·pa ·tɕ‘yn］、呵迟八迟［xɤ^{33} ts‘ɿ^{13} ·pa ·ts‘ʅ］、呵假八假［xɤ^{33} tɕia^{51} ·pa ·itɕa］、呵大八大［xɤ^{33} ta^{31} ·pa ·ta］、呵久八久［xɤ^{33} tɕiəu^{51} ·pa ·tɕiəu］、呵深八深［xɤ^{33} sən^{33} ·pa ·sən］、呵宽八宽［xɤ^{33} k‘uan^{33} ·pa ·k‘uan］、呵长八长［xɤ^{33} ts‘aŋ^{13} ·pa ·ts‘aŋ］、呵厚八厚［xɤ^{33} xəu^{31} ·pa ·xəu］、呵远八远［xɤ^{33} yan^{51} ·pa ·yan］、闷多八多［mən^{33} to^{33} ·pa ·to］、闷早八早［mən^{33} tsau^{51} ·pa ·tsau］、闷久八久［mən^{33} tɕiau^{51} ·pa ·tɕiau］、闷长八长［mən^{33} ts‘aŋ^{13} ·pa ·ts‘aŋ］

中缀“马”、“八”常用在“无 A 马 A”、“呵 A 八 A”、“闷 A 八 A”的固定搭配中，他们的组合能力很强，“A”都是形容词语素，“无”是副词，但用在“无 A 马 A”格式中，不是“没有，不”等否定义，而是表达“很 A”的意思。“呵”、“闷”是岳阳方言（“闷”为华容县方言，但岳阳市也受其影响普遍使用），相当于普通话中的“很”，也是副词。与长沙方言中“很 A 八 A”是一致的。“呵 A 八 A”、“闷 A 八 A”更大程度地表达“很 A”的意思，但是比“很 A”这类的表达描写性更强，形式更多样。词缀“马”、“八”读轻声，副词性的“无”、“呵”、“闷”重读。口语里，“呵”、“闷”有时会出现两读。“呵”由阴平［33］变成阳去［31］，“闷”由阴平［33］变成阴去［324］。词根“A”重叠后，第一个重读，第二个轻读，为轻声。

“八”可以换成“巴”，没有区别。在湘方言中，“蛮A八（巴）A”式、“好A八（巴）A”式也很常见，一般来说这些“B”是可以替换的。

与上文这种格式相似的一种格式同样是“BA+C+A”式，但是不同的是，“B”是前缀，不是词根。由单音前缀加上形容词词根再加上“八（巴）”，最后加上重叠词根。（BA→BA巴A）

如：稀烂巴烂、稀泻巴泻、稀碎巴碎、捞松巴松、溜圆巴圆、溜尖巴尖、溜壮巴壮、拍满巴满、焦干巴干、价湿巴湿、梆硬巴硬、梆紧巴紧、挤密巴密、累壮巴壮、累肥巴肥、拉粗巴粗、瘪淡巴淡

绝大部分的带单音前缀所构成的“BA”式形容词都有“BA+八（巴）+A”形式，比普通的“BA”式程度更深，也包含人不满意的情绪，具有贬抑的附加色彩。因此少数本身有褒义倾向的“BA”式便不用于“BA八（巴）A”式。① 如：溜活 溜活巴活＊、拍饱 拍饱巴饱＊、喷香 喷香巴香＊、崭新 崭新巴新＊。（罗昕如，2006）

9. A+D+BC式（单音节中缀“D”）（词缀2类，词5个）

红乓紫绿［xoŋ^{13} p‘aŋ^{33} tsɿ^{51} ləu^{324}］、青乓紫绿［tɕ‘in^{33} p‘aŋ^{33} tsɿ^{51} ləu^{324}］、馋巴噎水［ts‘an^{13} · pa ie^{324} suei^{51}］、汗巴水流［xan^{31} · pa suei^{51} liəu^{13}］、焦巴裂干［tsiau^{33} · pa lie^{55} kan^{33}］

例解：

红乓紫绿：红一块，青一块，形容受伤后全身挂彩的样子。同“青乓紫绿”。例：嗯在哪里被人打得这么~咯。

单音中缀比较少，“巴”较为常见。做词缀时，为轻声。

10. A+C+B+C（多音节中缀“C”）（词缀3类，词4个）

嘻哩哼哩［ɕi^{55} · li xoŋ^{33} · li］、千哩千哩、拍咚满咚、密叽挨

① ＊号表示错误的使用例子。

叽［mi^{55} ·tɕi ŋa^{33} ·tɕi］

例解：

嘻哩哼哩：形容态度不严肃，轻视，嘻嘻哈哈的。例：嗯莫～，这不是搞得好玩的事情。

密叽挨叽：人挨着人，没有空隙。形容十分拥挤。例：好像东西不要钱一样的，打年货的人～，走都走不动了。

把中缀“C”重叠，构成“A＋C＋A（B）＋C式”，严格说是中缀加后缀，词缀都读轻声。“拍咚满咚”是由“拍满”发展而来，与“拍拍满满”同义，比“拍满”更形象，生动。

11. A＋CD＋B式（二音节中缀“CD”）（词缀8类，词18个）

乌焦麻黑［u^{33} ts‘iau^{33} · ma xə^{324}］、乌区巴黑［u^{55} tɕ‘iəu^{33} · pa xə^{324}］、乱七八糟［lan^{31} · tɕ‘i · pa · tsau^{33}］、乌七八糟［u^{33} · tɕ‘i · pa · tsau^{33}］、啰里巴唆［lo^{33} · li · pa so^{33}］、笔溜子直［p‘i^{55} liəu^{33} · tsɿ ts‘ɿ^{55}］、精老巴苦［tɕin^{33} · lau · pa k‘u^{31}］、精老巴瘦［tɕin^{33} · lau · pa səu^{324}］、拎老巴光［lin^{33} · lau · pa kuaŋ^{33}］、梆老巴硬［paŋ^{33} · lau · pa ŋən^{31}］、瘪老巴淡［p‘ia^{51} · lau · pa t‘an^{31}］、稀老巴烂［ɕi^{33} · lau · pa lan^{31}］、稀老巴泻［ɕi^{33} · lau · pa ɕia^{324}］、飞老巴快［fei^{33} · lau · pa k‘ua^{324}］、糜老巴烂［mi^{13} · lau · pa lan］、乱里巴搞［lan^{31} · li · pa kau^{31}］、梆死八硬［pan^{33} sɿ^{51} · pa ŋən^{31}］、梆天石硬［pan^{33} t‘ian^{33} sɿ^{55} ŋən^{31}］

和长沙方言一样，二音节中缀在岳阳方言里比较少。受普通话的影响，普通话中常见的“中缀”在湘方言中也常使用。“老巴”是比较具有方言特色的中缀，和“稀巴烂”中的单音节中缀“巴”一样，都属于后嵌式中缀。插入在能独立存在的“BA”式形容词中间。“乱里巴搞”比较特殊，“乱搞”是个动词。

12. AB＋D＋C式（单音节中缀“D”）（词缀2类，词3个）

吓煞巴人［xɤ^{55} sa^{55} · pa ʐən^{13}］、胡说八道［fu^{13} ɕye^{55} · pa tau^{31}］、死呆八板［sɿ^{51} ŋai^{13} · pa pan^{51}］

13. AB + D + C 式（单音节中缀“D”）（词缀 4 类，词 4 个）

黄皮寡瘦［uan^{13} pi^{13} kua^{51} səu^{324}］、结筋掼筋［tɕie^{55} tɕin^{33} kuan^{31} tɕin^{33}］、扭筋绊筋［niəu^{51} tɕin^{33} p‘an^{324} tɕin^{33}］、歪头毁脑［uai^{33} t‘əu^{13} fuei^{51} lau^{51}］

（三）后缀

14. A（C） + B 式（单音节后缀“B”）（词缀 15 类，词 36 个）

停乎［t‘in^{13} · fu］、信乎［ɕin^{324} · fu］、泻乎［ɕia^{324} · fu］、热乎［ʐə^{55} · fu］、差乎［ts‘a^{33} · fu］、傻气［xa^{51} · tɕ‘i］、小气［ɕiau^{51} · tɕ‘i］、硬气［ŋən^{31} · tɕ‘i］、土气［t‘əu^{51} · tɕ‘i］、板正［pan^{51} · tsən］、平正［p‘in^{13} · tsən］、稳当［uən^{51} · taŋ］、妥当［t‘o^{51} · taŋ］、勾搭［kəu^{33} · ta］、摆弄［p‘ai^{51} · noŋ］、作弄［tso^{55} · noŋ］、糊弄［fu^{31} · noŋ］、邪乎［ɕie^{13} · fu］、玄乎［ɕuan^{13} · fu］、炸乎［tsa^{324} · fu］、空洞［k‘oŋ^{33} · t‘oŋ］、扎实［tsa^{55} · sʅ］、硬实［ŋəŋ^{31} · sʅ］、厚实［xəu^{31} · sʅ］、结实［tɕie^{55} · sʅ］、足实［tsəu^{55} · sʅ］、圆纠［yan^{13} · tɕiəu］、圆□［yan^{13} · lən］、酸赳［suan^{33} · tɕiəu］、活泛［xo^{55} · fan］、灵泛［lin^{13} · fan］、结巴［tɕie^{55} · pa］、清常［tɕ‘in^{33} ts‘aŋ^{13}］、磨漆［mo^{33} tɕ‘i］、轻拷［tɕ‘in^{33} k‘au］、无怪乎［u̧^{13} kuai^{324} · fu］

例解：

足实：充足。例：他的钱赚哒蛮~。

磨漆：形容动作十分的慢。“磨”在岳阳话中指动作慢之意。例：嗯在搞么哩啊，~样的。

在岳阳方言中，后缀主要为轻声，这和北方方言一样。状态后缀不仅与形容词组合，也能和动词组合。与之搭配的词根“A”多为去声（阴去和阳去）和入声。只有“清常”（清楚，清醒，明白）中，后缀“常”保留原声［阳平］。这是因为“常”字语义虚化不彻底，仍有原来的“常识常理”的意思。“磨漆”中的后缀“漆”并不是油漆之意，而是一个相近的音的记音符号。状态后缀组成的词与状态前缀组成的词不同，前面一般都能受程度副词的修饰。在岳阳方言中，最常见就是受“蛮”、“好”、“几”等程度副词修饰。

15. “—的”

BA + C 式（单音节后缀“C”，“BA 的”式）（词 93 个）

壁陡的、膟肿的［p‘aŋ^{33} tsoŋ^{51} · ti］、膟臭的、结湿的、价湿的、刷白的、刷亮的、精瘦的、精光的、溜光的、溜清的、溜尖的、溜活的、□［mia^{55}］黑的、□［lən^{33}］圆的、累肥的、累胖的、累壮的、□［mən^{33}］粗的、□［mən^{33}］细的、浸甜的、菲嫩的、飞嫩的、飞灵的、飞薄的、滑苦的、浸酸的、臼酸的、津咸的、嫩白的、甸重的、钉重的、撩清的、撩生的、透亮的、通亮的、寡黄的、寡白的、瘪淡的、喷香的、烹香的、喷臭的、[illegible]的、膟腥的、巴硍的、巴黏的、梆硬的、梆紧的、绷抻的、绷紧的、绷硬的、绷脆的、蜡软的、蜡皮的、蜡洋的、蜡瘪的、拉粗的、拉稀的、捞轻的、捞空的、捞松的、崭齐的、崭平的、崭新的、焦干的、拍实的、拍饱的、拍满的、拍密的、罄空的、垮松的、垮烂的、稀散的、稀烂的、糜烂的、统烂的、统麻的、纠麻的、稀碎的、令糟的、令光的、刮瘦的、刮白的、刮浑的、密严的、道静的、汲奥的［tɕi^{55} ŋau^{324} · ti］、空朗的、空捞的、做死的、冰凉的、雪白的、烧热的

例解：

撩清的：很清澈。例：嗯看这条小沟的水咯，~。

撩生的：很生，多指食物没弄熟。例：嗯哦哩煮得饭咯，~。

“的”后缀是湘方言的一大特色，同样也是岳阳方言的一大特点。其组合特点与长沙方言类似。（包括“BA 的”式，“AB 的”式。）“的”为轻声［· ti］，作为词缀的“B”一般读阴平［^{33}］和阴去［^{324}］。岳阳方言中，处于词缀地位的词一般为轻读，但是在“BA 的”格式中有些不同，由于有一个后缀“的”，在口语中前缀“B”要重读。

16. AA + B 式（单音节后缀“B”）（词缀 3 类，词 5 个）

亘亘哩 [kəŋ^{51} kəŋ^{51} · li]、哼哼哩 [xəŋ^{11} xəŋ^{11} · li]、争争乎 [tsən^{33} tsən^{33} · fu]、欠欠乎 [tɕʻan^{324} tɕʻan^{324} · fu]、将将得 [tɕiaŋ^{33} tɕiaŋ^{33} · tə]

例解：

亘亘哩：完全，整个。例：那件事我 ~ 忘记哒，嗯又扯起来搞么哩。

争争乎：努力承担的样子。例：这不是一个容易的事，我 ~ 去搞啰。

将将得：刚刚好，不多不少。例：二十个人坐一个中巴 ~ 是它。

刚刚，刚才。例：我 ~ 到屋里，嗯就来哒。

欠欠乎：偏少，不多。例：恰东西就要这样，~ 才觉得好恰。

17. AB + C（D）式（单音节后缀“C”）（词缀 31 类，词 37 个）

花弄哒 [fa^{33} loŋ^{31} · ta]、圆碌哒 [yan^{13} ləu^{33} · ta]、白碌哒 [pə^{55} ləu^{33} · ta]、酸赳哒 [suan^{33} tɕiəu^{324} · ta]、咸津哒、肿膖哒 [tsoŋ^{51} paŋ^{33} · ta]、苦栗哒 [kʻu^{51} lia^{33} · ta]、团纠哒 [tʻan^{13} tɕiəu^{324} · ta]、捞生哒 [lau^{33} sən^{33} · ta]、空廖哒 [kʻoŋ^{33} liau^{33} · ta]、松廖哒 [soŋ^{33} liau^{33} · ta]、轻廖哒 [tɕʻin^{33} liau^{33} · ta]、轻拷哒、轻捞哒、急熬哒 [tɕi^{55} ŋau^{31} · ta]、急绞哒 [tɕi^{55} tɕiau^{31} · ta]、喜咪哒 [ɕi^{51} mi^{33} · ta]、嘻密哒 [ɕi^{51} mi^{55} · ta]、笑扯哒 [ɕiau^{324} tsʻa^{33} · ta]、策兮哒 [tsʻə^{55} ɕi^{33} · ta]、者兮哒 [tsə^{51} ɕi^{33} · ta]、者流哒 [tsə^{51} liəu^{13} · ta]、者翻哒 [tsə^{51} fan^{33} · ta]、朽流哒 [ɕiəu^{51} liəu^{13} · ta]、湿结哒 [sɿ^{55} tɕie^{33} · ta]、绿茵哩 [ləu^{55} in^{33} · ta]、灰嗡哩 [fuei^{33} uəŋ^{324} · li]、胖奋哩 [pʻaŋ^{324} tʻai^{13} · li]、火蓬哩 [xo^{51} pʻeŋ^{13} · li]、粉坨哩 [fən^{51} tʻo^{13} · li]、黑漆哩 [xə^{55} tɕi^{33} · li]、红鲜哩 [xoŋ^{13} ɕian^{33} · li]、瘦精哩 [səu^{324} tɕin^{33} · li]、好生哩 [xau^{51} səŋ^{33} · li]、神秋哒 [sən^{13} tɕʻiəu^{33} · ta]、欠伤哒 [tɕʻian^{324} saŋ^{33} · ta]、念伤哒 [ȵian^{31} saŋ^{33} · ta]

例解：

团纠哒：形容很圆。例：十五夜间的月亮～。

神秋哒：是“神”的夸张说法，很神气。同“神气流哒”。例：嗯看他得了个奖就～。

急熬哒：形容某种状况十分紧急，同“急绞哒”。例：嗯哦哩还不出来咯，我要上厕所得～。

空廖哒：很空旷。例：他屋里房子又大，人又少，显得～。

轻廖哒：很轻。同“轻捞哒”、“轻拷哒”。例：嗯这包东西装的么哩啊，～。

策兮哒：形容很疯很闹。例：嗯这个牙崽啊，～，走路不好好走，搭摔成这个样子。

者兮哒：很娇气，常形容小孩在长辈面前撒娇的样子，同“者流哒”，“者翻哒”。例：嗯妈妈一来就～，饭都要人喂了。

欠伤哒：形容十分想念某人或某事。例：好久冒恰火锅了，～。

18. A＋BC 式（二音节后缀“BC”）（词缀1类，词1个）

乱里巴［lan^{31} ·li ·pa］或［luan^{31} ·li ·pa］

例解：

乱里巴：乱来，常用做副词，后面直接动词。如“乱里巴搞”、“乱里巴说”等。

19. AB＋CD 式（二音节后缀“CD”）（词缀5类，词9个）

作孽巴沙［tso^{55} ȵie^{55} ·pa ·sa^{33}］、可怜巴沙［k‘o^{51} lian^{13} ·pa ·sa^{33}］、眼泪巴沙［ŋan^{51} lei^{31} ·pa ·sa^{33}］、鼻脸巴沙［p‘i^{55} lian^{51} ·pa ·sa^{33}］、眼屎巴沙［ŋan^{51} sʅ^{31} ·pa ·sa^{33}］、老实巴交［lau^{51} sʅ^{55} ·pa ·ʅiau^{33}］、装佯妈绿［tsaŋ^{33} ŋaŋ^{13} ·ma ·ləu^{33}］、神气流哒［sən^{13} tɕ‘i^{55} liau^{13} ·ta］、热闹绊哒［zə^{55} lau^{31} p‘an^{324} ·ta］

鼻脸巴沙：同“鼻涕巴沙”。

“巴沙”可以和形容词、名词一起搭配，表达“很或很多”的意思。但能与“巴沙”组合的词并不多，组合后多用来表达消极意义。“巴沙”和普通话中的“婆娑”相近（“婆娑”常用在名词后），“巴交”与“巴焦”一致，只是写法不同。

20. A + BB 式（二音节后缀“BB”）（词缀 14 类，词 20 个）

粉坨坨 [fən^{51} t‘o^{13} · t‘o]、圆啰啰 [yan^{13} lo^{31} · lo]、圆碌碌 [yan^{13} ləu^{33} · ləu]、圆纠纠、汗粘粘 [xan^{31} ȵia^{13} · ȵia]、干剥剥 [kan^{33} po^{55} · po]、酸唧唧 [suan^{33} tɕi^{55} · tɕi]、酸济济 [suan^{33} tɕi^{324} · tɕi]、团啰啰 [t‘uan lo^{55} · lo]、人搞搞 [ʐən^{13} kau^{51} · kau]、策兮兮 [ts‘ə^{55} ɕi^{33} · ɕi]、者兮兮 [tsə^{51} ɕi^{33} · ɕi]、轻兮兮 [tɕ‘in^{33} ɕi^{33} · ɕi]、怕兮兮 [p‘a^{55} ɕi^{33} · ɕi]、气区区 [tɕ‘i^{324} tɕ‘y^{33} · tɕ‘y]、气袅袅 [tɕ‘i^{324} ȵiau^{33} · ȵiau]、空朗朗 [k‘oŋ^{33} laŋ^{51} · laŋ]、空捞捞 [k‘oŋ^{33} lau^{55} · lau]、秧答答 [aŋ^{33} ta^{55} · ta]、软答答 [yan^{51} ta^{55} · ta]

例解：

圆碌碌：十分圆。同“圆啰啰”、“圆纠纠”。例：你看他毛毛的脸儿好玩，~的，直想捏一下。

团啰啰：形容很圆。例：燕子窠，~。（儿歌）

“哒”的情况和长沙方言相似。（见上文）常与“AB”式组合，“B”可以为单音后缀，也能是词根（与“A”构成形容词），“B”为词缀时，一般会变成平声（阴平和阳平），“湿结哒”，“结”在做单音前缀时念 [tɕie^{324}]，在做后缀时变调成 [tɕie^{33}]。“酸纠哒”、“团纠哒”口语里有两种读法。有时为了表达程度更深，会读成阴去调（纠 [tɕiəu^{33}] → [tɕiəu^{324}]）。“B”为词缀时，“AB 哒”格式能转换成“AB 的”格式。在“AB 哒”中，有个固定的结构“A 兮哒”，例如“者兮哒”、“策兮哒”。

21. A + BBC 式（三音节后缀“BBC）（词缀 56 类，词 61 个）

绿茵茵哩、粉坨坨哩、灰嗡嗡哩、灰雾雾哩、懒洋洋哩、喜密密哩、喜咪咪哩、肉奋奋哩 [ʐəu^{55} t‘ai^{33} · t‘ai^{33} · li]、胖奋奋哩

[paŋ^{324} t‘ai^{13} t‘ai^{13} ·li]、火蓬蓬哩、气袅袅哩、急巴巴哩、怕兮兮哩、大喇喇哩 [t‘a^{31} la^{55} ·la·li]、红鲜鲜哩、甜抿抿哩 [t‘ian^{13} min^{33} min^{33} ·li]、青光光哩 [tɕ‘in^{33} kuaŋ^{33} kuaŋ^{33} ·li]、黄苦苦哩 [faŋ^{13} k‘u^{13} k‘u^{13} ·li]、黄霜霜哩 [faŋ^{13} suaŋ^{33} suaŋ^{33} ·li]、乌赳赳哩 [u^{33} tɕiəu^{33}tɕiəu^{33} ·li]、黑漆漆哩 [xə^{31} ɕi^{33} ɕi^{33} ·li]、紫绿绿哩 [tsʅ^{51} ləu^{33} ləu^{33} ·li]、风豁豁哩 [fəŋ^{33} xo^{324} xo^{324} ·li]、咸津津哩 [xan^{13} tɕin^{33} tɕin^{33} ·li]、辣霍霍哩 [la^{31} xo^{33} xo^{33} ·li]、臭熏熏哩 [ts‘əu^{55} ɕyn^{33} ɕyn^{33} ·li]、冷秋秋哩 [leŋ^{51} tɕ‘iəu^{33} tɕ‘iəu^{33} ·li]、轻捞捞哩 [tɕ‘in^{33} lau^{33} lau^{33} ·li]、轻拷拷哩 [tɕ‘in^{33} k‘au^{33} k‘au^{33} ·li]、重砣砣哩 [tsoŋ^{31} t‘o^{13} t‘o^{13} ·li]、热噜噜哩 [ʐə^{55} ləu^{33} ləu^{33} ·li]、奥唧唧哩 [ŋau^{324} tɕi^{55} tɕi^{55} ·li]、软聋聋哩 [yan^{51} loŋ^{33} loŋ^{33} ·li]、硬梆梆哩 [ŋən^{31} paŋ^{33}paŋ^{33} ·li]、者兮兮哩 [tsə^{31}ɕi^{33}ɕi^{33} ·li]、瘦卡卡哩 [səu^{324} k‘a^{33} k‘a^{33} ·li]、瘦精精哩 [səu^{324}tɕin^{33}tɕin^{33} ·li]、淡□□哩 [t‘an^{31} p‘ia^{13} ·pai^{13} ·li]、团啰啰哩 [t‘an^{13} lo^{33} lo^{33} ·li]、空朗朗哩 [k‘oŋ^{33} laŋ^{33} laŋ^{33} ·li]、恶腮腮哩 [o^{55} sai^{33} sai^{33} ·li]、好生生哩 [xau^{51} seŋ^{33} seŋ^{33} ·li]、好帅帅哩 [xau^{51} suai^{33} suai^{33} ·li]、好利利哩 [xau^{51} li^{33} li^{33} ·li]、紧绷绷哩 [tɕin^{51} peŋ^{33} peŋ^{33} ·li]、紧梆梆哩、叫普普哩 [tɕiəu^{324} pu^{13} pu^{13} ·li]、炸普普哩 [tsa^{324} pu^{13} pu^{13} ·li]、炸乎乎哩 [tsa^{324} fu^{33} fu^{33} ·li]、胖区区哩 [paŋ^{324}ŋ‘y^{33}ŋ‘y^{33} ·li]、气区区哩 [tɕi^{324}tɕ‘y^{33}tɕ‘y^{33} ·li]、厚敦敦哩 [xəu^{31} tən^{33} tən^{33} ·li]、空捞捞哩 [k‘oŋ^{33} lau^{33} lau^{33} ·li]、大捞捞哩 [ta^{31} lau^{33} lau^{33} ·li]、薄拎拎哩 [po^{55} lin^{33} lin^{33} ·li]、薄溜溜哩 [po^{55} liəu^{33} liəu^{33} ·li]、细蒙蒙哩 [ɕi^{324} meŋ 33 meŋ^{33} ·li]、干焦焦哩 [kan^{33} tɕiəu^{33}tɕiəu^{33} ·li]、干剥剥哩 [kan^{33} po^{55} po^{55} ·li]、嫩憨憨哩 [lən^{31} xan^{33} xan^{33} ·li]、条索索哩 [t‘iau^{13}so^{55} ·so^{55} ·li]

例解：

甜抿抿哩：十分甜。例：咯个汤哦哩～咯，嗯是把糖当做盐放了吧。

胖畜畜哩：很胖，肉很多的样子，同“肉畜畜哩”。例：嗯看那个细牙子小孩子，脸～，好好玩哦。

黄苦苦哩：形容十分黄，多形容牙齿，皮肤。例：嗯刷不刷牙的啊，牙齿~。

黄霜霜哩：黄得很正宗。例：嗯看那个芒果~，好索利漂亮。

风豁豁哩：风很大。例：嗯快把门关上咯，~，好冷的。

辣霍霍哩：很辣，多形容吃过太辣的东西后的感觉。例：咯口味虾~真入味，恰了还想恰。

奥唧唧哩：很冷，很冰。例：嗯也多穿点衣服咯，手~。

瘦卡卡哩：形容人很瘦的样子，与“瘦精精哩”相当。例：咯妹子~，感觉风一吹就要倒。

怕兮兮哩：形容很怕的样子。例：他一看到老师就一幅~的样子。

好生生哩：很好，很正常。同“好利利哩”。例：刚刚他还~的，又出了么哩事咯？

大咧咧哩：说话声音高，无所顾及。与“大大咧咧”相近。例：那个女的说话~。

干剥剥哩：很干。例：嗯养的这盆花也不记得浇水，嗯看都~的。

叫普普哩：很吵，很闹，形容声音很大。例：安静点好吧，这样~搞么哩。

炸普普哩：形容很吵闹，多指声音，同“炸乎乎哩”。例：嗯说话秀气小声，文静点好吧，天天这样~，也不怕别个说。

空捞捞哩：很空洞，空泛。多指心里感觉。例：屋里少了个人，心里感觉~。

气区区哩：形容十分生气的样子。例：嗯~搞么哩咯，好像人家得罪了嗯样的。

细蒙蒙哩：形容十分细。例：这个桌子腿~，撑得住不咯？

条索索哩：很板正，有条理。形容很好的环境。例：她是好勤快一个人类，屋里搞得~。也形容女的身材好，长得好。例：那个小妹子越大越长得~，好逗人喜欢类。

嫩憨憨哩：形容十分娇嫩。例：她屋里那个小丫头好可爱的，~，好讨人喜欢。

后缀“哩”是岳阳方言的鲜明特色之一。（长沙方言中多为“的”字后缀格式。）“AB 的”式和“AB 哒”式能转换成“AB 哩”格式。

“欠伤哒”与长沙方言的“热醉哒”一样，“伤”是岳阳方言中表示程度的副词。常用在形容词后做补语。“伤”不是词缀，而是词根，这类的“BA 哒”式不能替换成“BA 哩”式。“哩”比“BB”更虚，可看做是音律的需要而加上的音节，加上了“哩”后，构成四音节的韵律模式，语音更为和谐。（罗昕如，2006）这类的形容词多做谓语，很少做定语。

“AB 哩”有时会把词缀“B”重叠，构成“ABB 哩”式。（AB 哩→ABB 哩）后缀重叠后，会比“AB 哩”式更具有描写性，程度更深，更生动形象。“BB”遵循变调规律，念阴平［^{33}］和阳平［^{13}］，大部分为阴平。“甜抿抿哩”［min31］→［min33］。少数几个还是保留原调入声［^{55}］，如“干剥剥哩”（极干，如裂开状，可以剥落下来）、“条索索哩”（很清楚，索本身就有好的意思），“剥”、“索”语义虚化了，但是不彻底。

在岳阳方言中，“AB 哒”和“ABB 哩”是一个等义表达式。岳阳话中，凡是“ABB 哩”式都可以换做“AB 哒”式，反之则不定。但是在“AB 哒”里，“B”要重读。在“ABB 哩”里，第二个“B”重读，这样更增加了词语的描写性。（方平权，1999）

22. A + BCD 式（三音节后缀“BCD”）（词缀 16 类，词 44 个）

花么拉叽［fua^{33} · mə · la^{33} · tɕi^{33}］、丑不拉叽［ts‘əu^{51} · pu · la^{33} · tɕi^{33}］、傻么拉叽［xa^{51} · mə · la^{33} · tɕi^{33}］、蠢不拉叽［tɕ‘yn^{51} · pu · la^{33} · tɕi^{33}］、蠢不待发［tɕ‘yn^{51} pu^{31} tai^{324} fa^{55}］、白支拉卡［p‘ə^{55} · tsɿ · la^{33} · k‘a^{33}］、黑漆麻工［xə^{55} · tɕi · ma^{33} · koŋ^{33}］、乌究麻工［u^{33} · tɕiəu · ma^{33} · koŋ^{33}］、乌漆麻工［u^{33} · tɕiəu · ma^{33} · koŋ^{33}］、罗巴里欠［lo^{13} · pa · li^{33} · tɕ‘ian^{55}］、淡巴捞烧［t‘an^{31} · pa · lau^{33} · sau^{33}］、毛乎龙冬［mau^{13} · fu · loŋ^{33} · toŋ^{33}］、血乎龙冬［ɕie^{55} · fu · loŋ^{33} · toŋ^{33}］、稀乎龙冬［tɕi^{55} · fu · loŋ^{33} · toŋ^{33}］、邪乎龙冬［ɕie^{13} · fu · loŋ^{33} · toŋ^{33}］、假个妈嘎［tɕia^{51} ko^{324} · ma · ka^{33}］、□个妈嘎［t‘iau^{31} ko^{324} · ma · ka^{33}］、徽巴事（得）［uei^{33} pa^{33} · sɿ · tə］、丑巴事（得）［ts‘əu^{51} pa^{33} · sɿ · tə］、细巴事（得）［ɕi^{324} pa^{33} · sɿ · tə］、粗巴事（得）［ts‘əu^{33} pa^{33} ·

sɿ ·tə]、瘦巴事（得）[səu^{324} pa^{33} ·sɿ ·tə]、淡巴事（得）[t'an^{31} pa^{33} ·sɿ·tə]、咸巴事（得）[xan^{13} pa^{33} ·sɿ ·tə]、烂巴事（得）[lan^{31} pa^{33} ·sɿ ·tə]、窄巴事（得）[tsə^{55} pa^{33} ·sɿ·tə]、短巴事（得）[tan^{51} pa^{33} ·sɿ ·tə]、傻巴事（得）[xa^{51} pa^{33} ·sɿ ·tə]、蠢巴事（得）[ɕyn^{51} pa^{33} ·sɿ ·tə]、阴巴事（得）[in^{33} pa^{33} ·sɿ·tə]、瘟巴事（得）[uən^{33} pa^{33} ·sɿ ·tə]、瘦煞巴人[səu^{324} ·sa ·pa ·ʐən^{13}]、丑煞巴人[ts'əu^{51} ·sa ·pa ·ʐən^{13}]、吓煞巴人[xə^{55} ·sa ·pa ·ʐən^{13}]、次煞巴人[ts'ɿ^{31} ·sa ·pa ·ʐən^{13}]、厌煞巴人[ŋan^{324} ·sa ·pa ·ʐən^{13}]、糊巴烂臭[fu^{13} ·pa lan^{31} ts'əu]、淡巴捞烧[t'an^{31} ·pa ·lau ·sau]、服哒六急[fu^{55} ·ta ləu^{55} ·tɕi]、忙哒六急[maŋ^{13} ·ta ləu^{55} ·tɕi]、搞哒六急[kau^{51} ·ta ləu^{55} ·tɕi]、痛哒六急[t'oŋ ·ta ləu^{55} ·tɕi]、二不阑干[ə^{13} pu^{31} lan^{13} kan^{33}]、半不阑干[pan^{324} pu^{31} lan^{13} kan^{33}]

例解：

白支拉卡：苍白，无血色。例：他一受气，脸上就～。

毛乎龙冬：满处是毛的样子。例：猪脚还～，嗯哦哩恰？

瘟巴事得：做事不麻利，动作迟钝，慢性子。例：嗯要她帮嗯做这件事啊，她～，一个月都不一定做得好。

服哒六急：很佩服。但多为反语。例：人家都在等嗯一个人，嗯拉咖（是对老人的尊称，这里为反语）倒好，不紧不慢的，我对嗯真是～。

搞哒六急：非常能折腾。例：～，我就懒得管他算了。

淡巴捞烧：形容很淡，缺盐少味的样子。例：也形容人没什么太平乏，没什么意思。他这个人～，冒一点味道。

假个妈嘎：假装。也形容很假，虚伪。例：他就是说～要给钱给嗯，想不到嗯还当真了。

□[t'iau^{51}]个妈嘎：特意，专门。例：我～来看他里，他屋里还冒得人。

次煞巴人：形容很不好，很烂。例：这都些么哩～的破铜烂铁咯，亏嗯还全都买回来。

糊巴烂臭：形容十分糊，多指食物煮得过糊。例：嗯会不会做饭啦，一锅饭都被嗯煮得~。

“么拉叽”、“不拉叽”后缀在北方方言中经常出现，岳阳方言中也有使用，这是受了普通话和北方方言的影响，为轻声，极具口语特色和描写意义。

后缀“事得”在岳阳话中经常出现。常有“AA 事得”、“A 煞巴人”、“A 巴事得”这种格式，“A”多为形容词，表达“什么什么样子”的意思。“AA”和“A”常为形容词，加上“事得”和“巴事得”这类后缀后，表现力更突出，气势更强。值得注意一点，这种格式，常与中性或是贬义形容词组合。（好巴事得*）这几种词缀读轻声，词根“AA”第一个“A”重读，第二个要轻读。

“毛乎龙冬”中的后缀“乎龙冬”与北方方言中的“黑咕隆咚”中的“咕隆咚”其实是一样的，只是在后缀的写法上有着方言上的区别。同“AA 事得”一样，表达消极意义。

三音节后缀“哒六急”是生动的岳阳方言，经常用在形容词和动词后面，使词语意义达到极限，增强表现力。和其他词缀不同，后缀的第一音节和第三音节轻声，第二音节重读，而且为最高调入声。

23. AA + CD 式（三音节后缀“CD”）（词缀 1 类，词 4 个）

歪歪事（得）[uai^{33} uai^{33} · sɿ · tə]、懒懒事得 [lan^{51} lan^{51} · sɿ · tə]、蔫蔫事（得）[iaŋ^{33} iaŋ^{33} · sɿ · tə]、码码式（得）[ma^{51} ma^{51} · sʅ · tə]

例解：

码码式得：大约地。例：这批货嗯~估下看，值好多钱。

蔫蔫事得：没精打采，也指不够量，未达到某种状态的样子。例：称称得~。

24. A + BCC 式（三音节后缀“BCC”）（词缀 1 类，词 2 个）

甜巴唧唧、丑巴唧唧

三、长沙方言、岳阳方言状态词缀特点对比

(一）岳阳方言与长沙方言的状态词缀类型

总体来说，岳阳方言状态词缀与长沙方言状态词缀有很多相似之处。状态词缀的类型较全，但是前缀、中缀相对较少。岳阳方言状态词缀前缀5种，词缀56类，词96个；长沙方言状态前缀5种，词缀75类，词130个。岳阳方言状态中缀8种，词缀29类，词101个；长沙方言状态中缀7种，词缀25类，词49个。两种方言前缀中，单音节前缀较多，多音节前缀较少。中缀的词缀种类不多，常见的多为固定搭配形式。“里”、“巴”“八”最为常见，并且组合成多种重叠格式。如“很A八A”、“A里AB”等。这些具有方言特色的固定搭配，描写性更强。长沙方言中有的上述结构具有能产性，比如“很A八A”式能同很多形容词搭配，构成“很早八早”、“很晏八晏”等。有的组合能力不强，如“死A子A”，词根语素常为贬义。如：“死矮子矮”、“死咸子咸”等。中缀“里”，构成“A里AB”式，如：“神里神经”、“梦里梦冲”“A里B里”式，如：“云里雾里”（后者较少)。

岳阳方言状态后缀多种多样。带“的”的词缀很多（与长沙方言相似)，数量丰富。很多格式都被包含在带“的”的词缀里。还有很多带“哒”、“哩”的后缀，常见为“BA哒”、“AB哒”、“AB哩”，不少词的“的”后缀能与“哒”、“哩”后缀互换（BA的→BA哒、AB哒→ABB哩)。

长沙方言状态后缀较多。BBA式、ABB式，AABB式也比较少(包含在带“的”的词中)，并且它们之间可以相互变换（如：ABB→AABB，AABB→ABB)。后缀“的”、“哒”在长沙方言中很常见，尤其带词缀“的”的词最多（主要指“BA的”式和“AB的”式)，共210个。[①] 与哈尔滨方言类似，很多词与北方方言一样。如“溜光的”、“稀烂的”、“精光的”、“喷香的”等。词缀“哒”也很丰富，结合情况和“的”差不多。词缀类型丰富，种类齐全。但是很多都包含在带“的”

① 统计的210个词，主要是指“BA的”式和“AB的”式，不包括其他形式可以加“的”的加强变换式。其他形式单独进行统计。

的词中。在长沙方言中，经常出现先带了前缀后又带后缀“的”的词，如“BA的”式，少数“BA的”式中“B”不是词缀，而是词根，如“雪白的”，“冰凉的”。有些是后缀后再加上后缀“的”，如“AB的”式。还有重叠后缀后再加上后缀“的”，如“ABB的”式。

（二）湘方言状态词缀的读音规律

1. 前缀读音

状态词缀的特点是语音形式变化与词缀化相对应，形成形、音、义对应规律。长沙方言的单音前缀常见的是阴平和入声，有部分单音前缀进入词语后会变成阴去，增加词语程度。如“刮毒”、“刷亮”等。二音节前缀中，第一个音节不变，第二个音节轻音。岳阳方言单音前缀稍有差异，阳去较少，少数词缀变调为入声，本身为阴去调的前缀不变调，而且要重读。除个别几个前缀，如“瘪淡”的“瘪”，多数前缀会轻读。如“统烂”。对于多音节前缀，大部分都是在词缀最后一个音节上轻读。与哈尔滨方言单音前缀多读阳平和去声相比，虽然不完全相同，但是有音变这一点是一致的。

2. 中缀读音

湘方言状态词缀中缀读音较为统一，不管是长沙方言还是岳阳方言，我们都不难看出，大多中缀，如“巴”、“八”、“里”，都为轻声。这一点与普通话是完全一致的。

3. 后缀读音

岳阳方言单音状态后缀，普遍改变调值，发音为轻声，如“邪乎”、“硬气”、“扎实”。但长沙方言中却不一定。如：“结巴”的“巴”岳阳方言变轻声，但是长沙方言并不变为轻声，“巴”就保持阴平不变。岳阳方言状态词缀语音变调，主要体现在重读和轻读，大多数后缀变成轻声，少数前缀会变成入声。单音后缀在岳阳方言中都是轻声，单音后缀“的”、“哒”、“哩”也不例外，叠音、多音后缀及变换形式有相应的读音模式，“ABB式”第二个“B”为轻声；但是长沙方言中这种格式例外，“B”仍为原来的音调，这可能是因为长沙方言气势较强，这样表示的程度也更深。多音节后缀一般情况是前一音节轻声，后一音节或两音节为阴平。（不包括加“的”、“哒”、“哩”的变换式。）

岳阳方言单音状态后缀普遍读轻声变调，这一点与哈尔滨方言单音状态后缀读轻声是一致的。长沙方言单音状态后缀不完全读轻声，这一点与普通话的情况有相似之处。

四、湘方言与哈尔滨方言状态词缀的结构类型对比

湘方言状态词缀的类型丰富，形式多样，前缀，中缀，后缀齐全。不管是长沙方言还是岳阳方言，词缀都颇为丰富。请看下表。

三种方言状态词缀格式对比表

构词格式（例词）	词缀类型	哈尔滨方言	长沙方言	岳阳方言
1. BA 式 （稀暄、瓦凉）	单音节前缀	有	有	有
2. CDAB 式 （迷离马糊）	二音节前缀	有	有	有
3. BB + A 式 （麻麻黑）	二音节前缀	无	有	有
4. B + A + C + A 式 （捞松垮烂）	二音节前缀	无	有	无
5. BCD + A 式 （稀死垮烂）	三音节前缀	无	有	有
6. BA + C + A 式 （死咸子咸）	单音节中缀	无	有	有
7. ACB 式 （稀巴烂）	单音节中缀	有	有	有
8. ABCD 式 （糊了半片）	单音节中缀	有	有	有
9. ABDC 式 （笨手拉脚）	单音节中缀	有	有	有
10. ADCB 式 （正儿八经）	二音节中缀	有	有	有
11. ABCB 式 （嘁咕喳咕）	二音节中缀	有	有	有

续表

构词格式（例词）	词缀类型	哈尔滨方言	长沙方言	岳阳方言
12. ACAB 式（屯里屯气）	单音节中缀	有	有	有
13. ABC 式（趿拉板）	单音节中缀	有	无	无
14. ABAC 式（乒楞乒啷）	单音节中缀	有	无	无
15. A + E + BCD 式（糊里马大海）	单音节中缀	无	有	有
16. –“的”式（日日的）	单音节后缀	有	有	有
17. AB 式（趿拉）	单音节后缀	有	有	有
18. AA + B 式（争争乎）	单音节后缀	无	有	有
19. AB + C 式/A + B + C（酸臼哒）	单音节后缀	无	有	有
20. ABB 式（空落落）	二音节叠音后缀	有	有	有
21. A + C + B + C 式（嘻哩哼哩）	二音节后缀	无	无	有
22. AACD 式（鼓鼓溜秋）	二音节后缀	有	有	有
23. ACD 式（蔫不唧）	二音节后缀	有	无	有
24. ABCD 式（老实巴交）	二音节后缀	有	有	有
25. A + BBC 式（绿茵茵哩）	三音节后缀	有	有	有
26. ADBC 式：（白不呲咧）	三音节后缀	有	有	有
27. ABCC 式（褶子巴巴）	二音节叠音后缀	有	无	有

续表

构词格式（例词）	词缀类型	哈尔滨方言	长沙方言	岳阳方言
28. AABB 式（赖赖巴巴）	二音节叠音后缀	有	有	无
29. A + B + A + B 式（皱起皱起）	二音节叠音后缀	无	有	无
30. AB + CDE 式（喜欢不恋哒）	三音节后缀	无	有	无

从对比表可以看出长沙方言和岳阳方言状态词缀的结构格式多于哈尔滨方言的结构格式，上述 30 种结构格式，哈尔滨方言有 20 种结构格式，长沙方言有 25 种结构格式，岳阳方言有 24 种结构格式。虽然哈尔滨方言带状态词缀的词多于长沙方言和岳阳方言，但是结构格式却少于长沙方言和岳阳方言（这也可能因调查不足），至少说明状态词缀的应用在这些方言中同样具有生命力。

从状态词缀的类型看，湘方言状态词缀的类型中前缀种类较少，而且多数能包括在加“的”、“哒”或“哩”的变换式中。单音前缀常出现在带“的”的后缀里。这同哈尔滨方言和普通话不同，后者前缀种类相对较多。总体而言，湘方言中缀类型丰富，数量也较多。常见中缀有“里”、“巴”、“八”等。湘方言状态中缀常在固定格式中出现，构成极具方言特色的状态词。

如“A 里 AB”这一格式，在湘方言中使用较为广泛。词根“A”是用来描绘人的品性的形容词。叠用“A”，再加上词缀“里”，不仅加强语气，更多加了一份表现力。凡表现人品性、性格一般都可能组成这一格式，在句中可做谓语、定语、状语。它们在表达贬义时，效果更加明显，通常在表达贬义时，极具湘方言特色。如“宝里宝气”、“苕里苕气”、“醒里醒气”。

而“BA 巴（八）A”式有两种情况：

1. “B”是词缀，这时实际上是“BA”式的扩展格式（BA→BA 巴 A），加上“巴”中缀，再重叠词根“A”，程度得到双倍加强。如：“拉粗巴粗”、“稀碎巴碎”、“拍满巴满”。这一格式，在长沙、湘潭这类长沙型湘语中使用较少，其他地方都有使用，岳阳方言中，这类格式也较为常见。

2. "B" 是词根，常为 "很"、"蛮"、"好"、"无"、"死" 等这类程度副词。"蛮 A 巴 A"、"很 A 八 A"（岳阳方言为 "呵 A 八 A"）这类在湘方言中出现的频率较高。几乎可以和所有单音形容词连用。"死 A 巴 A" 在衡阳方言中使用较多，"死" 是衡阳方言里的强度标记，常表达极度厌恶的心理。娄底方言中常用 "多 A 八 A" 这种表达方式。

还有 "无 A 马 A" 式，跟 "无 A 八 A" 表达的意思差不多。

从后缀类型看，"的"、"哒"、"哩" 等后缀数量极其丰富。加 "的" 后缀的状态词是湘方言的一大特色，同样，"哒"、"哩" 也是很有方言特色的状态后缀，"的" 较常用在 "BA 的" 式，"B" 是状态前缀。"哒" 较多用在 "AB 哒"，"B" 可以是词缀也可以是词根。"哩" 则用在 "AB 哒" 的变换式中，常见的有 "AB 哩"、"ABB 哩"（AB 哒→AB 哩→ABB 哩）。在普通话中，单音后缀比湘方言的丰富，二音节重叠后缀也较多。但是随着普通话的全民普及，对湘方言影响越来越大，一些单音后缀或是多音节后缀进入湘方言使用后，会相应的变换成后面加 "的"、"哒"、"哩" 的加强式。这同哈尔滨方言有同有异，哈尔滨方言没有 "哒"、"哩" 等类似的后缀。

五、湘方言状态词缀的语用特点

语用方面，无论普通话还是各地方言的词缀构成的词都会有地域、场合、语体等选择。有的词虽有不同词缀，但多种词缀表义相同。这主要是因为方言用字不是很固定，口耳相传难免变化，但也反映出对应确定语素或者说是文字并不重要。这点在湘方言中表现得尤为明显。在长沙方言和岳阳方言中，有很多方言词没有固定的字，有的可以找到读音相近的词来代替，甚至有的没有汉字来表示，只是一个记音符号。如：□［mia^{55}］黑、□［kuan^{55}］绿，这里的前缀我们只知道方言读音，并不知道确切的汉字如何写。还有如：滑苦、哇苦、□［lia^{55}］苦、□［ȵie^{55}］苦、□［mia^{55}］苦，都表达了苦，前缀 "滑"、"哇" 读音相近，都表示很苦之意，是可以相互替换的。后面几个都只是记音符号，也都是表达苦的程度很深。

由于语境因素，不同地域或是同一地域的不同对象对词语的选择会有不同，如“暖和”和“热乎”，大多数城里人会用前者，农村人会用后者。当然也有不少城里人也说“热乎”，不过为较为年长者用，年轻人多受普通话影响，常用“暖和”多过“热乎”。

(1) 这天冷死个把人，还是要穿件棉袄，硬是热乎（暖和）多哒。

(2) 恩哩（你）屋里就有蛮热乎（暖和）类，我屋里冻死人。

状态词缀还能区分书面语与口语的不同，总的来说，状态词缀有生动的描写性，而书面语受语言规范的影响，与普通话的差异较少，湘方言的状态词缀多见于口语中。不仅有通用口语“乎乎”、“巴巴”等。也有俚语特色的“宝里宝气”、“苕里苕气”、“傻巴事得”等。

语言是生动也是生活的，操一方言的人本着对自己方言的热爱和熟悉，会在不同程度上使用更多的词语或是形式修饰自己的语言。状态词缀也是方言区人喜欢的，特别在湘方言里，后缀最为丰富，如“的”、“哒”、“事得”等后缀。岳阳方言中，说“傻”，会有几种表达方式，“宝”、“哈”、“苕”都是“傻”的意思，说一个人“傻”，可以说“傻乎的”“傻乎乎的”、“傻了巴叽（的）”、“傻不愣通”、“哈气”、“宝气”、“苕气”、“宝里宝气”、“哈里哈气”、“苕里苕气”，等等。如果按顺序来看，从前到后，首先是程度上的加深，越到后面程度越深。“傻”普遍适用，而“宝”、“苕”则具有方言特色，而且表达“傻”的意义也更重。

状态词缀的使用也能体现汉语的修辞含义。一些拟声词，成为状态词缀后就不再表声音了，而是表示形态，如：“乎龙冬”、“糊隆咚”等是把视觉、触觉等感觉转移到听觉的通感修辞上去。“血糊隆咚”、“毛糊隆咚”等，虽然后缀是描写声音的，但是当他们是状态词缀时，不再是实指声音了，而是使词语的表现力增强。

在湘方言中，重叠词缀现象经常出现，形成了反复的表达，同时起到了突出强调的作用。因为语素反复，音节反复同样是延长语音链的长度，增加语言成分的表达次数。获得特殊的标记提示，形式的加量带来了内容的加量。有的重叠词缀，有的重叠词根。如“AB 的”式→“ABB 哩”式（甜抿的→甜抿抿哩）“A 里 AB 式”（神里神经）等。

在湘方言中，状态词缀隐喻某种情态、色彩。在状态前缀中有集中体现。如“溜尖”、“稀烂”、“蜡软”等，它们则给“尖”、“烂”、“软”的事物具体形象化。“溜”可以是光滑，平滑的，“溜尖”可以理解为很尖很尖，而且周边是很光滑的，可以物化成尖尖的圆锥体。“蜡软”可以形象地理解成像融了的蜡那样软，我们可以想象得到软的程度。

状态词缀不承载主要的词汇意义，而具有附加的形象色彩、感情色彩和语体色彩。受湖湘地域文化影响，湘方言也能充分体现湖湘人的个性和感情色彩。就如湖南人酷爱食辣椒一样，湖南人言行也是一样地直率，热辣，爱憎分明，有什么就说什么。很多状态词缀都能充分体现这种感情色彩。如后缀“子”，常用在形容词后面（褒义形容词），表达喜欢、喜爱之义（AB 子、AABB 子），“雪白子”、“漂亮子”、“整齐子”、“雪雪白白子”、“漂漂亮亮子”、“整整齐齐子”。还有词缀“哩”，有时也表喜爱、如意的感情色彩。如“粉坨坨哩”、“红鲜鲜哩”等。有的词语本身是中性的，加了状态词缀后，就有了喜爱、好的意思了。如后缀“唧”，“清甜唧”、“飞嫩唧”等，这些都表示很甜，很嫩，而且程度是刚刚好，让人很喜欢。又如“甜巴唧唧”、“嫩巴唧唧”等，也是很甜，很嫩，但却不是让人喜欢，而是程度过分，让人讨厌。相对于喜爱色彩，湘方言状态词缀更多的是形象生动，表达贬义。有的是词缀专门和带贬义的形容词组合，有的是词缀本身所形成的固定搭配就带了贬义色彩。如较为常见的“A 里 AB 式”，“神里神经”、“宝里宝气”、“拉里拉萨”等。后缀“巴沙”虽然与之组合的词语不多，但是都是消极意义，如“眼泪巴沙”、“鼻涕巴沙”等。还有“AA 事得”、“A 巴事得”等，这些都是与贬义词语组合的。如“傻巴事得”、“懒巴事得”、“丑巴事得”等。还有在长沙方言中的“□［$kuan^{55}$］绿的”，前缀没有确切的字，只是个记音符号。单独使用时没有什么实际意思，但做了状态前缀修饰“绿”，却表示过分的绿，绿得很讨人厌。

总之，长沙方言、岳阳方言中状态词缀的特征揭示了湘方言乃至汉语状态词缀的整体面貌。通过对湘方言与其他方言尤其是北方方言进行对比发现，方言状态词缀各有独特之处，更有其共同的特点。北方方言状态词缀的读音特点、结构特点、语用特点，湘方言同样具有。长沙方言、岳阳方言状态词缀研究，不但有助于我们对湖南地域方言的了解，而且使我们对汉语状态词缀的认识也更全面深入了。

第四节 汉语方言中状态词缀的同与异

普通话、特别是其他汉语方言中存在这类状态词缀，则说明此类哈尔滨等方言词缀不是来自邻近的其他语言，而是汉语自身发展演化的结果。总的来看，各个方言都有类似的状态词缀，只是读音、分布方面存在差异。另如：

济南方言① 腻外、作登、神道、邪乎、黏乎、血乎、白睖、拐古、忙和、稠乎乎的、热炙乎啦的、糊里倒涂的、苦不溜丢的

银川方言② 抠搜、扑腾、憨实、直筒筒、冷哇哇、肉鼓囊囊、滴里当郎、猛不溜丢、蔫不拉叽

扬州方言③ 腻味、惧乎、叨咕、搭刚、辣气、冷丝丝、黄巴巴、灰不拉叽、酸不拉虾

南宁平话④ 密实、古 $lə\eta^{55}$ k'əŋ、白实实、肥囵囵、酸溜溜、滚茶茶、辟里叭喇

粤方言⑤ 得戚、生欧欧，叽千千、重得得、松棒棒、眼甘甘、黄桑敲、青卑敲、咸不刺、脸胎敲

---

① 钱曾怡：《济南方言词典》，《现代汉语方言大词典》分卷，江苏教育出版社 1997 年 12 月版。

② 李树俨、张安生：《银川方言词典》，《现代汉语方言大词典》分卷，江苏教育出版社 1996 年 12 月版。

③ 王世华、黄继林：《扬州方言词典》，《现代汉语方言大词典》分卷，江苏教育出版社 1996 年 12 月版。

④ 覃远雄、韦树关、卞成林：《南宁平话词典》，《现代汉语方言大词典》分卷，江苏教育出版社 1997 年 12 月版。

⑤ 许宝华、宫田一郎：《汉语方言大词典》，中华书局 1999 年 4 月版，第 143—239 页。

闽方言① 平棒、平搭、平坡坡、平蒲蒲、生真真、咸笃笃、叽咕咕、咸甲笃笃

海口方言② 硬 ɔŋm^{21}、错游、酥育、傻 kaŋ^{55}、闲赛赛、叫露露、目金金、烂糊睛、歪呢歪 niau^{35}

此外的各个方言区也都有类似的状态词缀，有些甚至通用。如武汉方言的"瘦叽叽、矮矮顿顿、老天拔地"，金华方言的"软花花、酸哩哩、汗淋淋、呆不隆咚"，绩溪方言的"喷（叮）香、硬搅搅、冷冰冰、干呜巴"，西安方言的"短揪揪、齐争争、松吗咕咚"，忻州方言的"懆泊泊、黑塌糊、喧不楞腾、屁嘶狼嚎"，洛阳方言的"直溜溜的、干巴巴的、羞羞答答"，等等。③

大部分北方方言状态词缀的分布都较全面，有些甚至是完全相同的。只是有的词缀在不同方言中构词能力不同，比如"稀"在徐州方言中可以构成"稀热"、"稀甜"、"稀俊"、"稀脏"、"稀冷"等词，在济南方言中可以说"俊巴"，而哈尔滨方言中则没有这些词。相对来说，其他方言文的成分更多些，比如济南方言的"稠乎乎的"，哈尔滨方言说"干乎乎的"；太原方言的"仄楞"，哈尔滨方言说"侧楞"。

南方方言的状态词缀也不比北方方言少。大部分南方方言不但有状态词缀，而且分布也较全面，如上海方言、扬州方言、客家方言。也有的分布不够全面，如南昌方言状态后缀几乎没有（包括叠音的），而状态前缀则较多，特别是表程度高的形容词前缀。被认为与北方方言差别较大的粤方言和闽方言的状态词缀则与北方话也有相似之处，各种构成

---

① 许宝华、宫田一郎：《汉语方言大词典》，中华书局 1999 年 4 月版，第 1021—3968 页。

② 陈鸿迈：《海口方言词典》，《现代汉语方言大词典》分卷，江苏教育出版社 1996 年 12 月版。

③ 各方言见《现代汉语方言大词典》分卷：朱建颂：《武汉方言词典》，江苏教育出版社 1995 年 5 月版；曹志耘：《金华方言词典》，江苏教育出版社 1996 年 12 月版；赵日新：《绩溪方言词典》，江苏教育出版社 2003 年 12 月版；王军虎：《西安方言词典》，江苏教育出版社 1996 年 12 月版；温端政、张光明：《忻州方言词典》，江苏教育出版社 1995 年 12 月版；贺巍：《洛阳方言词典》，江苏教育出版社 1996 年 12 月版。

类型齐全，三四个音节的词很多。南方方言的一些状态词缀类型的构词数量超过北方方言状态词缀，特别是“ABB”式，有几种南方方言的词数都远多于北方方言。

以上分析是基本可信但又是不全面的。说基本可信，是因为材料可信，能反映各方言的总体情况；说是不全面的，因为未能尽数列举所有方言，就一种方言来说，也难免会有遗漏或误断。不过，这只是量的问题，不会有质的改变。为弥补缺失，就一些状态词的情况调查了方言使用者。比如江西南昌、黎川方言 ABB 式状态词少，而该方言使用者吴光正博士（生活于江西永丰）给出了词典没有的例子“血淋淋、乌笃笃、憨 da da、傻 dai dai”等，表明赣方言并不特别缺少这类词和词缀。

还有的参看了一些其他书刊。例如沈红宇《长沙方言状态形容词讨探》[①] 表明“附加式状态形容词在长沙方言中占有绝对的优势，一个形式之间还存在一定的对应转化关系”。文中所列各类型词中，有一些考察的词典未收：

BA 式：靳敦、刮浑、累话、拉粗、绷老、拍饱、撇泻、令光、纠麻、价湿、嘎白、泛亮、津咸、啮苦

ABC 式+的：痒兮哒的、甜清哒的、汗浸哒的、油咧哒的、皮掉哒的、话累哒的

BBA 式：令令光、溜溜光、喷喷香（常带“咖的”）价价湿、梆梆硬、纠纠酸

ABB 式（来自 ABC+的）：活累累的（活蹦乱跳）、痒兮兮

很 A 八 A 式：很高八高、很早八早

ABCD 式：黑不溜秋、灰乎铃当

A 里 AB 式：马里马虎、流里流气、乱七八糟

再如刘丹青《苏州方言重叠式研究》[②] 研究了苏州方言重叠式

① 《贵州教育学院学报》（社会科学版）2004 年第 5 期。

② 《语言研究》1986 年第 1 期。

的特点。《苏州方言里的语缀（一）》指出苏州方言语缀数量非常丰富，其中既有词汇意义已经完全消失的所谓典型语缀，也有词汇意义正在虚化但还没有完全消失的所谓准语缀。多数都不见于除吴语以外的其他方言。[①] 吴语早在明清时就有现在常用的状态词或状态词缀，如“昏头答脑”、“昏头搭脑”、“昏咚咚”、“空落落”、“实落落”等。[②]

总体看，带状态词缀的词与各方言区的日常用语密切相关。据笔者对《汉语方言常用词词典》[③] 的考察统计，带状态词缀的词520多个。其中带单音节后缀的词240多个，如“二乎、吹乎、仄楞”；带叠音或多音节后缀的词220多个，如“干卜卜、木欣欣、气吼吼”，“臊不搭、苦不唧、齐打乎”，“大大咧咧、忙忙叨叨、丝丝拉拉”，“支棱八叉、白不呲咧、灰不拉唧、懈里光当”；其他为前缀、中缀。按词典前言所说，这些词都是进入书面语的常用词，而且普通话用的词不收，否则数量会更多。也就是说，在日常口语中我们经常会用到各类带状态词缀的词。

① 谢自立、刘丹青、石汝杰、汪平、张家茂：《方言》1989年第2期。
② 石汝杰、（日）宫田一郎：《明清吴语词典》，上海辞书出版社2002年版。
③ 闵家骥、晁继周、刘介明，浙江教育出版社1991年5月版。

第五章　古代汉语状态词缀的变化发展*

本部分通过对《中国基本古籍库》等大量语料的考察，分析、描写了古代汉语状态词缀的类型、分布及发展变化，认为汉语已经发展形成自己独特的语用词缀体系，现代汉语多种多样的状态词缀是由古代汉语的叠音词缀发展分化形成的，对状态词缀的深入了解必将有助于对汉语的认识、有助于对词语的解读。

如前所述，状态词缀是与词根结合松散的表现某种语用含义的词缀。状态词缀是介于构词词缀和构形词缀之间的语用词缀，目前都被归入构词词缀。其与传统构词词缀相区别的主要特点是：其一，状态词缀无实在（词汇）意义，只描摹某种状态，即附加语体、感情色彩，突出主观情态及增强程度，具有描写性语用含义（比较：传统构词词缀“者”、“初”有“的人”、“次序”等词汇意义）；其二，状态词缀与词根结合不紧密，去掉一般不影响词义，词根是词汇意义的承载者，可以单独使用而词义基本不变（比较：传统构词词缀“子”、“头”不能去掉，“鼻子”、“傻子”、“石头”、“甜头”的词根不可单用或单用改变意义）；其三，状态词缀书写形式几乎只是单纯记音，有独特的读音规律，语音形式变化与词缀化相对应，形成了不同于一般词缀的形、音、义对应规律（比较：传统构词词缀“者”、“初”等多无音变，只有“子”、“头”轻声化）。汉语最早的也是现在最普遍的状态词缀是ABB式（乱纷纷）结构中的叠音成分，不过，现有的状态词缀较为复杂，可以是前缀、中缀、后缀，也可以是单音节或多音节词缀。本章将以历时为主，共时为辅，进行较为系统的描写分析。

---

* 本章曾在《语言科学》（2008年第5期）发表。

第一节　不同时代状态词缀的分类、分布

一、唐以前状态词缀的产生与演变

上古到春秋时代是状态词缀的孕育阶段。早在3000多年前的古代作品中就能找到"ABB"式、"ABCC"式、"AABB"式①等语言形式。《尚书》中就有现在成为状态词的"AABB"式，如"兢兢业业"。据统计②，《尚书》中叠音形容词29个，占重言词总数的69%；动词8个，占19%；其余为名词（5个），占12%。这些词主要是叠音形容词，其修辞功能主要是通过语音调配描写情状、增强语气。多做定语（番番良士、明明我祖、荡荡怀山）、谓语（王道荡荡、四门穆穆、百姓懔懔），也有的做状语（浩浩滔天）或组成联合短语后再做成分（蒸蒸皇皇）。

《周易》中有类似现代"ABB"式、"ABCC"式的表达，如中补式"震苏苏"、"旅琐琐"，主谓式"家人嗃嗃、妇子嘻嘻"。这些还是短语，其中的"BB"、"CC"是叠音词做补语或谓语。虽然还并不是状态词，但这种格式与后来的状态词格式一脉相承。已有单音节准状态后缀，如"焚如、死如、弃如、突如"中的"如"（吕绍纲：《周易辞典》）。《诗经》受四音格式限制，很少有ABB式，大都是ABCC式，如"风雨凄凄"、"泣涕涟涟"、"言笑宴宴"、"汶水滔滔"、"蒹葭苍苍"、"杨柳依依"、"行道迟迟"、"信誓旦旦"等，多达百余例（向

① 词语及后文的构词格式尽量用常见的字母表示法，词中不同字（音）用不同字母表示。A都表示词根，B、C、D表示词缀，但B、C在有更多成分时也可以表示词根（或非状态词缀）。字母顺序表示结构层次先后，挨着关系近，隔开关系远。如AABB式（鼓鼓囊囊），AA、BB分别表示重叠的词根、词缀；ABCC式（可怜巴巴）、ABCD式（老实巴交）、CDAB式（稀里马虎），AB表示词根，CC、CD表示词缀；ACB式（歪剌骨）、ADCB式（正儿八经），A、B表示词根；ADBC式（急赤白脸），ABC表示词根；ABC式（憋的慌）、BCA式（稀巴烂），A表示词根，BC表示词缀，C插入BA（稀烂）之间表明关系远；ACD式（干忽拉），CD是词缀，先组合（关系近）再加在A后；AECD式（白不呲咧），A表示词根，ECD是词缀，CD关系近，E类似后插入的成分。

② 周正颖：《尚书重言词刍议》，《古汉语研究》1995年第4期，第37—40页。

熹:《诗经词典》),有些今天还在用,已词汇化了,如“忧心忡忡”、“小心翼翼”。但当时也还是主谓短语(风雨凄凄、汶水滔滔)或中补短语(泣涕涟涟、言笑宴宴)。有少数类似 ABB 式或 ABB 式嵌入“之”等虚词的短语,如“车邻邻”、“桃之夭夭”、“夭之沃沃”、“泌之洋洋”、“心焉忉忉”。叠音词做定语、状语的偏正短语类似现代的叠音前缀,如“青青子衿”、“厌厌良人”、“赳赳武夫”、“呦呦鹿鸣”、“悠悠我思”、“慆慆不归”。带后缀的修饰成分放在词前,类似现在的中缀,如“燕尔新婚”的“尔”,当然此处应该是准状态后缀。《诗经》的“AABB”式大多是并列短语,如“苾苾芬芬”、“赫赫炎炎”、“矜矜兢兢”。《周易》、《诗经》中丰富多彩的重叠形式为状态词缀的产生奠定了基础。当时还没有真正的状态词缀,但在后来的使用中形成了状态词缀,如“(兢兢)业业”、“(小心)翼翼”。

唐以前难见口语材料,《论语》勉强可以算。① 在记述孔子的言行的《论语》中有不少表达音容笑貌的准状态后缀(有“……的样子”义的“尔”、“然”,至今无音变),继承发扬了《诗经》等古籍的语言特点。如“莞尔”、“铿尔”、“卓尔”、“翼如”、“恂恂如”、“斐然”、“喟然”等(安作璋:《论语词典》)。有的是今天还在用的状态词,如“坦荡荡”、“文质彬彬”。此前叠音成分主要是在名词后做谓语,《论语》中的“君子坦荡荡,小人长戚戚”(《述尔》),都已超出了主谓模式,叠音成分是在形容词后,这为叠音成分的词缀化创造了有利条件。现在“坦荡荡”已是状态词了,“坦”是形容词性词根语素,“荡荡”已是描写“坦”的状态词缀了。“长戚戚”还是偏正短语,是因为“戚戚”是中心语。《论语》中的“文质彬彬”是主谓短语,“彬彬”是描写“文”、“质”结合相得益彰的状态。朱熹《集注》说:“‘彬彬’,犹‘班班’,物相杂而适均之貌。”后来“文质”的意义偏移,“彬彬”成了词缀。现在“文质彬彬”的含义已不是“文与质”如何,而是

① 同时代或稍晚的《晏子》除附加“然”的就是叠音的状态词(见姚振武《晏子春秋词类研究》,河南大学出版社 2005 年 5 月版),《墨子》几乎只有附加“然”的状态词(见王欲安、孙卓彩、郭震旦《墨子大词典》,山东大学出版社 2006 年 2 月版)。《世说新语》中也见不到“ABB”式结构(见张永言《世说新语辞典》,四川人民出版社 1992 年 7 月版)。

“文（雅）”的状态了，因而，“文质彬彬”由主谓短语转化为状态词。

先秦到唐的单音节词缀主要有前缀“有（苗）、斯（皇）、于（归）”，后缀“斯、尔、然、其、彼、焉、若、如、子”等。其中的形容词缀“（赫）斯”、“（率）尔”、“（欣欣）然”、“（茫）若”等可看做是准状态词缀。有的词缀有较强的构词能力，仅《老子》、《庄子》两部作品就有约100例带后缀“然”的词，如“芒然、憯然、畅然、超然、怵然、怫然、忿然、瞞然、凄然、喘喘然、蹴蹴然、睆睆然、愦愦然、蓬蓬然、栩栩然”等（王世舜、韩慕君：《老庄词典》）。而其中的“窈窈冥冥”、“昏昏默默”等同《诗经》的“AABB”式“赫赫炎炎”等基本一样，是并列短语。有一些词今天还在用，可见这些准状态词缀有很强的生命力，承担着描写状态的任务。但这些还只是先驱性、替代性成分，与真正的状态词缀不同。一是其书面语色彩很强，直到现代，口语中基本不用；二是表义确定单一，没有丰富多样的情感色彩；三是虚化不彻底，至今没有变为轻声，未完全词缀化。

叠音的状态词缀与上古就存在的重叠形式（重言）一脉相承。这可以追溯到《周易》，如《蹇 六二》中“王臣蹇蹇”、《夬 九三》中“君子夬夬”、“履道坦坦”、“束帛戋戋”；《诗经》，如《周南》中的“维叶萋萋”，《卫风》的“河水洋洋”、“小心翼翼”等。“洋洋”等BB式重言由做定语、谓语到做状语、补语。做补语则必须与中心语组合后一起充当句子成分。这就为其词汇化提供了方便条件。春秋到唐代是状态词缀的萌芽阶段，已经有了少量的叠音状态词缀，尚未发现其他类型的状态词缀。王昌茂、勾俊涛《古汉语构形重叠词研究》[①]列举了不少《楚辞》中的ABB式充当不同成分，BB式重言做补语的例子：

1）杳冥冥兮以东行。（《楚辞·九歌·东君》）

2）芳菲菲其难亏兮，芬至今犹未沫。（《楚辞·离骚》）

3）芳菲菲其弥章。（《楚辞·离骚》）

4）纷总总兮九州，何寿夭兮在予（《楚辞·九歌·大司命》）

① 《华中师范大学学报》2000年第3期（39卷第2期），第103—109页。他人作品例句不变字体，下同。

5）穆渺渺之天垠兮，莽芒芒之无仪。（《楚辞·九章·悲回风》）

例1）、2）、3）ABB做状语，BB补充、修饰A，例4）、5）ABB做定语，BB补充、修饰A。这些与ABB式形容词类似。还有的BB式重言则做定语、谓语，构成偏正或主谓短语：

滔滔孟夏，草木莽莽。（楚辞·九章·怀沙）

石锓《ABB式形容词语在宋代的演变》[1] 提出附加式BB见于唐代，文章说："ABB发展大致过程是：并列式衍生出述补式，述补式词汇化变为附加式，附加式衍生出音缀式和重叠式。主谓式的发展自成体系，且变化不大。"他认为历时看形容词性ABB形式有六种结构类型：并列式（坦荡荡，见于春秋，是短语）、述补式（天白颢颢，寒凝凝只。《楚辞·大招》）（见于战国，是短语）、附加式（白皑皑，见于唐代，是词）、音缀式（黑洞洞，见于宋代，是词）、主谓式（血滴滴，见于宋代，是形容词）、重叠式（慌张张：AB是双音性质形容词，通过不完全重叠构成ABB式状态形容词。见于元代，是词）。

邢公畹[2]引述王力《汉语史稿》中册（中华书局，1980）的观点，认为这种状态词ABB结构最初见于《楚辞》："烂昭昭兮未央（屈原：《九歌·云中君》）。"并举《楚辞》及汉代至唐代的例子为证：

1）杳冥冥兮昼晦。（屈原：《九歌·山鬼》）
2）还顾望旧乡，长路漫浩浩。（《古诗十九首》）
3）街巷纷漠漠。（《乐府·君子有所思行》）
4）还顾邈冥冥。（蔡琰：《悲愤诗》）
5）念子怅悠悠。（李陵：《与苏武》）
6）丹华灼烈烈，璀璨有光荣。（曹植：《弃好篇》）
7）山树郁苍苍。（曹植：《赠白马王彪》）
8）落叶乱纷纷。（常建：《碧涧别墅喜皇甫侍御相访》）

① 《湖北师范学院学报》（哲社版）2005年第3期，第40—45页。
② 邢公畹：《语言论集》，商务印书馆1983年10月版，第319页。

上述石文对ABB式结构类型的分析较为详尽，但认为ABB式作为词产生于唐代这点与邢文不同，后者认为初见于《楚辞》。我们在考察中发现《楚辞》叠音成分在名词后做谓语，或者在形容词后做补语，确实已经有了虚化的迹象。下边再举一些例子：①

1）路荡荡其无人兮（王逸注：荡荡平易貌也，尚书曰王道荡荡）（《楚辞·九叹》214页）

2）漭洋洋而无极兮。（《楚辞·招魂》149页）

3）西方流沙漭洋洋只（王逸注：洋洋无涯貌也）。（《楚辞·大招》166页）

“荡荡”在名词“路”后，是谓语，已有“空荡荡”义。“洋洋”在形容词“漭”后，已经非常接近状态词缀了。汉赋与《楚辞》差不多，有的叠音成分在名词后做谓语，例如（引自费振刚、仇仲谦《汉赋辞典》）：

1）耳嘈嘈以失听……（王延寿：《鲁灵光殿赋》）

2）……心蒙蒙犹未查。（班固：《幽通赋》）

3）洪淋淋焉，若白鹭之下翔。（枚乘：《七发》）

4）……雨濛濛而渐唐。（蔡邕：《述行赋》）

有的在形容词后做补语，例如：

1）纷湛湛其差错兮……（司马相如：《大人赋》）

2）穆斐斐以承颜。（陈琳：《迷迭赋》）

3）赫烃烃而烛昆。（王延寿：《鲁灵光殿赋》）

---

① 考察、取例使用《中国基本古籍库》试用版，北京爱如生数字化技术研究中心开发制作，黄山书社出版发行。中国基本古籍库分为4个子库、20个大类和100个细目，共收录上自先秦下迄民国的历代名著和各学科基本文献1万余种，每种均提供1个通行版本的数码全文和1—2个珍贵版本的原版影像。总计收书约16万卷，版本12800个，全文约17亿字，影像约1000万页。下同。

如果A与BB是临时组合，可以视为词组，如果是当时不止一人使用的ABB式（有的一直沿用到今天），且ABB式整体充当句子成分，可以视为词，例如“乱纷纷”、“白皑皑”等。邢公畹举的“乱纷纷”出自唐代诗人常建的诗句，其实南朝时“乱纷纷”就很常用了。据汪继懋《汉语重言词典》，南朝到唐五代不少BB式重言词缀化了。例如：

纷纷：木叶乱纷纷。（南朝齐王融：《古意诗》之二）
纷纷：忧思乱纷纷。（南朝吴均：《战城南》）
茫茫：原雨晦茫茫。（南朝齐谢朓：《赛敬亭山庙喜雨诗》）
茫茫：苑中池水白茫茫。（五代花蕊夫人：《宫词之八》）
沉沉：太湖烟水绿沉沉。（唐白居易诗：《宿灵岩寺上院》）
汪汪：父娘啼得泪汪汪。（《敦煌变文集》故圆寂大师二十四孝押座文）

“乱纷纷”不但形容具体事物，也用于抽象的“忧思”，同“白皑皑”一样，凝固定型。除“泪汪汪”充当补语外，其他ABB式充当谓语，这些应该就是当时的状态词。“绿沉沉”、“晦茫茫”没有延用下来，但随后出现的“冷沉沉”、“碧沉沉”、“乌沉沉”、“黑沉沉”一脉相承，《汉语重言词典》认为这些BB重言都是词尾。“晦茫茫”后来有“黑茫茫”等替代，“沉沉”、“茫茫”业已完全虚化为状态词缀。

二、唐至宋代的状态词缀

根据我们考察的唐以前有代表性的专书、词典，发现最先出现的是“ABB”等格式中的叠音状态后缀。而到了唐、宋，状态词缀有了质的飞跃。唐以来便有许多与现代汉语相同的用法了。例如（引自温广义《唐宋词常用词辞典》及顾国瑞、陆尊梧《唐代诗词语词典故词典》）：

1）慢腾腾地暖烘烘。（韦縠：《题壁》）
2）半空白皑皑。（唐岑参：《终南……贻友人》）
3）青门酒楼上，欲别醉醺醺。（唐岑参：《送羽林长孙将军赴歙州》）

4）不如来饮酒，闲生醉醺醺。（唐白居易：《不如来饮酒》之五）

5）有木名水柽，远望青童童。（唐白居易：《有木诗》之五）

以上的“ABB”式，除“青童童”外，都是沿用至今的状态词。“青童童”的“童童”与词根没有意义关系，类似现在的“（红）通通”，使用范围也不小，在《中国基本古籍库》的作品中出现26次。到唐代，出现与动词、名词结合的（ABB式）叠音词缀和其他类型的词缀。以“腾腾”为例，唐代可以单用，可以构词，意义可实可虚，位置可前可后。例如：

1）霜雪耀腾腾。（《元氏长庆集》第104页）

2）不如来饮酒，任性醉腾腾。（《白氏长庆集》第520页）

3）八年流落醉腾腾。（《翰林集》第11页）

4）乌皮几上困腾腾。（《松陵集》皮日休诗）

5）肺黄起卧慢腾腾。（《司牧安骥集》第47页）

6）每醉腾腾，柱之（竹杖）以归。（《李太白诗集注》第732页）

7）思量只合腾腾醉，煮海平陈一梦中。（《甲乙集》第6页）

8）任渠狂到死，吾老慢腾腾。放歌声激烈，醉倒睡腾腾。（宋代，《龙舟集》第30页）

例1）—5）“腾腾”由向上腾起义，逐渐虚化为表示酒醉的样子，昏困的样子，动作迟缓的样子。后者（迟缓）渐占优势。考察爱如生《中国基本古籍库》，按出现次数由少到多排列：黑腾腾5次，暗腾腾7次，昏腾腾9次，睡腾腾16次，烟雾腾腾19次，雾腾腾36次，醉腾腾68次，困腾腾126次，慢腾腾127次。后三种用法远超过近乎本义的“雾腾腾”的使用频率，“醉腾腾”还有一点原义的影子，而“困腾腾”、“慢腾腾”则完全虚化为词缀了。不过各类用法可以长期共存，如例6），另一版本“醉腾腾”被隔开，为“每醉行腾腾，柱之以归”。例7）“腾腾”做了状语，这个位置只与前缀的形成关系密切。例8）

说明唐代以后“腾腾”持续与不同成分组合。反过来，相同成分常与不同词缀组合，例如“醉”，在白居易《不如来饮酒》诗中分别组成“醉昏昏”、“醉陶陶”、“醉悠悠”、“醉醺醺”等。由此可见，作为语用词缀的状态词缀，是可以根据表达需要按照格式创新附加的。

我们考察了《唐五代语言词典》，带状态词缀的词共17个。以下列出状态词缀构成的词。(不单列词缀，以便察看，下同)

前缀、中缀：无

后缀：

单音节词缀（6个）：

摆弄、拨剌、蹭蹬、轻忽、温暾（暾）、张罗

多音节词缀（9个）：

闹聒聒、驳荦荦、嗔迫迫、赤烘烘、赤燉燉、骨厓厓、口悱悱、醉慢慢、龁邓邓

肥没忽、黑没焌地（多音节词缀加“地”）

唐五代状态词缀较少、类型单一，只有后缀没有前缀、中缀。后缀有9个都是ABB式，只有两个是ACD式（肥没忽、黑没焌）。不过，词典所收的是唐代产生的词，并不一定意味着当时使用的词就这么多。另外，唐以前缺少口语材料是收词的最大困难。唐代是状态词缀由少到多的过渡阶段。一方面还大量使用书面语的准状态词缀，比如“皎然、落然、忙然、恾然、悄然、萧然、嚣然”等，一方面又出现了与以往ABB式不同的新的AB、ACD式的状态词词缀，如“（拨）剌、（肥）没忽”等后缀，这是状态词缀的量变转化期。到了宋代，状态词缀的类型和数量略有增多，特别是有了中缀。我们考察了《宋语言词典》，带状态词缀的词共28个。

1 前缀、中缀

前缀：无

中缀（4个）：

藏头亢（伉）脑、撑眉努眼、抵死漫生、迷留没（闷）乱

（烦乱）

2 后缀

（1）单音节词缀（7 个）

刁镫（刁难）、对付、飘兀、约莫（末、貌）、翻腾（变化、翻新）、睁察（睁大）、切呾

（2）多音节词缀（17 个）

闹护（镬）铎（吵闹）、赤骨力（立、律）（赤裸裸）、颠不刺、闷达（打）孩

干剥剥、口吧吧（巴巴）、眼巴巴、眼悬悬、苦恹恹、困漫漫、硬赳赳

轻轻瞥瞥（轻盈）、洒洒（赤裸）落落（无物无挂）、惺惺洒洒（清醒明白）、哄哄侗侗（愚钝糊涂的样子）、历历落落（明白清楚）、忙忙劫劫

疑为叠韵联绵词的，这里未列出，如“温吞”。句法重叠或并列的“AABB”式没有列入，例如“切切呾呾”、“攒攒簇簇”之类。因为“切切呾呾”有原式“切呾”，应视为句法重叠，“攒攒簇簇”是词根“攒”、“簇”重叠后并列在一起的。

宋代的状态词缀较唐代的状态词缀有所增加，特别是出现了中缀。“藏头亢（伉）脑、撑眉弩眼、迷留没（闷）乱”中的“亢（伉）、弩”并没有什么词汇意义，去掉后就是直白的词汇意义“藏头脑、撑眉眼”。“迷留没乱”的“留”、“乱”应该是状态词缀，这是个极具口语色彩的状态词。

不是虚化形成，而是直接加在形容词后的单纯音缀是宋以后才见到的，这与石锓音缀式产生于宋代的观点相互印证。至少现有材料如此。例如现在常用的“洞洞”、“忽忽”：

1）水外黑洞洞地而中却明……（宋《朱子语类》第7页）

2）黑洞洞云迷四野，白漭漭……（元《古今杂剧》第78页）

3）有一块黑忽忽的，不知是什么。（清《侠义传》第177页）

“黑洞洞”在爱如生《中国基本古籍库》从宋到清的作品中出现了96次。例2）有的版本作“黑暗暗”，也许反映了实义成分与虚义成分的竞争。例3）的“黑忽忽”直到清代才出现。我们考察了现代汉语常用的“乎乎”、“巴巴”等，“乎乎”没出现。“口巴巴”最早见于宋，随后的《董解元西厢记》、元曲中出现了“眼巴巴”、“眼巴”、“急巴巴”、“急急巴巴”，到清代小说出现了“窄巴巴”、“窄巴”，“结巴”、“结结巴巴”等，共138条，“干巴巴”、“蔫巴”、“试巴”等未见。例如：

1）平生嫌遮老子说法口巴巴地……（宋陆游《渭南文集》第137页）

2）我眼巴巴的盼……（金《董解元西厢记》第45页）

3）眼巴巴空依着门望……（元《古今杂剧》第113页）

4）免交（教）人望得眼巴。（《六十种曲》第243页）

5）急巴巴日夜费筹划。（《元曲选》第1060页）

6）您道是急巴巴的荷犁锄……（明《酹江集》第335页）

7）见窄巴巴的三间屋子……那邓九公听了，把眉毛一拧，眼睛一窄巴，说……（清《儿女英雄传》第119、156页）

8）他虽结巴，倒会打好谜。……他有结巴毛病，……说话结结巴巴。（清《镜花缘》第351、377页）

“（口）巴巴”尚可看出与词汇意义有关，“（眼）巴巴”进一步虚化，而其他各例的“巴”则已经变为“音缀”，即完全“语用化”了。

三、元代及明清时的状态词缀

元代的状态词缀空前发展，不但状态词缀的类型和数量增多，而且形成了较为完整的体系。表现为：出现了前缀，状态词缀的类型已经齐全，非叠音状态词缀大量增加，叠音词缀表词汇义倾向减弱，表音倾向增强，很多词缀的字面义与词汇意义无关。有许多带状态词缀的词一直沿用到今天，如“热乎剌、喜孜孜（滋滋）、颤巍巍”。这与语言使用者（或戏曲作者）直接描写现实社会，记录生活口语分不开。我们考察了《元语言词典》，带状态词缀的词共182个。

1 前缀

(1) 单音节词缀（词1个）

簇新

(2) 多音节词缀（词25个）

迷丢没（摸）邓（登）（发呆的样子）、劈丢（留）扑冬、急并各部、急周各支、急留骨碌（古鲁）、急张拘诸（忐忑）、吉丁疙疸、赤留出律（出留出律）、赤留出剌、赤（乞）留乞良、滴羞蹀躞（亦作“滴羞跌屑”，颤动的样子）、滴羞笃速（亦作“滴修都速”，战抖）、伊哩乌芦（咿呖呜剌）、足丢没乱（心绪乱）、希留合剌（破碎）、希留急了（枝条摆绞状）、乞抽扢叉、乞留曲律（吕）、乞纽忽浓、失留疏剌、剔留秃鲁（滚动）、剔留团栾（极圆）、剔抽秃刷（揣）（眼转）、踢良秃栾（滚动）、希飏胡都（糊涂）

2 中缀（词1个）：

淅留淅零

3 后缀

(1) 单音节词缀（词30个）

般（搬）弄、逼勒、拨（不）剌、揣巴、撺掇、调弄、撮弄、抟（团）弄、摩弄、摩挲、扎煞（奓沙）、搭撒（飒）（垂下：白须搭撒）、滴溜、刁蹬、对付、恶叉（姹）、慌速、懵懂、掀（轩）腾、踢腾、懵腾、添搭（答）、抹搭、扑搭、曲律（弯）、数落、

踅磨、查胡（喳呼）、准成（程）

来撒的

（2）多音节词缀（115 个）

滴屑屑、跌蹬蹬（同“滴屑屑”，颤动的样子）、白邓邓、𫫚支支、勃腾腾、扑腾腾、薄湿湿、薄设设、颤巍巍、另巍巍、长挽挽、磣可可（磕磕）、卒律律、村棒棒、呆邓邓、滴溜溜、都速速、恶喑喑（歆歆）、古刺刺、骨岩岩、喝（哈、黑、齁）喽喽、黑齁齁、黄甘甘、可扑扑、闷恹恹（厌厌）、苦淹淹（恹恹、厌厌）、苦孜孜、念孜孜、媚孜孜、冷丁丁、立钦钦、密匝匝、密臻臻、齐臻臻、闹该垓、闹荒荒、急飐飐、轻飐飐、静巉巉、明丢丢、闲遥遥、涎邓邓（澄澄）、信拖拖、烟支支、侧𫫚𫫚、支楞楞、足律律、嘴巴巴、气丕丕、实丕丕、悄促促、悄冥冥、青旋旋、青鸦鸦、清耿耿、轻怯怯、飒刺刺、生刺刺、歪刺刺、语刺刺、湿扢扢、喜孜孜（滋滋）、望巴巴、稳拍拍（丕丕）、扑簌簌、淅零零

薄支辣、措（错）支辣、呆答孩、闷答孩、火不登（腾）、呆不腾、颠不剌、短卒律、短古取、恶支沙（杀、煞）、干支剌、活支剌、活不剌、破不剌、嘴不剌、光出律、滑出律、黑林侵、花腊搽、慌笃速、惊急列（里、力、棘律）、慌急列、冷挡飕、面没罗（脸发呆）、明滴溜、烟剌答（无力）、战（颤）笃速、战扑速（发抖）、生各扎（支、擦）、死临侵、死没腾、软答剌、软剌答、软兀剌、轻吉（乞）列、热乎剌

白头踝蹬（出自文例，词条为“踝蹬”）、恶叉（茶）白赖、仰不剌叉、血糊淋剌

虔虔答答、喃喃笃笃、牵牵搭搭、攘攘垓垓、絮絮答答、悄悄冥冥、窄窄别别、涎涎邓邓（澄澄）、呆呆邓邓

这些带状态词缀的词大多来自元杂剧。有的杂剧一段唱词中有十多个带缀词，有极强的语用描写性和极丰富的情感表现力。例如：

雨淋的我湿渌渌，更那堪吉丢古堆波浪渲城渠，你看他吸留忽剌水流、乞留曲律路，更和这失留疏剌风摆希留急了树，怎当他乞纽忽浓的泥，更和他疋丢扑搭的淤。我与你便急章拘诸慢行的赤留出律去。我则索滴羞跌屑整身躯。（元孟汉卿：《张孔目智勘魔合罗杂剧》，《酹江集》第265页）

元代中缀没有什么增加，不如明清时出现的多。明清时状态词缀随戏曲，特别是小说的发展而发展。许多今天使用的状态词已经出现，比如“平不答的”（平而矮）。以《金瓶梅》为例，各类状态词缀已经与现在的很接近了。同现在一样的带单音节前缀、后缀的词如（李申：《金瓶梅方言俗语汇释》）：

精光、精淡、稀烂、刁蹬、拨剌、刮剌、顺溜、直缕、看搭、掀腾、掇弄、踢弄、撺掇、刁刁的、剌剌的、纷纷（忿）的、热剌剌的、嘴巴巴的、一丝（一）丝儿的、唬人剌剌的

多音节状态词缀种类更全，前缀如：

咭溜搭剌（叽里旮旯）、哔哩礴剌（又：必里剥剌）

中缀如：

蹀里蹀斜、失惊打怪、白眉赤（扯）眼、黄皮寡瘦、虑嘴掠舌、死气白赖、张眼溜睛、破零二乱、破零二落、黄汤辣水儿、黑天摸地、苦丁子咸、迷留没乱

歪剌骨、仰八叉

后缀如：

平不答、干霍乱、憋的慌、呼滴溜、鬼胡由、急伶俐（急快）

大剌剌、气吼吼、水济济、生剌剌、白生生、白湛湛、光邓

邓、光挺挺、光睁睁儿、赤巴巴、赤白白、冷呵呵、冷合合、青旋旋、苦艳艳、肥月答月答、实辣辣、怪刺刺、急波波、急攘攘、涎瞪瞪、恶没没、恶拉拉、格地地、热刺刺、热突突、唧哝哝、羞刺刺、虚笼笼、焦刺刺、腻格格、稳拍拍、噪刺刺、臜刺刺、笑嘻嘻、直屡屡、直提提（“挺挺”误）

风风势势、花花黎黎、忽忽洋洋、冒冒势势、信信拖拖（脱脱）、亲亲哒哒、换换抢抢、换换排排、停停脱脱（当当）、喃喃洞洞（哝哝）、楞楞睁睁、絮絮答答、意意似似（思）

放羊刺刺、蛮声哈刺、花丽（黎）狐（胡）哨

明代其他作品如《四游记》、《西游记》、《拍案惊奇》等使用的状态词缀与《金瓶梅》差不多，使用类型多、使用频率高，一个词可以在多部作品出现。以BA式为例，“稀烂”、“精光”、“通红”等都与现代用法相当。有的还可以看到由实到虚的变化，例如“焦黄”：

1）火烧得发际焦黄。（明《平冤录》）

2）白中略带焦黄色，或纯白而光滑……（明《审慎瑶函》）

例1）实而例2）虚。语言不断改旧换新，状态词缀经历了由重叠句法形式到词缀构词形式的变化。又经历了由词汇化到语用化的发展。结构从松散到紧密，再从紧密到松散。带状态词缀的词的功能也经历了从做谓语到附加成分的变化。带状态词缀的词中不仅有状态形容词（大刺刺），还有状态动词（拨刺）、状态副词（活不刺）、状态名词（歪刺骨）、状态拟声词（哔哩礴刺）等。

第二节　状态词缀的演变规律

一、状态词缀形成的源流

《楚辞》及汉赋的例子证明，春秋战国时是ABB式的过渡时代，是ABB式词的萌芽期；至少汉代以后，状态词ABB式已经形成并主要

充当定语、状语，也可以充当谓语成分。唐宋是ABB式词的发展期，唐代BB式重言的词缀化倾向更明显了，不少BB同后来、甚至现在的用法相当，是ABB式词的成长阶段。至元后，不但ABB式词大量发展，还繁衍出各种其他状态词缀的类型，是状态词缀的扩展期。

从已有材料看，ABB式状态词源自主谓、述补短语而非ABB并列式。ABB并列式很罕见，多是AABB式并列。叠音成分是由做谓语（河水洋洋、文质彬彬）、定语（番番良士、荡荡怀山）、状语（慆慆不归）到做补语（行道迟迟、忧心忡忡）。做定语（番番良士、荡荡怀山）、状语（慆慆不归）没有形成ABB式状态词的可能，只能形成BBAB式或BBA式（中心语为单音节词）。做补语就必须与中心语组合后一起充当句子成分，一起做谓语、定语、状语，这一转化最易引起叠音成分的质变；BB式叠音成分做谓语（车邻邻、文质彬彬）也有可能引起叠音成分质变，与主语构成ABB（或ABCC）式状态词，例如“血淋淋”、“水济济”、“泪汪汪”、“眼巴巴”、“气冲冲”等。主谓结构不但可以直接形成ABB式状态词，而且也是述补式的先导。因为主谓式在先，且与述补式在结构上有相同之处，BB都位于A后，只是A的词性不同。由描述事物转而描述事物的行为、状态，就由主谓式转向了述补式。几乎所有经过虚化形成的状态词缀都是由同名词性成分组合到同动词或形容词组合，例如“天下荡荡（《诗·大雅》）、大海荡荡（汉《郊庙歌词》）、路荡荡（汉刘向：《九叹》）、静荡荡（唐郑愚：《大圆禅师碑铭》）、空荡荡（宋《朱子语类》）”，“道茫茫（《淮南子》）、思茫茫（汉蔡琰：《胡笳十八拍》）、白茫茫（五代花蕊夫人：《宫词之八》）”，“雪纷纷（汉张衡：《四愁诗》）、乱纷纷（南朝梁吴均：《战城南》）、闹纷纷（明《杨家府演义》）”、“云蒙蒙（战国宋玉：《九辩》）、紫蒙蒙（唐白居易：《秋蝶》）、黑蒙蒙（明杨讷：《西游记》剧）、灰蒙蒙（周立波：《暴风骤雨》）、雾蒙蒙（陈毅：《游阳朔》）”。（见汪继懋《汉语重言词典》）

因而，ABB式状态词可以分为三类：A为名词性成分（眼巴巴），A为动词性成分（醉醺醺），A为形容词性成分（干剥剥）。[1] A为名词

---

① 直接模拟声音的词重叠音节不算在内，如“轰隆”、“哗啦”重叠为“轰隆隆”、“哗啦啦”。

性成分的 ABB 式状态词在古代汉语和现代汉语中所占的比例都不可忽视。请看下表：

ABB 式状态词分类比较表

各类数字比率 / 出自辞书	A 为名词性成分	A 为动词性成分	A 为形容词性成分	A 为名词性成分所占比率
唐五代语言词典	2	7	0	约 29%
宋语言词典	3	1	3	约 43%
元语言词典	7	17	42	约 12%
现代汉语词典	29	23	136	约 18%

我们认为首先应该是上古的叠音词构成了主谓结构短语，这些短语又由主谓结构扩展到中补结构，也就是由跟名词结合到同动词、形容词结合，逐渐引起 BB 虚化，成为词缀（怅悠悠、乱纷纷），也成为其他状态词缀的源头，同时，近代汉语中旧有的词缀又为新的词缀取代，形成一条发展轨迹（“→”表示发展关系）：

叠音词构成短语或句法重叠→ABB 式、AABB、ABCC 式词→ACD 式、CDAB 式词→ABCD 式、ADBC 式、A 里 AB 式词……

即：造句、重叠（语法变化）→类推造词（词缀化）→状态词缀（音缀化）。

语言演化是在对旧系统的不断修改完善中进行的。由重叠到词缀是对句法形式的修改，由词汇词缀到状态词缀是对构词形式的修改。前者可以称为词汇化，后者可以称为语用化。修改的原则是保持内涵与形式的统一，使格式具有一致性；增加变化，使表达具有多样性。语用频率会影响语义，进一步改变语法形式。[①] 约定俗成的“习性”就形成规律。[②] 状态词缀是语言系统对内部形式修改的产物，在修改过程中经历了从松散到紧密，再从紧密到松散的结构变化。

AB 式最晚产生于唐代。（BA 式的情况与之类似。）限于材料，尚

---

① 邹韶华：《语频 语义 语法》，《汉语学习》2004 年第 2 期，第 6—9 页。

② 邹韶华：《论语言规范的理性原则和习性原则》，《语言文字应用》2004 年第 1 期，16—25 页。

未见到唐代之前的用例。后来的ABB式也有由AB式扩展而成的，也发现了由ABB式减缩而成的AB式（如“窄巴”）。但是这都是个别现象，不成比例。AB式的单音节词缀B的形成主要有三种情况：

一是由词根虚化而成，例如“般（搬）弄、调弄、撮弄、摩弄、抟（团）弄”等。“弄”的构词范围扩大、构词位置固定，导致意义由实到虚，读音轻化，便完成了由词根到词缀的过渡。

二是由联绵词转化而成，例如“懵懂、摩挲”等。这两个本是叠韵联绵词，但是在使用过程中，因为减音构词，前一个音节实化，可以单独表义，甚至可以单用，后一个音节便成了词缀。

三是由类推附加而成，例如“掀（轩）腾、踢腾、拨（不）剌、揣巴”等。虚化的词缀“腾”或用于其他词根的词缀“剌、巴”，被附加到意义没有直接联系的词根上构成新词。

二、汉语状态词缀的演变规律与个性特征

状态词缀的演变是有规律的，这主要体现在三个方面。

(一) 语音变化规律

语音变化规律体现了汉语声调对状态词缀及其构词的决定性作用。首先是语音和谐。CDAB式的一、三音节和二、四音节分别构成双声。以《元语言词典》为例，几乎没有例外：

> 迷丢没（摸）邓（登）（发呆的样子）、劈丢（留）扑冬、急并各部、急周各支、急留骨碌（古鲁）、急张拘诸（忐忑）、吉丁疙疸、赤留出律（出留出律）、赤留出刺、赤（乞）留乞良、滴羞蹀躞（亦作“滴羞跌屑”，颤动的样子）、滴羞笃速（亦作“滴修都速”，战抖）、伊哩乌芦（咿呖呜刺）、足丢没乱（心绪乱）、希留合刺（破碎）、希留急了（枝条摆绞状）、乞抽扢叉、乞留曲律（吕）、乞纽忽浓、失留疏刺、剔留秃鲁（滚动）、剔留团栾（极圆）、剔抽秃刷（揣）（眼转）、踢良秃栾（滚动）、希飚胡都（糊涂）

这一规律对我们了解字词读音有参考价值。比如“糊涂”的读音，

"希飑胡都"、"希丢胡涂"符合规律，一、三音节"希""胡"声母不同，反映了元代后 j、q、x 分化的差异，而当时是相同的，尚未从"见[k]、溪[k‘]、晓[x]"和"精[ts]、清[ts‘]、心[s]"等声母中分化出来；二、四音节声母相同，表明"涂"的实际读音，声母是[t]而不是[t‘]。① 只有个别特殊，如"足丢没乱"，应该考虑书写记音问题。另一明显的语音规律表现为轻重对应变化。单音节状态词缀渐变轻读，双音节、多音节状态词缀前轻后重。例如：

拨（不）剌、揣巴、掿掇、扎煞（奓沙）、搭撒（飒）恶叉（姹）、添搭（答）、抹搭、扑搭、曲律、数落、踅磨、查胡（喳呼）、准成（程）、闹护（镬）铎、闷达（打）孩、恶支沙（杀、煞）、苦淹淹（恹恹、厌厌）、涎邓邓（澄澄）

括号中的变体不属于语素而属于音节，这种不稳定反映了附会意义与追求音准的矛盾。因为状态词缀不承载词汇意义，所以对应语用类化意义的语音变化逐渐占了上风，有的还因类推而形成了一系列的同音字，如"搭"、"希留"等。到现代汉语，单音节状态词缀基本完成轻声变化，双音节、多音节状态词缀的前一音节轻读，后边音节重读（除"的"外不轻读）。

（二）词形变化规律

词形变化经历了由义到音（剥剥－巴巴），由繁到简（剌－拉），由单一到丰富（剌剌－乎拉、的乎拉）的过程。一些古代汉语的状态词缀同现代汉语的用法一样，如"掿掇、踢腾、憋的慌、喜孜孜（恣恣）"等。有的词形方面略有差异，例如：

古代汉语（元杂剧）	现代汉语
1）甘（干）剥剥	干巴巴
古剌剌	呼啦啦

① 据元周德清《中原音韵》，当时全浊声母已分化为送气、不送气清音，但见[k]、溪[k‘]、晓[x]等声母尚未分化。见唐作藩《汉语音韵学常识》，第73页。

冷丁丁	冷冰冰
2）古突突	糊了巴涂
热刺刺	热辣辣、热乎拉、热的乎拉
活喇喇、活支刺	活刺（丝）啦（活活地）
3）光出律	光（巴）出溜（光光的，尤指光着身子）
冷急丁	冷丁、冷不丁（突然）
4）软答刺	软答哈
仰刺叉（擦）、仰不刺叉	仰巴叉（仰面跌跤）、四仰八叉
急留骨碌、剔留秃鲁、急留古鲁	急里骨碌、提里秃噜、叽里咕噜
急流骨都	吉娄咕嘟
乞纽忽浓	稀里呼隆
失流疎刺、吸留忽刺	稀里哗啦
必流不刺	噼里啪啦、逼里巴啦
吉丁疙疸	吉答疙瘩、吉娄疙瘩
急留圪刺	急里嘎啦
必丢不（扑）搭、疋丢扑搭	噼答啪嗒、噼答扑登

1）类的差异是叠音词缀换了，构词格式没变；2）类是叠音词缀变为非叠音词缀，构词格式也变了；3）类是非叠音词缀换了，构词格式也有变化；4）类是非叠音词缀换了，构词格式没有变化。其中“热辣辣”、“活喇喇”等词的演变，都有 ABB（热刺刺）同 ACD（热乎拉）的对应格式，表明 ACD（活支刺）格式是在 ABB（活喇喇）格式基础上产生的，二者可以长期共存换用。“光出律”对应“光出溜”，又增加词缀构成“光巴出溜”，由三字扩展为四字，说明状态词缀不断向多样化发展。

（三）语用表达规律

除ABB式中的部分叠音状态词缀外，一般状态词缀都附加贬义感情色彩和口语语体色彩，有相应的语域选择。例如：

生刺刺、歪刺刺、湿挞挞、呆答孩、闷答孩、火不登（腾）、呆不腾、颠不剌、短卒律、短古取、恶支沙（杀、煞）、干支剌、活支剌、活不剌、破不剌、嘴不剌、光出律、滑出律、黑林侵、花腊搽、冷挡飕、明滴溜、烟剌答（无力）、生各扎（支、擦）、软答剌、软剌答、软兀剌、热乎剌、恶叉（茶）白赖、仰不剌叉、血糊淋剌、牵牵搭搭、攘攘垓垓、絮絮答答、窄窄别别、涎涎邓邓（澄澄）、呆呆邓邓

带状态词缀的动词还有随意性，描写非正常行为状态。例如：

般（搬）弄、逼勒、拨（不）剌、揣巴、撮弄、撺掇、调弄、抟（团）弄、摩弄、摩挲、踢腾、添搭（答）、抹搭、数落、趸磨、查胡（喳呼）

比较一下，如果去掉词缀，“搬”、“逼”、“拨”、“揣”、“撮”等词就失去了附加的色彩义和随意性。词汇意义基本没变，但使用的语域不同，由用于随便口语或俚俗语人群变为用于正规书面语或文雅语人群了。

上古汉语主要靠语法重叠作为强化表达手段。与现代汉语比较，后来状态词缀的语用表达甚至改变了原有的语法重叠。例如：

我如今可酾些不冷不热、兀兀秃秃的酒与他吃。（《生金阁》三折店小二白）

“兀兀秃秃”，是“兀秃”的重叠式，现在济南方言也说“兀兀秃秃”，并且还有的词保持了书面语或褒义色彩，而在东北话中却变成了“兀了巴秃”，不但强调温度不够，而且表示冷、热均不满意，增强了

贬义感情色彩和口语语体色彩。为什么有不同情况呢？现代汉语各方言的状态词缀都是由古代汉语的状态词缀发展而来的，又按照各自方言的语音、词汇特点而有所不同。以语体为例，状态词缀的产生、发展与口语关系密切。有了宋元时期的戏曲才使那些口语词汇得以流传下来。可以说，文言（或书面语）成分越少的作品状态词缀越多，文言成分越少的方言状态词缀越多。比如北方方言的状态词缀比南方方言的状态词缀多；北方北京和哈尔滨方言的状态词缀比济南方言的多，济南方言的状态词缀比太原方言的多；南方吴方言的状态词缀比粤方言的状态词缀多。方言总有其特点与共性，而经常运用的格式会形成规律性的倾向①。

印欧语的词缀系统分为构词、构形词缀。汉语则没有构形词缀，自古以来就有了状态词缀，形成了独特的词缀体系。目前的分类是基于状态词缀和词汇词缀都是构词词缀的传统认识，历时的研究说明，实际上状态词缀是语用词缀，可以成为与传统构词、构形词缀并列的第三大词缀类型——构用词缀。

从古代汉语发展到现代汉语，状态词缀已经成为形式多样的大家族，还可以按构词分成不同类型。仅《现代汉语词典》（商务印书馆2006年版）中就有十几种构词类型，如BA式（梆硬）、AB式（干巴、忙乎）、ABB式（红彤彤、沉甸甸）、ACD式（蔫不唧）、BCA式（稀巴烂）、AABB式（鼓鼓囊囊）、ABCC式（可怜巴巴）、AECD式（白不呲咧）、ABCD式（老实巴交）、CDAB式（稀里马虎）、ADBC式（急赤白脸）、ADCB式（正儿八经）。这些类型在近代汉语中就已经形成了。而变音词汇前缀和叠音状态中缀缺失表明，这两类的发展是受限制的。

（四）状态词缀的格式意义

在近代汉语中状态词缀至少已经形成了20来种构词类型（下画线部分为词缀），例如：

① 邹韶华：《江西安福话指人量词“只”的特殊用法》，《中国语文》2004年第4期，第370—371页。

1. BA 式（精光、精淡、稀烂）、2. AB 式（刁蹬、拨刺、窄巴）、ABB 式（大剌剌、气吼吼、水济济）3. ABC 式（憋的慌）、ACD 式 4.（平不答、干忽拉、肥没忽）5. ACB 式（歪剌骨、仰八叉）6. ACDB 式（苦丁子咸）7. AABB 式［窄窄别别、涎涎邓邓（澄澄）呆呆邓邓］8. ABCC 式（放羊剌剌）9. AECD 式［花丽（黎）狐（胡）哨、死气白赖］10. ADBC 式（急赤白脸）11. ABDC 式（失惊打怪、黄皮寡瘦、黑天摸地）12. ABCD 式（老实巴交、白头蹀躞）13. CDAB 式［咭溜搭剌（叽里旮旯）、哔哩礴剌（又：必里剥剌）、踢良秃栾、希飐胡都］14. ADCB 式（正儿八经）15. ACAB 式（蹀里蹀斜、淅留淅零）16. 叠音＋的（地）式［热剌剌的、嘴巴巴的、一丝（一）丝儿的、唬人剌剌的］17. 非叠音＋的（地）式（黑没焌地）

这里举几类例子说说状态词缀的格式意义。到宋、元词曲，特别是元杂剧，状态词的类型增多，主要功能是做附加成分，做谓语的少了，例如（陆澹安：《戏曲词语汇释》及顾学颉、王学奇：《元曲释词》）：

1）骑着匹慢腾腾瘦蹇，必丢不答践。（《贬黄州》二折叨叨令）

2）住的是灰不答的茅团，铺的是干忽剌的苇席。（《举案齐眉》三折越调）

3）我则见五个镘乞丢磕塔稳，更和一个字急留骨碌滚。（《燕青博鱼》二折油葫芦）

4）喜的他两意儿奚丢胡突，慌的他两头儿低羞笃速，唬的两眼儿提溜秃卢。（《僧尼共犯》二折梁州曲）

5）我是王枢密的女婿，那里看的你这白头叠雪的在眼里。（《谢金吾》一折对白）

6）待席罢敲他一下，倒噎的老虔婆血糊淋剌。（《青衫泪》四折上小楼）

7）人跟前不恁的吃场扑腾，呆贱人几时能够醒醒。（《金钱

池》三折醉春风曲）

同时，以上各例代表了古代口语中几种主要的状态词缀类型：

1. ABB 式

“慢腾腾”，同现代汉语用法一样，是谓词性成词语素与叠音状态词缀一起构词。词汇意义主要由 A 承担，状态词缀 BB 描写 A 的状态，突出程度，有感情、语体色彩。另如（龙潜庵：《宋元语言词典》）：

甘（干）剥剥、活喇喇、火匝匝、立钦钦（兢兢）、气丕丕、死丕丕、死僵僵、冷丁丁

2. ACD 式

“灰不答、干忽剌”，描述“灰、干”的样子，是谓词性成词语素与多音状态词缀一起构词。词汇意义主要由 A 承担，状态词缀 CD 描写 A 的状态，程度不高，有贬义感情色彩和口语语体色彩，多为拟声词移觉（变视觉）转化而来。另如：

呆不腾、呆答孩、光出律、荒笃速、活支剌、火不腾（登）、冷急丁、软兀剌、软剌答、软答剌、瘦稜生、生可擦（各支、各扎、各查）、慌急列、杂不剌、嘴不剌

3. CDAB 式

“必丢不答”、“乞丢磕塔”，“不答”、“磕塔”，是拟音的成词语素，状态词缀“必丢”、“乞丢”与拟音的成词语素一起构词。相当于现在说“噼答啪嗒”、“吉嗒嘎嗒”。词汇意义主要由 AB 承担，状态词缀 CD 通过增音、谐音加强 AB 的声势，有口语语体色彩。另如：

乞纽忽浓、失流疎剌、必丢不（扑）搭、必流不剌、疋丢扑搭（劈丢扑答）、劈留扑碌、劈丢（留）扑冬、急并各部、急周各支、吸留忽剌、急留圪剌、急流骨都、伊哩乌芦（咿呖呜剌）、希留合剌、乞抽扢叉、乞纽忽浓、失留疏剌

4. CDAB 式

“急留骨碌”、“奚丢胡突”、“低羞笃速”、“提溜秃卢”，状态词缀与在后的拟态成词语素一起构词，现代汉语说“急了骨碌”、“稀里(了)糊涂”、“哆了哆嗦”、“提了秃卢”（如形容吃面条，“秃卢”亦可拟音）。词汇意义主要由 AB 承担，状态词缀 CD 通过增音、谐音增强 AB 的态势，即多而杂乱的形象性，有口语语体色彩。“急留骨碌”是“连续乱骨碌”，“奚丢胡突”是不一般的“糊涂”，“低羞笃速”表示“一个劲哆嗦”，“提溜秃卢”是“不断秃卢（转）”。另如：

> 急留古鲁、急留骨碌（古鲁）、急张拘诸（忐忑）、吉丁疙疸、赤留出律（出留出律）、赤留出刺、赤（乞）留乞良、滴羞蹀躞（亦作“滴羞跌屑”，颤动的样子）、滴羞笃速（亦作“滴修都速”，战抖）、足丢没乱（心绪乱）、乞留曲律（吕）、剔留秃鲁（滚动）、剔留团栾（极圆）、剔抽秃刷（揣）（眼转）、踢良秃栾（滚动）、希留急了、迷丢没（摸）邓（登）（发呆的样子）、希留急了（枝条摆绞状）、希飑胡都（糊涂）

5. ABCD 式

“白头叠雪”，形容老人头发白，是双音节名词性成词语素与状态词缀一起构词。“叠雪”，是附会意义的写法，现在哈尔滨方言说“白毛爹些”，“爹些”并无实在意义，只有描述作用。《元语言词典》中的“白头蹀躞”，更符合口语实际。词汇意义主要由 AB 承担，状态词缀 CD 描写 AB 的状态，程度较高，有贬义感情色彩和口语语体色彩。

6. AECD 式

“血糊淋刺”是单音节名词性（有的为谓词）成词语素与多音节状态词缀一起构词。词汇意义主要由 A 承担，状态词缀 DCB 描写 A 的状态，增强形象性，有贬义感情色彩和口语语体色彩。词缀结构层次是“糊 + 淋刺”。类似的另如：

> 血忽淋剌、仰不剌叉、恶叉白赖

7. AB 式

“扑腾”可视做谓词性单音节词根语素与单音节状态词缀构成的双音节词，词汇意义主要由 A 承担，状态词缀 B 描写 A 的随意性、持续性状态，有贬义感情色彩和口语语体色彩。另如：

撺掇、答剌、磨勒、抹搭、数落、踢腾

第三节　从状态词缀角度解读词语

有些词不好理解，辞书解释也较含糊，从状态词缀角度更好解读。

“迷留没乱”是个极具口语色彩的状态词，“留”、“乱”应该是状态词缀，表示词汇意义的应该是词根“迷没”。现在哈尔滨方言中还有相应的词“迷摸的”、“迷迷摸摸的”，同时也说“迷了摸了的”或“迷了摸楞的”，同“迷留没乱”相当。“迷摸的”意思是“（因得不到或想要什么而）心绪不宁，不知干啥好”，例如：“他馋得迷了摸了的。”考察《中国基本古籍库》共获取 7 个用例，也都表示心绪不宁：

1）君瑞与莺各目视而内心皆痛矣……有情夫婿不得团圆，好迷留没乱，叫人怎舍弃……（《董解元西厢记》第 63 页）

2）小生自遇春容，日夜想念……教俺迷留没乱的心嘈杂。（《六十种曲》第 2761 页）

3）迷留没乱好难猜，多才敢只是柳叶眉等你过章台。（《南音三籁·天籁》第 62 页）

4）此心原不死，飞落逐花尘……在庵内修行，俺心中正迷留没乱的，……是谁在外叫门。（《僧尼共犯》第 5 页）

5）迷留没乱把双眉皱。（《元曲选》第 699 页）

6）今日羞辱，不由我滴羞跌屑怕怖，乞留兀良口絮，他剔抽秃刷斯觑，迷留没乱踌躇……（《元曲选》第 877 页）

7）寒森森朔风串，舞飘飘瑞雪旋，骑着匹瘦蹇，必丢不答践，冻得个立钦钦稚子滴羞笃速战。兀的不冻杀人也么哥哥……空教我瘦岩岩老夫迷留没乱倦。（《贬黄州》第 5 页）

例1）—4）形容情思难耐，例5）—7）描写踌躇无奈。

“抵死漫生”，“漫”是状态词缀，词根“抵死生”即词汇义，就是“尽最大力量”的意思，相当于“拼死拼活”、“拼命地”。《宋语言词典》的这个词出现在宋代之前，《唐宋词常用词辞典》和《唐代诗词语词典故词典》都收了这个词，举例为：

1）兰房一宿还归去，抵死漫生留不住。（冯延巳：《应天长》）
2）抵死漫生求见，偷方觅便求欢。（向滈《西江月》）

很多词与现在的词是相通的，从状态词缀的角度看当时的词可能更易明白。例如：“干霍乱”，有人认为与病有关，有的说不对，是“白白地忙乱”。后者说“霍乱”是山东话：折腾、闹腾、搞得混乱不安，而《小说词语汇释》指“霍乱”为时疫，错了。举例为《金瓶梅》八十二回：“唬的敬济也不敢出一声儿来，干霍乱了一夜。”①

如果说是病名活用做谓词也有一定可能，只是“像得了‘干霍乱’一样”的意义与小说中人物敬济的处境不大一致。按原文（《中国基本古籍库》）“白白地忙乱”更不对。“霍乱”应是记音词缀。原书描写敬济约潘金莲私会却失约，晚上翻墙过去遭到责骂：“妇人终是不信，说道：‘你这贼才料……’两个絮聒了一回，见夜深了，不免解卸衣衫，挨身上床躺下。那妇人把身子扭过倒背着他，使个性不理他，由着他姐姐长姐姐短，只是反手望脸上挝过去，唬的敬济气也不敢出一口来。干霍乱了一夜，将天明，敬济恐怕丫头起身，依旧越墙而过，往前边厢房中去了。”“干霍乱”应相当于“干忽剌”，有贬义，意义本是“缺水发干”，转喻“不被理睬”，元曲中已有此词（见上边“状态词缀的格式意义”例2）。现在北方话“干忽拉的”，常形容（嗓子等）干得难受的感觉。这里描写敬济一夜未敢亲近，独睡无欢的冷落情状。

再如“抹搭”，音 māda，有人说在古汉语及徐州方言中有“粗

---

① 李申：《金瓶梅方言俗语汇释》，北京师范学院出版社1992年3月版，第45—46页。例句似有误。

略”或“忽略”含义（徐州话为失手），但又探究“抹”本字为“眽”还是“苜”，则可能又远离原词了。①“抹搭”的意义应来自动词“抹”的擦抹义，加状态词缀“搭”有了随意性、口语性和贬义色彩。“搭”没有实在词汇意义，“看”的意义应来自“抹”的引申，即来自眼睛的动作，眼皮从上到下“抹”下来，而这样“看”也就有了轻视的意义。

① 王锳、曾明德：《诗词曲语辞集释》，语文出版社1991年10月版，第272页。

第六章　汉藏语其他语族语支中状态词缀的类型、分布

第一节　藏缅语的状态词缀

本章分析、描写了藏缅、苗瑶、壮侗语状态词缀的类型、特点，研究了状态词缀的作用及其类型学特征。认为状态词缀在汉藏语中普遍存在，同汉语一样，汉藏语系各语族语言的状态词缀位置确定、缺少独立性，一般不能单独使用，与词根结合不紧密；词缀无实在意义，只描摹某种状态；书写形式几乎只是单纯记音、不表示意义，在多音节词中有的词缀被视为音节而不是语素；状态词缀有独特的读音规律和语用含义；语音形式变化与词缀化相对应，形成形、音、义对应规律；词缀构成的词感情色彩强，突出情态，有突出的描写性。状态词缀是汉藏语属于同一语言类型的又一重要佐证。

状态词缀在汉藏语四个语族中普遍存在。按状态词缀的构词类型计算，汉语普通话中有 ABB 式等 13 种类型（在汉语各大方言中也广泛分布，如“AB 式：眨巴、ABB 式：矮顿顿、ACD 式：圆叮当、ADBC 式：黑咕隆咚”中词根“眨、矮、圆、黑”后的成分，北京方言有 26 种类型）；而在藏缅、苗瑶、壮侗语中有 20 多种类型。分布最广的是 ABB 式结构中的叠音后缀，其次是 AB 式结构中的单音节后缀和 ACD 式等结构中的双音节后缀。①

---

① 来自文献的文字或拼音等书写符号仍按原文写法，例如声调，或标调号、或标调值、或标调类。非拼音文字的记音符号加方括号。下同。

一、藏缅语的状态词缀及构词类型

藏缅语的状态词缀可以分为前、中、后缀，构词类型有 22 种。现在分别列举，叙述分析如下。①

1. 前、中缀

（1）BA 式

单音节词缀加单音节词根。

景颇语②一部分动词、形容词词根加前缀（词头）“a”构成。例如：

gying^{1}（抽缩）——a^{2}gying^{1}（猛烈地、拼命地）

hkri（酸）——ahkri（很酸的）

dam^{1}（宽）——a^{2}dam^{3}（宽敞的）

彝语支的哈尼语的③形容词可以带前加成分［jo^{33}］，例如：［jo^{33} ȵi^{55}］红。

带前加成分形容词的特点是兼有名词的性质，不受副词修饰；带前加成分不能再有后附成分；带前加成分的词不能用来构成新词，而是组成词组。例如：

词：［ȵi^{55}］红　［dɔ^{33} ȵi^{55}］很红　［ȵi55tɕhui 55］（ne^{33}）红通通

词组：［a^{55}je^{33}　jo^{33} ȵi^{55}］红花

① 引自文献的文字或拼音等书写符号仍按原文写法，例如声调，或标调号、或标调值、或标调类。非拼音文字的记音符号加方括号。一般在材料第一次出现时加注释。下同。

② 有关材料来源于戴庆厦、徐悉艰《景颇语语法》，中央民族学院出版社 1992 年 5 月版，第 206—440 页。

③ 有关材料来源于李永燧、王尔松《哈尼语简志》，民族出版社 1986 年 6 月版，第 54—59 页。（国家民委民族问题五种丛书之一——中国少数民族语言简志丛书，其他简志同。）

用［jo^{33} ȵi^{55}］构成新词不行，可能与其前缀［jo^{33}］赋予的状态意义有关。

形容词“大的、高的、厚的、长的”等用前加成分［ʔmə˥］表示程度。

形容词可以带词头，但并非都是状态词缀。例如羌语支的道孚语多数形容词带声母为［g］的前加成分构词：“［ge－de］（小的）、［gɛ－bə］（薄的）”，这不是状态前缀。有些形容词有级范畴，如木雅语用前缀“［kæ^{33}］、［zə］”分别表示较高级和最高级。这起到了状态词缀的一些作用，但也不是真正意义上的状态前缀。①

（2）BBA 式

载瓦语②单音节词根前加词缀表示程度加深，例如：

tsam^{21} tsam^{21} ne^{51}（红殷殷）、poʔ^{21} poʔ^{21} phju^{51}（白生生）

（3）BAA 式

藏缅语的“BAA”式，形似汉语的“ABB”式，但不是后缀，而是程度形容词重叠后加前缀，例如傈僳语③的前缀［a］：

［a˩ ɣɯ˥ ɣɯ˧］（远远的）、［a˩ xe˥ xe˧］（宽宽的）、［a˩ nɛ˥ nɛ˥］（深深的）

基诺语④重叠词根加词缀。如“［a^{44} khu^{33} khu^{33}］（弯弯的）”，［a^{44}］是前缀。

载瓦语表示“粗大、长、高、多”意义的形容词词根重叠后加前缀强调程度加深，例如：

① 有关材料来源于陈士林、边仕明、李秀清《彝语简志》，民族出版社 1985 年 7 月版，第 68—71 页；戴庆厦《彝语词汇学》，中央民族大学出版社 1998 年 5 月版，第 46—51 页。

② 材料来源于马学良《汉藏语概论》，民族出版社 2003 年 10 月 2 版，第 396—406 页。

③ 材料来源于徐琳、木玉璋、盖兴之《傈僳语简志》，民族出版社 1986 年 9 月版。

④ 材料来源于盖兴之《基诺语简志》，民族出版社 1986 年 8 月版，第 61—63 页。

［$ke^{21}i^{55}i^{55}$］（特别粗大）、［$ke^{21}xiŋ^{51}xiŋ^{51}$］（特别长）

怒族语[①]形容词“大的、高的、厚的、长的”等用前加成分［ʔmə ˥］表示程度，单音节形容词重叠后，前边加上前加成分表示程度不深；单音节形容词重叠后，前边加上前加成分［kha˦］表示程度最深；单音节形容词重叠后，前边加上前加成分［ʥi˦］表示程度一样。单音节形容词重叠后，前边加上前加成分表示程度不深，还伴随着声调也发生一定的变化。

（4）ABA、ABCAB 式

这两类是在重叠词根之间插入中缀。土家语[②]单音节词或双音节词重叠，中间加入词缀。例如：

［$sa^{55}le^{21}sa^{55}$］（很冷）
［$tse^{35}si^{55}le^{21}tse^{35}si^{55}$］（很辣）

彝语支的哈尼语有带［pha^{33}］的 ABA 式，例如：

［$bjɔ^{33}$ $pha^{33}bjɔ^{33}$］（ne^{33}）满满（的）
［de^{33} pha^{33} de^{33}］（ne^{33}）饱饱（的）
［$phɯ^{33}$ $pha^{33}phɯ^{33}$］（ne^{33}）灰灰（的）
［$ba^{33}pha^{33}$ ba^{33}］（ne^{33}）白白（的）

（5）ABCB 式

羌语[③] AB 式词，B 重叠后中间插入词缀，例如：

$ɤa^{33}ʐi^{55}wu^{33}ʐi^{55}$（模糊）、$dʐi^{35}gi^{55}dʐə^{35}gi^{55}$（乱七八糟）、a ru

① 材料来源于孙宏开、刘玉路《怒族语简志》，民族出版社 1986 年 7 月版，第 70—72 页。

② 材料来源于田德生、何天贞等《土家语简志》，民族出版社 1986 年 10 月版，第 66—70 页。

③ 材料来源于马学良《汉藏语概论》，民族出版社 2003 年 10 月 2 版，第 281—303 页。

mu ru（勤勤恳恳）

（6）BACA 式

藏语①词根变音重叠后加上［a^{53}］做前缀，加上［pa^{13}］做中缀，例如：

［cok^{53}coʔ^{53}］（歪的）—［a^{53}coʔ^{53}pa^{13}coʔ^{53}］（弯弯曲曲）

［tʂa^{53}tʂha^{53}］（花的）—［a^{53}tʂha^{53}pa^{13}tʂha^{53}］（花花绿绿）

（7）CACB 式

景颇语另有由并列词根分别加前附音节构成的。例如：

yu② lun^{2}（下、上）—ding1 yu② ding^{1} lun^{2}（忐忑不安地）

2. 前后、中后缀

（1）ACBC 式

藏语词根变音重叠后加上［re^{53}］分别做中缀和后缀，例如：

［thor^{55}］（分散）—［tha^{53}re^{53}tho^{53}re^{53}］（稀稀疏疏）

［chor^{55}］（摇晃）—［cha^{53}re^{53}cho^{53}re^{53}］（摇摇晃晃）

（2）BABC 式

载瓦语加前缀的形容词后加双音节后缀表示状态（称为陪衬音节），一、三音节相同。例如：a^{21}ŋjo^{55} a^{21}tʃhi^{55}

3. 后缀

（1）AB 式

彝语支有较多带单音节后缀的 AB 式。哈尼语的例如：

［nɔ^{31}dzo^{33}］（ne^{33}）软绵绵（的）、［gɔ^{55}zi^{55}］（ne^{33}）毕直直

① 金鹏：《藏语简志》，民族出版社 1983 年 7 月版。

（的）、[$tɕhu^{55}$ $dʑu^{33}$]（ne^{33}）甜蜜蜜（的）

彝语的①例如：

[vu˥ lo˧]（“天、衣、草”等青幽幽）、[tsha ˧ɬɔ˧]（温暖）

彝语的“AB”式，是词根加一个带评价意义的后缀，词义中性或略带贬义。

彝语另有“A'B”式，例如：

[vu˥ 'lo˧]（“天、衣、草”等青幽）、[tsha ˧'ɬɔ˧]（温暖）

这类“A'B”式，即词根加上一个带表情重音的后缀，在词义上比词根所表示的意义程度深得多。

土家语“AB”式，例如：

[$ɤɨe^{21}$ pa^{21}]（长的）、[$l\tilde{a}^{35}$ ka^{55}]（黑的）

（2）ABB 式

“ABB”式是词根加叠音后缀的形容词。其词根表示基本性状，词缀具有一定的附加意义，词根相同而词缀不同的词适用的对象也不同。缅语的例如：

ni^{33} $jɛ^{53}$ $jɛ^{53}$（红殷殷）、$mɛ^{53}$ $tɛ^{53}$ $tɛ^{53}$（黑压压）

羌语支的例如：

木雅语 $næ^{53}$ $tsø^{33}$ $tsø^{33}$（亮）、so^{53} $sø^{33}$ $sø^{33}$（安静）

---

① 有关材料来源于陈士林、边仕明、李秀清《彝语简志》，民族出版社 1985 年 7 月版，第 68—71 页；戴庆厦《彝语词汇学》，中央民族大学出版社 1998 年 5 月版，第 46—51 页。

扎坝 na[33]pu[55]pu[33]（暗）、tsɛ[33]lɛ[55]lɛ[33]（滑）

道孚语 shvo ruru（亮堂堂）、stsɛ xoŋxoŋ（热烘烘）、sŋu doŋdoŋ（绿油油）

彝语的例如：

[vu˥ lo˨lo˨]（“天、衣、草”等青幽幽）、[tsha˧ɬɔ˨ɬɔ˨]（温暖）

白语的①“ABB”式，例如：

[phɛ˥ no˦no˦]（软绵绵）、[tsɯ˦tɯ˧tɯ˧]（硬邦邦）、[ku˥ nɛ˦nɛ˦]（稠糊糊）、[mo˦fv˥ fv˥]（细苗苗）

“ABB”式后边的叠音词缀描述不同的性状和程度。

土家语“ABB”式，例如：

[khɨ[35]tsi[55]tsi[55]]（苦津津）、[wu[35]tɕhi[55]tɕhi[55]]（凉冰冰）

怒苏语形容词性语素后加双音节叠音词缀构成具有丰富感情色彩的“ABB”式词，例如：

[kha˥ tɕhã˥ tɕhã˥] 亮堂堂、[ma˥ ma˩ ma˩] 高傲自大傲气十足、[ti˦ si˩ si˩] 仔仔细细、[mɯ˩ tɕha˥ tɕha] 凉快

原书作者虽称叠音词缀为叠音藻饰词，但也已认识到这些成分的基本功能。并指出类似的四音节联绵词很丰富。

（3）AABB 式

傈僳语动词重叠后加后缀 [ka˧ka˧] 表示动作随随便便、匆匆

① 材料来源于徐琳、赵衍荪《白语简志》，民族出版社 1984 年 12 月版，第 41—45 页。

忙忙，例如

"［bɛ ˧bɛ ˧ka ˧ka ˧］（随便说说）"，很像汉语的"说说呱呱"、"夹夹咕咕"

羌语例如：

boborere（急忙）、kəkətiti（充实）、tɕa^{55} tɕa^{55}pa^{33}pa^{33}（肮脏）

此外，彝语支的纳西语①有同汉语一样的结构，除表示程度加深外，还有可爱、愉快等感情色彩。例如：

［phər ˨ phər ˨ sa˥ sa ˨］白生生、［bi ˨bi ˨le˥ le ˨］安安逸逸

不过都有原词形，应属于句法重叠。

基诺语的"AABB"式也是句法重叠。

（4）ABAC 式

双音节词根后加第一音节重叠音和词缀。

羌语例如：

ʂɕo^{55}li^{55} ʂɕo^{55}thu^{55}（慌忙）、ma^{33}pu^{55} ma^{33}tshɛ^{55}（草率）

景颇语有的被称为陪衬音节，与词根在语音上互为双声、叠韵或谐韵。例如：

ga^{1}tut^{1}（相遇）——ga^{1}tut^{1} ga^{1}tat^{1}（随心所欲地、意外地）
a^{1}rut^{1}（摩）——a^{1}rut^{1} a^{1}rat^{1}（擦一擦状）
ga^{1}lu^{1}（长）——ga^{1}lu^{1} ga^{1}lang（太长的）

① 材料来源于和即仁、姜竹仪《纳西语简志》，民族出版社 1985 年 10 月版，第 56—59 页。

以上互为双声。

a^{1}yai^{2}（乱扔）——a^{1}yai^{2} a^{1}kai^{2}（凌乱状）
a^{1}brop^{2}（思想不稳定）——a^{1}brop^{2} a^{1}sop^{2}（思想混乱状）
ga^{1}tu②（急）——ga^{1}tu②ga^{1}ru①（匆匆忙忙地）

以上互为叠韵。

la^{1}ja①（严重）——la^{1}ja① la^{1}nang（比事实说得严重）

以上互为叠韵。

（5）ABCD 式

双音节词根加双音节词缀。

羌语例如：

bi^{55}ri^{55}bu^{33}ru^{33}（模糊）、pi^{55}ti^{55}pu^{55}tu^{33}（叽叽咕咕）、ȵ̥i^{55}li^{55}ȵ̥a^{13}la^{55}（拖拖沓沓）

景颇语由词根加后附音节构成。“sha^{2}la②”用得较为普遍，可以附加在一部分不同的词根上，其他后附音节均因词根不同而有不同的形式。例如：

a^{1}mya①（抓）——a^{1}mya① sha^{2}la②（乱抓状、褴褛状）（修补）
a^{1}nya①（软、自暴自弃）——a^{1}nya① sha^{2}la②（自暴自弃地）
ga^{1}pa^{1}（修补）——ga^{1}pa^{1} sha^{2}la②（补补贴贴地）
a^{1}dong^{2}（发呆）——a^{1}dong^{2} an^{1}gang^{2}（含含糊糊地）

（6）BADCC 式

景颇语带前缀（词头）“a”的形容词词根加后附“n + 叠音成分”构成。例如：

atsang（轻）——atsang $n^1wong^1wong^1$（轻飘飘的）

a^2kya^3（软）——$a^2kya^3n^1$hpa①hpa①（软绵绵状）

$a^2chyang^3$（黑）——$a^2chyang^3n^1prim^2prim^2$（乌亮乌亮的）

ali（重）——ali $n^1nak^2nak^2$（沉甸甸的）

$asit^2$（淡）——$asit^2n^1$baba（惨白状）

（7）ABCC 式

景颇语有少数词不加前缀（词头）"a"和后附"n"，只带叠音后缀构成。例如：

la^1si^1（瘦）——$la^1si^1grong^1grong^1$（瘦削状）

ga^1tsing（新鲜）——ga^1tsing $hpra^1hpra^1$（新鲜鲜的）

ga^1ji^1（小）——$ga^1ji^1tek^2tek^2$（矮矮小小的）

（8）ACD 式

拉祜语①的 ACD 式或简化为 AB 式。一些形容词可以加双音节的［$lɛ^2ve^1$］（称为助词）或单音节的［$ɛ^2$］可以表示性状程度加深并富有文学色彩。同时中平调（一调）变为高升调（四调）。例如：

［ni^1］红——［$ni^4lɛ^2ve^1$］红彤彤

［si^1］黄——［$si^4lɛ^2ve^1$］黄澄澄

［$nɔ^1$］蓝——［$nɔ^4lɛ^2ve^1$］蓝莹莹

［thY^1］厚——［$thY^4lɛ^2ve^1$］厚墩墩

也有的不变调，例如：

［thi^3］直——［$thi^3lɛ^2ve^1$］直溜溜

［$qɔ^6$］弯——［$qɔ^6lɛ^2ve^1$］弯曲曲

［$lɔ^2$］轻——［$lɔ^2lɛ^2ve^1$］轻飘飘

---

① 材料来源于常竑恩《拉祜语简志》，民族出版社 1986 年 9 月版，第 30—31 页。

［na^{6}］黑——［na^{6} lɛ^{2}ve^{1}］黑黢黢

很明显，这些不变调的词根都不是中平调（一调）。

土家语的“ACD”式如：

［thuã^{21}kho^{55}li^{21}］（圆的）、［ts ũ^{55} kho^{21}khuei^{55}］（短的）

（9）AAB（的）式

傈僳语的性状形容词，词根重叠后加后缀［mu ˧］，表示程度略微加重，语气委婉。例如：

［phu ˧phu ˧mu ˧］（白白的）
［gi ˦gi ˦mu ˧］（弯弯的）
［li ˩ l ˩ mu ˧］（重重的）

傈僳语的程度形容词重叠后加后缀［za］，例如：

［n ɰ ˩ n ɰ ˩ za ˩］（近近的）
［ẽ˧ ẽ˧ za ˩］（矮矮的）
［thɛ ˩ thɛ ˩ za ˩］（浅浅的）

基诺语后缀［m^{42}］只附加在重叠的形容词词根上。例如：

［mi^{42}mi^{42}m^{42}］（小小的）、［xɤ^{44}xɤ^{44}m^{42}］（大大的）、［thə^{42}thə^{42}m^{42}］（多多的）

彝语支的哈尼语单音节形容词性语素重叠或加后缀常可以带相当于汉语“的”的附加成分（ne^{33}）。例如：

［na^{33}na^{33}（ne^{33}）］黑黑的、［de^{33}de^{33}（ne^{33}）］平平的、［bjɔ^{33}pha^{33}bjɔ^{33}（ne^{33}）］满满的、［dza^{31} tɕhu^{55}（ne^{33}）］漂漂亮亮的、［phju^{55}se^{31}（ne^{33}）］白生生的

彝语支的纳西语的状态词缀只有后缀，主要类型是重叠加“［ge˧］（的）”的“AAB”式，例如：

［tɕ˥ tɕ˥ ge˧］小小的、［na˧ na˩ ge˧］黑黑的、［xər˧ xər˩ ge˧］绿绿的

（10）ABCB 式

彝语支的哈尼语形容词的后附成分可以叠用表示程度加深，重叠时在叠用成分中间加 pha33，构成带多音节后缀的 ABCB 式，例如：

［n̥i[55] tɕhu[55] pha[33] tɕhu[55]］（ne[33]）红通通（的）、［go[31] sa[33] pha[33] sa[33]］（ne[33]）高高（的）

（11）ABBC 式

彝语支的哈尼语指“小”的形容词，在后附成分重叠后加 za[31]（相当于汉语的“儿”），构成 ABBC 式，例如：

［bjo[33] lo[33] lo[33] za[31]］（ne[33]）矮矮（的）、［ba[31] kha[33] kha[33] za[31]］（ne[33]）薄薄（的）、［te[33] le[33] le[33] za[31]］（ne[33]）浅浅（的）

上述除音节重叠外，还有叠韵现象。

（12）ABAB 式

彝语支的纳西语：

［xər˩ zɯ˥ xər˩ zɯ˥］绿油油、［mbu˩ kə˩ mbu˧ kə˧］亮堂堂、［bə˩ nər˩ bə˧ nər˧］软绵绵、［ndʑy˩ to˩ ndʑy˧ to˧］硬邦邦

重叠的原词形：［xər˩ zɯ˥］绿、［mbu˩ kə˩］亮、［bə˩ nər˩］软、［ndʑy˩ to˩］硬

这一类重叠同汉语带前缀的双音节状态形容词的重叠方式相同，其原词形也可视为状态词。同汉语带单音节前缀的状态形容词的重叠式

"稀烂稀烂（的）"相当，例如"［$a^{44}thu^{42}a^{44}thu^{42}$］（厚厚的）"，不过前缀不同。

二、藏缅语的状态词缀评述

1. 藏语的状态词缀

藏语的状态词缀主要有两种类型。藏语上述形容词相当于汉语的状态形容词，加缀重叠后增强了描写性。"ACBC"式，一、三音节声母相同，二、四音节整体重叠，有整齐的对应规律。

2. 羌语支的状态词缀

羌语支的状态词缀既有前缀，又有后缀，类型较多。羌语支各语言有按一定语音格式构成的四音格词，如"ABCD"式、"ABCB"式有独特的语音重现规则：A与C、B与D分别为双声，A与B、C与D分别为叠韵。①

3. 景颇语的状态词缀

景颇语的状态词缀的前缀、后缀可以共现，类型也较多。景颇语有独立于形容词的状态词，表达概念含义和思想感情丰富、生动、形象，是数量较多的一个词类。

4. 缅语支的状态词缀

形容词重叠表示程度深，还可以附加叠音词缀加强程度。状态词缀主要是叠音词缀。

5. 彝语支的状态词缀

傈僳语大多数形容词都可以重叠，重叠后加前缀或后缀表示不同的形状、性质、深浅和远近等程度。傈僳语有强、弱两个方面，属于强的方面的形容词（"BAA"式），重叠后加前缀［a］表示深远、宽广程度加强，声调也随着变化。不论原来是什么调，重叠后前一个音节读55调，后一个音节读44调。属于弱的方面的形容词（"AAB"式），重叠后不变调，加后缀表示性状略微削弱。

基诺语前缀［a^{44}］等是形容词的标志，属于类属词缀。与傈僳语一样，基诺语的"ABB"式，与汉语的"ABB"式不同，不是加叠音

① 马学良：《汉藏语概论》，民族出版社2003年10月2版，第281—303页。

词缀，而是重叠词根。如“［a^{44} khu^{33} khu^{33}］（弯弯的）”，［a^{44}］是前缀。

怒族语有状态前缀、后缀，类型较多。

哈尼语的状态词缀既有前缀，又有中缀、后缀，类型较多。

拉祜语状态词缀没有前缀，有后缀，类型不多。有带后缀的 ACD 式，或简化为 AB 式。

彝语的状态词缀没有前缀，主要有后缀，“ABB”式可以重叠“A”加中缀，还有带重音的类型，状态词缀较丰富。

6. 其他语支的状态词缀

白语所有的形容词都可以重叠，表示程度加深。性状形容词重叠后，再加助词才能做名词的定语。这样一来，白语的状态词类型就只有“ABB”式。

土家语没有状态前缀，有中缀，后缀类型较多。

各式都构成状态形容词，是性质形容词的生动化形式，具有鲜明的描绘性和浓重的修辞色彩。

“AB”式带单音节后缀，“ACD”式带单双节后缀，“ABB”式带叠音后缀。“ABA”式是嵌入间缀的重叠式（“AA”式或“ABAB”式等），通过重叠和中缀共同表示程度加深，是形容词比较级中的加深级。这种形式与带词重音的重叠式形成互补关系，带词重音已有强调意义，因而就不带［le^{21}］，例如：

［kho^{21} khɨ^{55}］困难－［kho^{21} khɨ^{55} kho^{21} khɨ^{55}］（很困难）

［thuã^{21} kho^{55} li^{21}］圆的－［thuã^{21} kho^{55} li^{21} thuã^{21} kho^{55} li^{21}］（很圆的）

带下画线的是重读音节，也就是都在原词最后一个音节重读。这类重叠式除了上边所举的类型外，还有“AABB”式，重读第二音节。例如：

［kho^{21} khɨ^{55}］（困难）、［ɣɨe^{55} se^{55}］（脏）

“ABAB”式	“AABB”式
［kho^{21} khɨ^{55} kho^{21} khɨ^{55}］（很困难）	［kho^{21} kho^{21} khɨ^{55} khɨ^{55}］

（很困难）

[ɣɨe⁵⁵ se⁵⁵ ɣɨe⁵⁵ se⁵⁵]（很脏） [ɣɨe⁵⁵ ɣɨe⁵⁵ se⁵⁵ se⁵⁵]（很脏）

总的看来，藏缅语的状态词缀都有明显的表义、读音规律。这里仅以凉山彝语为例说明一下。凉山彝语的“ABB”式，应是词根加叠音后缀，词义比词根原义略强（但不如“A'B”式强）。至于词根，可以是现代自由语素或古文自由语素。可以是动词、名词或形容词性的。形容词性词根语素带上后缀词性不变，能表示不同的感情色彩和不同的主观评价，不同的后缀所表示的意义程度也不一样。一般有这样几种情况：

（1）词根加叠音后缀的“ABB”式比带单音节后缀的“AB”式所表示的意义程度要深一层，例如：

一般式 强调式

ʂʅ⁴⁴go³³（黄生生、黄油油） ʂʅ⁴⁴go³³go³³（黄生生、黄油油）

i⁴⁴ko³³（红艳艳） i⁴⁴ko³³ko³³（红艳艳）

（2）有的词根加叠音后缀的“ABB”式比带单音节后缀的“AB”式所表示的意义程度要浅一些，例如：

强调式 减弱式

tɕhu⁴⁴sɿ³³（甜丝丝） tɕhu⁴⁴sɿ³³sɿ³³（甜丝丝）

i⁴⁴sɿ³³（殷红） i⁴⁴sɿ³³sɿ³³（殷红）

叠音后缀比带单音节后缀所表示的意义程度浅的，一般是表示事物颜色浅、淡及事物本身程度较轻的词。

（3）词根加双音后缀的“ABC”式不如“AB”、“ABB”式所表示的意义程度强，例如：

强或深 弱或为中性

tɕhu⁴⁴tsɿ³³（白生生） tɕhu⁴⁴tsɿ³³zɯ³³（白生生）

tɕhu^{44}sɿ^{33}（小白点）　tɕhu^{44}sɿ^{33}zɯ^{33}（小白点）
i^{44}lo^{33}（红彤彤）　i^{44}lo^{33}du^{33}（红彤彤）

带后缀"du^{33}"的词，一般为中性或略带贬义。带后缀"zɯ^{33}"的词，所表示的程度都较轻或较弱。"du^{33}"和"zɯ^{33}"在这里本身的词义就是只表小或微量，都读中平调，不变调。

(4)"ABB"式的叠音后缀不同，所反映的客观对象、主观评价和感情色彩不同。或者后缀相同，由于词根不同，表示的意义不同。例如：

nɔ^{33}dɯ^{33}dɯ^{33}（黑压压，多指坐着的人）、nɔ^{33}nɤɔ^{33}nɤɔ^{33}（黑压压，多指大森林）、nɔ^{33}sɿ^{33}sɿ^{33}（黑黑的，多指人的胡子）

tɕhu^{44} ko^{33}ko^{33}（雪、花等令人喜欢的白）、tɕhu^{44} tsɿ^{33}tsɿ^{33}（牙等白得可爱）、tɕhu^{44}gɯ^{33}gɯ^{33}（泪花等令人伤心的白）

tshi^{44}tʂʅ^{33}tʂʅ^{33}（细而均净）、mgo^{44}tʂʅ^{33}tʂʅ^{33}（凉爽）、ba^{44}tʂʅ^{33}tʂʅ^{33}（薄薄的）、i^{44}tʂʅ^{33}tʂʅ^{33}（红，猪血色）

有的词缀适应的词根多些，有的词缀适应的词根少些，例如"ʂa^{33}ʂa^{33}"、"te^{33}te^{33}"只能分别同"tɕhu^{44}（白）"、"nɔ^{33}（黑）"搭配，组成"tɕhu^{44} ʂa^{33} ʂa^{33}（白花花）"、"nɔ^{33}te^{33}te^{33}（黑压压）"。

(5) 词根带单音节后缀的"AB"式和加叠音后缀的"ABB"式还可以重叠词根、增加词缀，使表义更形象生动，程度更深些。前一种构成"ABAC"式，例如：

le^{55}kɔ^{33}（厉害）
——le^{55}kɔ^{33}le^{55}ɤɯ^{33}（厉害，凶）
la^{21}gu^{55}（弯曲）
——la^{21}gu^{55} la^{21}tʂha^{55}（弯弯曲曲）

后一种构成"ACABB"式，例如：

nɔ^{33}tshɿ^{21}tshɿ^{21}（黑洞洞）

——nɔ^{33}mu^{33}nɔ^{33}tshɿ^{21}tshɿ^{21}（黑洞洞）

bo^{44}ho^{33}ho^{33}（爽快舒畅）

——bo^{33}mu^{33}bo^{44}ho^{33}ho^{33}（爽快舒畅）

bo^{44}ɕo^{33}ɕo^{33}（通畅无阻）

bo^{33}mu^{33}bo^{44}ɕo^{33}ɕo^{33}（通畅无阻）

（6）“ABB”式在语音上一般都有一定的规律。

1）词根是高平调“55”的，叠音后缀只能是中平调“33”或低降调“21”，例如：

vu^{55}bu^{33} bu^{33}、vu^{55}pi^{21}pi^{21}

2）词根是次高平调“44”的，叠音后缀一般都是中平调“33”，例如：

si^{44}hɯ^{33}hɯ^{33}（毛茸茸）、ŋgo^{44}ti^{33}ti^{33}（冰冷）

3）词根是中平调“33”的，叠音后缀除了不出现次高平调“44”外，其余调值都可出现。例如：

so^{33}khɔ^{33}khɔ^{33}（静悄悄）、nɔ^{33} he^{33} he^{33}（乌油油）、nɔ^{33} tshɿ^{21} tshɿ^{21}（黑洞洞）

4）词根是低降调“21”的，叠音后缀一般都是中平调“33”。例如：

go^{21}ɕe^{33}ɕe^{33}（空空如也）、tshi^{21} li^{33}li^{33}（整齐）、lu^{21} ti^{33}ti^{33}（稳重）

此外，有些词高平调“55”重叠的第二个音节要变为低降调

“21”。例如：

nɔ³³mu⁵⁵mu²¹（深而绿）、nɔ³³dii⁵⁵dii²¹（暗无天日）、nɔ³³lɿ⁵⁵lɿ²¹（黑油油）

第二节 苗瑶语、壮侗语的状态词缀

一、苗瑶语的状态词缀

苗瑶语①的状态词单成一类，几乎都由状态词缀构成。主要有表示颜色的、表示气味的、表示感觉的、表示形状的。苗瑶语的其他各类实词以单音节为多，但是状态词以多音节的为多。这些多音节的状态词语音上很有特色，可以分为以下几类（下画线的是状态词缀）：

1. ABB 式

例如：khi³³nen¹¹nen¹¹（颤巍巍）、pɛ⁵⁵ten³³ten³³（满满当当）

类似汉语的单音节词根加叠音词缀。

2. ACD 式

例如：ȵu¹¹ʐa¹¹ʐu¹¹（绿茵茵）、na³¹ɣa¹¹ɣi¹¹（辣酥酥）

这一类双音后缀的声母、声调都相同，汉语很少见。

faŋ⁵⁵a³³a³³（亮堂堂）、ɕo⁵³ki³³li³³（红艳艳）

这一类双音后缀的韵母、声调都相同，像汉语的单音节词根加词缀的“黑咕咚”之类。

3. ABCD 式

例如：pə⁴⁴qoŋ¹¹loŋ¹¹toŋ¹¹（响咕隆咚）、ɭaŋ³³qo³³lo³³tho³³（滚咕隆通）

这一类第一个音节是动词，相当于汉语的偏正短语“咕隆咚响、咕隆通滚”，可能不被视为后缀。

4. ABAC 式

例如：vaŋ⁵⁵qaŋ¹¹vaŋ⁵⁵qei⁵³（横七竖八）、tu⁴⁴tei⁴⁴tu⁴⁴qei⁵³（乱蹦

① 马学良：《汉藏语概论》，民族出版社 2003 年 10 月 2 版，第 603—640 页。

乱跳）、fha^{33} tɕa^{33} fha^{33} qei^{53} （滚来滚去）、mu^{31} ma^{31} mu^{31} ta^{44} （乱砍乱杀）、fhaŋ^{33}tɕaŋ^{33} fhaŋ^{33} ta^{44} （慌里慌张）、ɕhu^{35} ɕhoŋ^{35} ɕhu^{35} ta^{44} （乱推乱搡）

上述三、四音节词或双声，或叠韵，都按语音和谐规律构成。

在养蒿苗语中“ABAC”式数量最多。这一类最后一个音节“C”是表示某种附加意义的后缀，此处的 qei^{53} 和 ta^{44} 表示杂乱而且厌烦。

苗瑶语的状态词把性状区别得非常细致，一种颜色或者一个动作，可以用几个状态词缀表示。另如：

ɕo^{53} ko^{33} ɭo^{33} （红艳艳，好看）、ɕo^{53} a^{11} ɭa^{11} （红彤彤）

二、壮侗语的状态词缀

壮侗语族诸语言①的状态词缀较为丰富。

壮侗语族诸语言的动词、形容词后边往往可以加上一两个音节，表示动作、行为的状况或不同程度的性状。例如（前加“——”号的为带状态词缀的结构）：

1. 壮语

tiu^{5} （跳）

——tiu^{5}juk^{7}（向前跳）

——tiu^{7}juk^{7}juk^{7}（不断向前跳、蹦蹦跳）

——tiu^{5} ʔi^{1} juk^{7} （欢快地跳）

——tiu^{5} ʔi^{1}juk ^{7}ʔi^{1} juk ^{7}（高高兴兴有节奏地跳）

以上为“AB”式、“ABB”式、“ACB”式、“ACBCB”式。

ɣiu^{1} （笑）

ɣiu^{1}ȵum^{3} （微笑）

——ɣiu^{1} ȵum^{3} ȵum^{3} （微微笑）

——ɣiu^{1}ȵum^{3}ȵem^{3} （笑眯眯）

——ɣiu^{1}ȵa^{3} （up^{3}ɣup^{3} （默默地笑）

以上为“AB”式、“ABB”式、“ABC”式、“ABCD”式。

---

① 材料来源于马学良《汉藏语概论》，民族出版社 2003 年 10 月 2 版，第 696—701 页。

ʔdam^{1}（黑）

——ʔdam^{1}ʔda：t^{7}（漆黑）

——ʔdam^{1}ʔda：t^{7}ʔda：t^{7}（黑漆漆的）

——ʔdam^{1}ʔdi^{1}ʔdam^{1}ʔda：t^{7}（黑漆漆的）

以上为“AB”式、“ABB”式、“ABAC”式。

2. 傣语

西双版纳：

sak^{8}（洗）

——sak^{8}sik^{8}（随随便便地洗）

——sak^{8}sək^{8}（勉勉强强洗）

以上都是“AB”式。

ʔdɛŋ（红）

——ʔdɛŋ^{11}tən^{2}tən^{2}（红通通）

——ʔdɛŋ^{1}pa：m^{2}pa：m^{2}（红——）

——ʔdɛŋ^{1}v a：t^{8}v a：t^{8}（红——）

——ʔdɛŋ^{1}tsa：ŋ^{2}h a：ŋ^{2}（红——）

以上为“ABB”式、“ABC”式，表示不同程度的红。

德宏：

vi1（梳）

——vi^{1}va^{1}（随随便便地梳）

tse^{6}（泡）

——tse^{6}tsa^{6}（随便泡一下）

以上都是“AB”式。

ʔun^{5}（暖和）

——ʔun^{5}ma：n^{6} ma：n^{6}hoŋ^{1}（暖烘烘，最高）

——ʔun^{5}mun^{6} mun^{6}hoŋ^{1}（暖烘烘，较高）

——ʔun^{5}mɔn^{6} mɔn^{6}ʔɔn^{1}（暖烘烘，较低）

以上为“ABBC”式，表示不同程度级别的暖。

3. 侗语

o^{1}（笑）

——o^{1}ȵən^{3}ȵən^{3}（微微笑）

——o^{1}khit^{7} hit^{7}（咯咯笑）

以上为“ABB”式、“ABC”式。

ja^{5}（红）

——ja^{5}hu^{6}hu^{6}（红——）

——ja^{5}ɕe^{5}ɕe^{5}（红——）

——ja^{5}ljuŋ^{5}ljuŋ^{5}（红——）

——ja^{5} ljiŋ^{9}ljiŋ^{9}（红——）

以上为“ABB”式，表示不同程度的红。

4. 水语

pi^{2}（肥）

——pi^{2}njaŋ^{2}（肥肥的）

——pi^{2}paŋ^{2}maŋ^{2}（胖胖的）

——pi^{2}pɔt^{8}mɔt^{8}（肥得很）

ɕu1（绿）

——ɕu^{1n}diu^{3}（绿绿的）

——ɕu^{1n}dja：u^{3}（绿绿的）

——ɕu^{1}la：p^{7} la：p^{7}（绿油油的）

以上为“AB”式、“ABC”式、“ABB”式。

qam^{5}（黑）

——qam^{5}a：i^{1}（黑黑的）

——qam^{5}qaŋ^{1}（黑黑的）

——qam^{5} a：t^{7} ȵa：t^{8}ha：t^{8}（黑不溜秋的）

以上为“AB”式、“ABCD”式。“ABCD”式的“BCD”韵母相同，“CD”的声调相同。

5. 仫佬语

khɤa^{1}（尖）

——khɤa^{1}lø^{5} lø^{5}（尖尖的）

ʔ a：ŋ^{5}（高兴）

——ʔ a：ŋ^{5}khə^{5}lə^{5}（高高兴兴）

ti^{5}teŋ^{2}（四方）

——ti^{5}teŋ^{2}pə^{5}ȵa：t^{7}（四四方方）

以上为“ABB”式、“ABC”式、“ABCD”式

6. 毛南语

pi^{1}（摆）

——pi^{1}ʔə:n^{1}ʔə:n^{1}（大摇大摆）

——pi^{1}ʔə^{3}n^{2}ə（摆来摆去）

——pi^{1}ʔduŋ^{4}ʔda^{4}ʔduŋ^{4}ʔdɛu^{4}（东歪西倒）

以上为“ABB”式、“ABC”式、“ABCBD”式。“ABCBD”式的“BCBD”声母、声调都相同。

tuŋ^{5}（浊）

——tuŋ^{5}tut^{7}（较浊）

——tuŋ^{5}tɯ^{1}（很浊）

——tuŋ^{5}tut^{7}tuŋ^{7}tɯ^{1}（很浑浊）

以上为“AB”式、“ABAC”式。“ABAC”式的声母都相同。

7. 黎语

ra:u^{42}（笑）

——ra:u^{42}kak^{42}kak^{42}（咯咯地笑）

——ra:u^{42}he^{42}he^{42}（嘿嘿笑）

——ra:u^{42}ka^{42}ka^{42}（哈哈笑）

lei^{11}（瘦）

——lei^{11}ga:ŋ^{42}ga:ŋ^{42}（瘦骨嶙嶙）

——lei^{11}te:n^{42}te:n^{42}（瘦骨嶙嶙）

——lei^{11}kho:ŋ^{42}kho:ŋ^{42}（瘦骨嶙嶙）

gwei^{11}（胖）

——gwei^{11}zuk^{42}zuk^{42}（胖）

——gwei^{11}ze^{55}ze^{55}（胖）

以上均为“ABB”式。表达细致丰富。

8. 莫话

pai^{4}（刮）

——pai^{4}ʔu^{2}ʔu^{2}（呼呼地刮）

jəu^{1}（绿）

——jəu^{1}çu^{1}çu^{1}（绿油油）

ʔba^{5}（宽）

——ʔba^{5}ʔbaŋ^{4}（宽宽的）

ȵa：u^{6}（乱）

——ȵa：u^{6} phɔŋ^{2}ȵwɔŋ^{2}（乱七八糟的）

phuʔ^{8}（白）

——phuʔ^{8}jəu^{2}ɕu^{2}（白茫茫）

以上为“AB”式、“ABB”式、“ABC”式。

壮侗语族诸语言的状态词缀类型较多。其中动词构成的“ABB”式还有状语的意蕴，有的未完全虚化。

第三节　藏缅、苗瑶、壮侗语状态词缀的特点

一、各语言状态词缀的附加意义

前述说明，在汉藏语其他语族语支中都有类似的词缀。藏缅、壮侗语族诸语言的单音节动词、形容词后边往往可以加上一两个音节，表示动作、行为的状况或不同程度的性状。例如：①

景颇语：ga^{1}lo② ga^{1}la②（吵闹）、a^{1}dong^{2} an^{1}gang^{2}（含含糊糊地）、a^{1}wu① a^{1}sin（肮脏污秽的）

壮语：tiu^{5}ʔi^{1}juk^{7}（欢快地跳）、pja：i^{3}ʔduk^{7}ʔdek^{7}γek^{8}（刚学走路的样子）

侗语：pjiu^{1}sa：t^{9}sa：t^{9}（连连地跳）、ja^{5}hu^{6}hu^{6}、ja^{5}ljit^{9}ljit^{9}（不同程度的红）

水语：pi^{2}paŋ^{2}maŋ^{2}（胖胖的）、qam^{5}ȶa：t^{8}ȵa：t^{8}ȶha：t^{8}（黑不溜秋的）

毛南语：pi^{1}ʔə^{3}nə^{2}（东摇西摆）、tuŋ^{5}tut^{7}tuŋ^{5}tuɯ^{1}（很浑浊）

仫佬语：ʔa：ŋ^{5}khə^{5}lə^{5}（高高兴兴）、ti^{5}teŋ^{2}pə^{5}ȵa：t^{7}（四四方方）

① 景颇语例见戴庆厦、徐悉艰《景颇语语法》，中央民族学院出版社 1992 年版。

傣语（西双版纳）：$sak^{8}sik^{8}$（随随便便地洗）、$ʔdɛŋ^{1}tən^{2}tən^{2}$（红通通）

由于多数其他汉藏语语族语支还存在表示时、态、级、称等语法范畴的后缀，所以其他汉藏语诸语言的状态词缀主要存在于叠音词或四音格词中。一些带叠音词尾的形容词，除表示颜色或性状外还有某些附加意义。例如：①

苗瑶语 $khi^{33}\ nen^{11}\ nen^{11}$（颤巍巍）、$fang^{55}\ a^{33}\ a^{33}$（亮堂堂）、$fhaŋ^{33}tçaŋ^{33}fhaŋ^{33}ta^{44}$（慌里慌张）、$tu^{44}tei^{44}tu^{44}qei^{53}$（乱蹦乱跳）

木雅语：$nə^{53}\ zə^{33}\ zə^{33}$（黄灿灿，指太阳、金子）、$ni^{53}\ zə^{33}zə^{33}$（红艳艳，指火、花朵）

吕苏语：$nua^{33}\ xo^{55}xo^{53}$（黑洞洞）、$de^{33}gu^{55}de^{33}æ^{53}$（亲亲热热）

史兴语：$phu^{33}tu^{33}tu^{55}$（灰扑扑）、$phu^{33}tiæ^{33}tiæ^{55}$（赤裸裸的）

勒期语：$tsam^{31}tsam^{31}nɛ:^{31}$（红殷殷）、$taŋ^{55}\ taŋ^{55}tʃ\ i:\ n^{33}$（酸溜溜）

殷殷红　　溜溜酸

值得注意的是，这种状态词缀的存在不是偶然的、个别的现象，这些词缀的描写性体现了语言的描写性。以既有较丰富形态变化又有分析语特征的景颇语为例，可以使我们看到各式各样的状态词缀。尤其是这一语言有丰富的状态词，而在状态词中，有很大部分是通过增加词缀或重叠表达细致、生动的情状。例如：

1. 加前缀：

ajin（腻烦状）、$a^{2}ngui^{3}$（慢的）、$a^{2}ga^{1}htet^{2}$（热乎乎的）、$a^{2}chyang^{3}$（漆黑状）、ahkri（酸酸地）、$gau^{3}ngui^{2}$（慢慢地）

2. 加后缀：

① 以下见戴庆厦、黄布凡、傅爱兰等《藏缅语十五种》，北京燕山出版社 1991 年 2 月版。

a[2]dan[3]sha[1]（清楚地）、a[2]bui[3]sha[1]（慢慢地）、gau[1]ngui[2]gau[1]yang[2]（慢吞吞）、gau[1]ngui[2]gau[1]si[2]（慢腾腾的）

这类状态词能形象、生动地表达各种动作行为、思想感情和声音。状态词缀都具有附加意义，除了表现程度差别外，还增强某种状态色彩。词根相同而词缀不同的词适用的对象也不同。例如羌语支的木雅语，"[ni[55]]（红）"，有[ni[55]ze[33]ze[33]]（红彤彤、红艳艳），形容火红、花红，有[ni[55]xuæ[33]xuæ[33]]（红扑扑），形容人的脸红。"[nə[53]]（黄）"有[nə[55]phæ[33]phæ[33]]（蜡黄），形容人的病态脸色，有[nə[55]zə[33]zə[33]]（黄灿灿），形容太阳、金子、绸缎等亮丽的黄色。这种情形与汉语中带叠音后缀的形容词非常相似。①

二、各语言状态词缀的结构特点

其他汉藏语的状态词缀结构类型没有汉语多，但有一些是汉语没有的。下边列表比较一下，看有哪些类型特点。"+"号表示"具有"。用"-"号表示形同实异的BBA式。BA+BC表示其他为BA式，载瓦语为BABC式。壮语后的B表示具有ACBC+B类型；毛难语后的D表示具有ABCB+D类型。

表6-1

结构式＼语言	AB	BA+BC	AAB	ABB	AABB	ABCD	ABAB	ABAC	ACBC	ABCC	ABA	ABCB	ABBC	BACA	BADCC	BAA	CACB	ACD	ABC	ACB
藏语									+					+						
羌语				+	+	+		+				+							+	
景颇语		+				+				+					+		+			
缅语				+																

① 马学良：《汉藏语概论》，民族出版社2003年10月2版，第302页。

续表

结构式 语言	AB	BABC	AAB	ABB	AABB	ABCD	ABAB	ABAC	ACBC	ABCC	ABA	ABCB	ABBC	BACA	BADCC	BAA	CACB	ACD	ABC	ACB
载瓦语		+		+												+				
哈尼语	+		+	+							+	+	+							
纳西语			+		+		+													
彝语	+			+				+											+	
拉祜语	+																	+		
傈僳语			+		+											+				
基诺语			+		+		+									+				
白语				+																
土家语	+			+	+						+							+	+	
怒苏语		+		+																
苗瑶语				+		+		+										+		
壮语	+			+		+		B											+	+
傣语	+			+									+					+		
侗语				+														+		
水语	+			+		+												+		
仫佬语				+		+												+		
毛南语	+			+				+				D						+		
黎语				+																
莫话	+			+														+		

在所列的22种类型中，分布最广的是ABB式的叠音后缀，有十种语言具备；其次是AB式单音节后缀和ACD式（含有类似汉语ACD式的）双音节后缀，分别有9种和10种语言具备。23种语言中具备5种类型词缀以上的有羌语（6种，按语支）、景颇语（5种）、哈尼语（6种）、土家语（6种）、壮语（6种）、毛难语（5种）。类型最少的是缅语、黎语，只有ABB式叠音后缀。从其他汉藏语的情况反观汉语的状

态词缀，知道这是汉藏语共有的构词形式，除可以描写性状外，还可以有某些附加意义，表达思想感情。ABB 式是重要的结构类型。要说明的是这是举例性的，而非穷尽性的（实际存在的会更多），目的在于证明其有状态词缀，未列出不证明其无状态词缀。

三、各语言状态词缀的读音规律

状态词缀构词有着普遍的语音变化规律。但各个语言有自己的音变模式。

1. 声调发生变化

大部分语言的声调发生变化。

（1）景颇语同类状态词缀构成一致的声调模式：

> ①a²dan³sha¹（清楚地）、a²bui³sha¹（慢慢地）
> ②gau¹ngui²gau¹yang²（慢吞吞）、gau¹ngui²gau¹si²（慢腾腾的）

①的三个音节为 2－3－1 调，②的四个音节为 1－2－1－2 调。

（2）彝语“ABB”式在语音上的规律：

> ①词根是高平调“55”的，叠音后缀只能是中平调“33”或低降调“21”。②词根是次高平调“44”的，叠音后缀一般都是中平调“33”。③词根是中平调“33”的，叠音后缀除了不出现次高平调“44”外，其余调值都可出现。④词根是低降调“21”的，叠音后缀一般都是中平调“33”。

（3）拉祜语一些形容词可以加双音节的［lɛ²ve¹］（称为助词）或单音节的［ɛ²］，可以表示性状程度加深并富有文学色彩。同时中平调（一调）变为高升调（四调）。

（4）傈僳语有强、弱两个方面，属于强的方面的形容词，重叠后加前缀［a］表示深远、宽广程度加强，声调也随着变化。

（5）怒族语单音节形容词重叠后，前边加上前加成分表示程度还伴随着声调也发生的一定变化。

2. 声母、韵母发生变化

部分语言的声母、韵母发生变化。例如：

(1) 藏语“ACBC”式，一、三音节双声（声母相同），二、四音节整体重叠，有整齐的对应规律。

(2) 羌语“ABCD”式有独特的语音重现规则：A与C、B与D分别为双声，A与B、C与D分别为叠韵。

(3) 水语“ABCD”式的“BCD”韵母相同，“CD”的声调相同。

(4) 仫佬语“ABCBD”式的“BCBD”声母、声调都相同。

(5) 毛南语“ABCD”式的声母都相同。

3. 轻重音变化

还有的语言有轻重音变化，例如：

(1) 彝语带重音的“AB”式表示程度加强。

(2) 土家语这种“ABAB”式形式，带间缀［le^{21}］与带词重音的重叠式形成互补关系，也就是都在原词最后一个音节重读。还有“AABB”式，重读第二音节。

四、主要类型学特征

综上可见，状态词缀的产生、发展受到语言内部关系的制约和语言外部条件的影响各有自己的特点，但也体现出明显的类型性特征，其主要的类型特点是具有共同的构词特征、重叠特征、韵律特征、语用特征。

1. 构词特征，状态词缀是各语族语支具有的词语形式。

2. 重叠特征，重叠词缀很多，尤其是ABB式是最广泛采用的结构形式。

3. 韵律特征，状态词缀伴随有语音和谐、规律的变化。

4. 语用特征，状态词缀都不承载主要词汇意义，而具有附加的形象色彩、感情色彩、语体色彩等。

对汉语之外的其他汉藏语的考察表明，各语言状态词缀与重叠密切相关，伴随有规律的语音变化；结构上可合可离，都不承载主要词汇意义，而具有附加的形象色彩、感情色彩、语体色彩等。总之，其主要的类型特点是：产生于音节分明、有声调、有构形重叠的语言；不靠固定词缀，而靠固定格式突出个性与主观感受；语用认知上淡化形式，重视生动、形象表达。以上分析进一步印证了徐世璇（1999）关于汉藏语言的派生构词方式具有共同特点的论述：语音形式上，词缀一般轻读，音长、音强或音高往往同词根形成强弱差别，并且常常发生音变，使原来的语音特征更加弱化。在结构形式上，一些不负载具体词义的词缀同词根的附着关系相对松散、可离可合，在进入具体语境后，由于表义上的羡余度或者语音节律的要求，这些词缀同词根有时可以分离，词缀脱落后的词根，词义词性不变，仍可独立运用。

从汉藏语的其他语族的情况反观汉语的状态词缀，可知这是汉藏语共有的语用词缀，状态词缀的主体应伴随音变，形成相应的格式类型。除可以描写性状外，还可以有某些附加意义，表达思想感情；状态词缀构词有着普遍的语音变化规律，但各个语言又有自己的音变模式。大部分语言的声调发生变化。状态词缀是汉藏语属于同一语言类型的又一重要佐证。我们认为状态词缀是汉藏语特有的词缀，与传统研究的构词、构形词缀不同，可以自成体系。如果说印欧等语言是具有形式化特征的语言，那么可以说汉藏语是具有形象化特征的语言，具有相同类型的语言可以产生相同的语言变化特征。

同可以认定汉藏语是有声调的语言一样，我们可以认定汉藏语是有谓词重叠的语言，是有状态词缀的语言。声调，是语音系统类型性特征，属于语言表达的物质形式。这种形式可以改变或说是对应语素（词）意义。重叠，是语法系统类型性特征，属于语言表达的形态手段。这种形态可以改变语法范畴意义。状态词缀，是语义、语用系统类型性特征，也属于语言表达的形态手段。这种形态可以改变语用意义和词的功能。状态词缀的类型性特征既可以较好解释这种语言现象，又可以为汉藏语同属一个语言类型提供证明。

第七章　状态词缀的类型学特征

第一节　从各语言相互比较看状态词缀的共性与个性

一、与汉藏语之外的语言比较

状态词缀不具有普遍语言共性，英语等印欧语系语言没有状态词缀。如果说印欧等语言是具有形式化特征的语言，那么可以说汉藏语是具有形象化特征的语言。哈尔滨方言状态词缀与其他北方方言状态词缀有共同来源，与南方方言部分词缀有共同来源，这共同来源就是古汉语描写性成分及词缀的使用和发展演变。但各民族语言的状态词缀各有自己的特点，不可能是借用的，这说明具有相同类型的语言可以产生相同的语言变化特征。从这个角度看，甚至可以把语言分为有语用词缀的语言和无语用词缀的语言。没有语用词缀的语言（如日语、俄语、英语）也没有句法层次上的描写性重叠（ABB、AABB 式）。考察发现，在地理上与状态词缀较多的哈尔滨方言接近的满语、蒙语等缺少状态词缀，有些借词很像状态词缀，但只是音似而已。例如来自满语的"哈拉巴（猪羊等的肩胛骨）"、"嘎拉哈（猪羊等的腿关节骨，可作为玩具）"、"喇忽"等词，"巴"、"拉"、"忽"不能分离出来，是音译词；蒙语中的"哈撒"是问的意思，"扎撒"是名词"法令"，翻译文字与汉语状态词同形，但却是不同的词。[①] 来自蒙语的"哈巴"、"哈巴狗"中的"哈巴"，在哈尔滨方言中同"拉巴"、"眨巴"一样，"巴"能分离出来，从历时的角度看，这是逆派生，恰是因为哈尔滨方言里有"哈撒"、"哈搭"、"哈悠"等词，所以音译词"哈巴"也可视为派生词

---

① 方贵龄：《元明戏曲中的蒙古语》，汉语大词典出版社 1991 年 10 月版。

了。在这几个词里，“哈”都读去声，有“一上一下慢慢晃动”义，是词根。例如：

(1) 这块板上钉的钉子小，你抓住板头哈撒（哈搭、哈悠）几下就能拽下来。

(2) 他腿短，一个钟头哈悠（哈巴）不了多远。

因而不能说借词“哈巴”影响了其他状态词缀的产生。何况这样的词屈指可数，在词汇的层次上影响有限，必须在构词、构形层次上相同才会有同源关系。

汉语的大部分状态形容词是由状态词缀构成的。由状态词缀构成的状态形容词在普通话中和方言中都不少见，但在周边的非汉藏语言中却难以见到。

满语有的构词的词缀与哈尔滨方言等汉语构词的词缀完全不同。例如根据元音和谐律接缀构词的附加成分，性质形容词词根或词干上接缀构成关系形容词：①

wa ［va］香 →wa ［va］ + ngga ［ЧNa］ 香的

还有“细（narhūn）→细的（narhūnngga）、类（tube）→有尖（tubengge）的”等都接缀构成。接［tʂ‘uq‘a］等缀于动词词根后派生形容词如：叹惜→可叹的，爱→可爱的。

形容词的最高级通过程度副词修饰性质形容词和关系形容词来表示。如“很（umesi）+甜（jancuhūn）→很甜（umesi jancuhūn）”等和汉语一样不用词缀。满语有的词缀与哈尔滨方言接近，但有差异。如比较级的表示形式有根据元音和谐律在一些性质形容词的词根上分别缀以附加成分表性质形容词的比较级。如：略厚、略难、略蓝、略酸、略远、略宽、略粗、略短，大些、多些、少些、深些。满语词缀表程度，

① 以下参见刘景宪、赵阿平、赵金纯《满语研究通论》，黑龙江朝鲜民族出版社 1997 年 12 月版，第 92、253—360 页。

缺少描写性，表示“略”的后缀 kan 加在“厚”（jirmin）后表示“略厚”（jirminkan），这与英语用［ə］、［ist］表示比较级、最高级一样，是构形词缀。

满语有模拟词，大多靠重叠，特点之一是：绝大多数以辅音收尾，其辅音是能够独立运用的，有词尾形的辅音。如“当当的钟声”（tang tang），“砍木声”（tak tak）等。

满语中没有前缀，单词完全依照后缀而变化。

附加词缀［la］、［le］、［ta］、［te］用于动词后便形成了与原动词词义有关的派生动词，如：①

ana-mbi（推）→anata-mbi（推托）、suwaliya-mbi→suwaliyata-mbi（掺杂掺混）、niyece-mbi（卜）→niyecete-mbi（占卜）

形容词派生形容词，一般加词缀［hūri］、［hori］、［huri］、［ngga］、［ngge］等。如：

gakdahūn（瘦长）→gakdahūri（瘦长长的）、kubsuhun（粗大）→kubsuhuri（粗大大的）、hahi（急）→hahiba（急爽）、ilhū（笔直）→ilhūngga（毛顺着）

这与哈尔滨方言构词的词缀倒有相似之处，但也不一样，改变了词汇意义。

现代日语重叠类似汉语单音节词 AA 式、ABAB 式，② 如“年年、国国、长长、弱弱、色色、片片、步き步き（走着走着）、见る见る（看着看着）”。可是没有叠音后缀。下边几种情况与汉语词缀相似而不相同：

---

① 以下参见爱新觉罗·乌拉熙春《满语语法》，内蒙古人民出版社 1983 年 4 月版，第 41—44 页。

② 以下参见谢秀忱《现代日语语法》，北京师范大学出版社 1981 年版，第 409—427 页；汤泽幸吉郎著，刘振瀛等译《日语口语语法详论——口语法精说》，商务印书馆 1982 年版。

加接尾词构成新类：春+めく（动词，像春天一样）女+らしぃ（像女人一样）

或名词+表敬接头接尾：伊藤+君

日语中的重叠形容词，一般利用形容词词干加以重叠后再加上“しぃ”构成，给词增加程度上的意义，相当汉语的“最”的意思。

日语的情态副词，有拟态的：

しぶしぶ（勉勉强强）、べたべた（满满地）、ばっかり（唐突）

有拟声的：

ほんと（啪地）、がらがらと（嘎拉嘎啦地）

拟态的主要是重叠式，拟声的词根具有描写性，但词缀“と”并未增加或改变描写性。

韩语从汉语借用了大量的词缀①，但主要是语音没有变化的“类词缀”，如“家、感、度、性”等。韩语自身产生的词缀也与此类似，如“凡、本、脱、次”等。“凡国家”是“所有国家”、“本便男”是“前夫”、“能力别”是“按能力”、“出张次”是“出差之便”，还是有词汇意义的。

有些后面附加上［hata］可以构成动词或形容词，不过，这也属于虚化程度较低的词缀。如“强、轻、重、过分”等。

在韩国语的固有词、汉字词、外来词三大系统中，汉字词的比重最大，其数量不仅远远超过外来词，而且超过固有词。② 韩国不仅借用了大量的汉字（单纯词和合成词），而且借用汉字做构词成分创造出数量

---

① 以下参见全香兰《汉韩词缀的性质及分类比较》，见戴庆厦等编《第四届国际双语学研讨会论文集》，暨南大学出版社 2005 年 12 月版。

② 以下参见朱英月《韩中词缀比较初探——以韩国语汉字词缀为中心》，《汉语学习》1999 年 10 月第 5 期。

可观的中韩、韩中合璧词。据李庸周《韩国外来词的特征与固有词的相互作用（上）》（韩国《国语教育》9号，第99页）统计，《HANGEUL大辞典》（HANGEUL学会编）164125条标题词中，汉字词共85527条，占总数的52.1%，而固有词共74612条，占45.5%，外来词3986条，只占2.43%，其他为合璧词。金文昌《国语文字标记论》（韩国汉城文学世界社1984年版，第94页）说李熙升编《国语大辞典》所收275854条词语中，汉字词高达69.32%，而固有词只占24.4%。

如此可观的语言借用却同样没有涉及状态词缀，看来是语言各自的特点决定的。

二、汉藏语状态词缀的共性与个性

（一）共性

美国语言学家伯纳德·科姆里认为不同语言之间存在相似性特征的原因有四个：第一，出于巧合；第二，有亲缘关系；第三，接触借用；第四，属于语言共性、绝对共性或者是倾向性。①

汉藏语内部语言的状态词缀如此普遍，不可能是巧合。因而，只有其他项可以考虑。状态词和词缀即使有共同来源和借用的也少之又少，因而值得重视的是语言共性问题。状态词缀的类型特征主要有以下几方面：

1. 构词特征，状态词缀是汉藏语都具有的词语形式。结构可合可离。

2. 重叠特征，ABB式是被最广泛采用的结构形式。状态词缀与重叠密切相关。

3. 韵律特征，状态词缀伴随有语音规律的变化。特别是声、韵、调和谐。

4. 语用特征，状态词缀都不承载主要词汇意义，而具有附加的形象色彩、感情色彩、语体色彩等。

---

① 伯纳德著：《语言共性与语言类型》，沈家煊译，华夏出版社1989年版，第250—255页。

汉语或汉藏语是有谓词重叠的语言，是有状态词缀的语言。声调，是语音系统类型性特征，属于语言表达的物质形式。这种形式可以改变或说是对应语素（词）意义。重叠，是语法系统类型性特征，属于语言表达的形态手段。这种形态可以改变语法范畴意义。状态词缀，是语义、语用系统类型性特征，也属于语言表达的形态手段。这种形态可以改变词汇、语用意义。

状态词缀的类型性特征可以为汉藏语同属一个语言类型提供证明。为什么会出现语言类型的共性特征？这与思维类型的共性特征有关。为什么会出现思维类型的共性特征？这与生活经历的共性特征有关。归根结底，语言的发展变化离不开社会生活。

（二）个性

1. 数量不等

各语言状态词缀数量（构词数、类数）多少不等，汉语最多，汉语各方言又属北京、哈尔滨等北方方言及南方方言中的上海、客家方言居多。藏缅语的彝语最多（见表7-1）。

表7-1　汉语普通话及各主要方言带状态词缀的词数及词缀类数比较

数量 语言	总词数	总类数	前缀词数、类数	中缀词数、类数	后缀词数、类数
普通话	389	221	28、19	7、6	354、196
北京方言	908	430	43、26	63、33	802、371
哈尔滨方言	1120	327	43、25	77、41	1000、261
太原方言	231	169	18、8	28、18	185、143
徐州方言	392	122	43、24	16、13	333、85
厦门方言	83	56	16、6	1、1	66、49
东莞方言	109	102	6、5	1、1	102、96
客家方言	355	308	44、25	7、5	304、278
南昌方言	109	68	60、41	10、4	39、23
上海方言	216	149	20、18	7、5	189、126
长沙方言	207	35	5、5	23、14	179、16

多数是后缀占优势，但南昌方言是前缀占优势。多数语言前缀数量多于中缀，但北京方言、哈尔滨方言、太原方言、长沙方言中缀数量多

于前缀。(长沙方言仍按李荣主编《现代汉语方言大词典》分册考察结果计算。)

2. 结构形式不同

汉语状态词缀结构形式丰富，其他语言主要集中在 AB、ABB、AABB、ABAC 等格式。汉语各方言各格式也有选择倾向，如有的方言带“的”的状态词多，有的方言 ABB 式占优势（见表 7－2）。

表 7－2　汉语普通话及各主要方言状态词缀构词类型比较

语言类型 / 数量	普通话	北京方言	哈尔滨方言	太原方言	徐州方言	厦门方言	东莞方言	客家方言	南昌方言	上海方言	长沙方言
1. BA 式（梆硬）	19	26	27	15	32	11	3	26	56	7	3
2. CDAB 式（稀里马虎）	9	14	16	3	11	0	0	9	1	3	0
3. ACB 式（稀巴烂）	2	2	0	4	4	0	0	1	0	0	2
4. AECD 式（急赤白脸）	2	7	12	0	1	0	0	0	0	2	6
5. ABDC 式（胡说八道）	1	10	17	20	3	0	1	1	0	2	6
6. ADCB 式（正儿八经）	2	7	13	0	7	1	0	1	4	0	5
7. AB 式（忙乎）	128	394	358	57	130	42	13	14	22	20	12
8. ABB 式（红彤彤）	188	54	35	71	4	14	68	189	2	125	1
9. ACD 式（蔫不唧）	5	96	93	3	23	1	0	2	0	1	8
10. ABCD 式（老实巴交）	1	31	58	16	6	0	0	9	1	15	10
11. ADBC 式（白不呲咧）	10	95	98	18	54	0	3	7	2	16	6
12. ABCC 式（可怜巴巴）	10	11	8	1	4	0	0	6	0	8	0
13. AABB 式（鼓鼓囊囊）	12	53	37	7	16	3	4	63	3	4	3

以上是与普通话相同的类型。只有 BA 式、AB 式、ABB 式、AABB

式四类是各语言共有的，其余各有不同。普通话、北京方言、徐州方言各格式俱全。各语言词数最多的格式分别是：普通话、东莞方言、客家方言、上海方言 ABB 式，北京方言、哈尔滨方言、徐州方言、太原方言、厦门方言、长沙方言 AB 式，南昌方言 BA 式。再看续表：

表 7－3　各主要方言状态词缀构词类型与普通话不同的类型

1. BBA 式（喷喷香）	0	1	0	0	0	5	3	9	2	8	0
2. CCAB 式（扬扬不睬儿）	0	1	0	0	0	0	0	0	1	2	0
3. CBAB 式（叽刺喳刺）	0	1	0	0	0	0	0	0	0	0	0
4. ACAB 式（哆里哆嗦）	0	26	4	0	2	0	0	2	6	3	3
5. AEBC 式（瞅巴冷子）	0	3	0	0	0	0	0	0	0	0	0
6. ABC 式（趿拉板）	0	3	25	0	5	0	0	0	0	0	0
7. AECDB 式（老眉咔嗤眼）	0	3	0	0	0	0	0	0	0	0	0
8. ABDEC 式（阴死不拉活）	0	2	0	0	0	0	0	0	0	0	0
9. ACBB 式（咸不唧唧）	0	8	0	10	0	0	0	0	1	0	0
10. ABDE 式（刺挠的慌）	0	1	0	0	0	0	0	0	0	0	0
11. ABAB 式（蹬楞蹬楞）	0	5	0	0	0	0	0	0	0	0	0
12. ABAC 式（扎拉扎煞）	0	2	1	0	0	0	0	0	0	0	0
13. 各式 + “的”式（小的溜儿的）	0	24	304	1	86	0	11	2	8	0	125 +11
14. AACD 式（鼓鼓溜秋）	0	0	2	0	0	0	0	0	0	0	0
15. ABCB 式（嘁咕喳咕）	0	0	1	1	0	0	0	0	0	0	0
16. AAB 式（平平敲）	0	0	0	0	1	5	0	10	0	0	5
17. ABA 式（串打串）	0	0	0	0	0	0	0	1	0	0	0

此表与表 7 - 2 表头的各方言对应排列。多数语言具有的格式为 BBA 式（6 种）、ACAB 式（7 种）和各式 +“的”式（8 种）。各语言词数最多的格式分别是：北京方言 ACAB 式，哈尔滨方言、徐州方言、长沙方言、东莞方言、南昌方言各式 +“的”式，太原方言 ACBB 式，厦门方言、客家方言 AAB 式、BBA 式，上海方言 BBA 式。各式 +“的”式，包含词根（一般不重叠）加作用类似“的”的状态词缀构成的词，如长沙方言有 11 个带“哒”的词。

总起来看，多数语言与重叠相关的格式占优势，而北京方言、哈尔滨方言、徐州方言的非重叠格式占优势。

3. 句法功能和语音变化不同

有的方言、民族语言有较多的主谓结构 ABB 式，如客家话。有的较少，汉语北方方言包括普通话的主谓短语中的 BB 已基本转化成后缀了。

在汉语特别是北方方言中有些格式的谓语功能受限制，主要用做定语、状语、补语，比如哈尔滨方言，带了“的”则可做谓语，否则可能不行。按尹世超《说“AB 的”式状态形容词》[①] 与胡明扬统计的口语形容词对照分析，几乎所有状态词都可以变成“AB 的”式，“AB”的式可以做定语、状语、补语，而做谓语更是强项。当然，不变成“AB 的”而用“ABB 的”、“AABB 的”、“ACD 的”等也不受成分限制。如：

（1）这草地绿油油的。

（2）这个人马马虎虎的。

（3）我的腿酸不唧的。

不用“的”会受一些限制，例 1 诗句韵文可不用“的”，例 2 去掉“的”表义可能不同，有“还可以、凑合”的意思。例 3 一般不单用。而在有些语言里就不受或相对较少受限制。

语音变化方面，哈尔滨方言较整齐一致，很少有特殊。而普通话和

① 《语法研究和探索（八）》，商务印书馆 1997 年版，第 62—80 页。

有的方言则不规则。比如哈尔滨方言单音后缀读轻声、叠音后缀读阴平在其他语言里就不一定。

改变语音常规的原因主要有两个：一是受书写形式的影响。汉字不是表音文字，在记录状态词缀时常会采用近音字，读到的人就会按字的本音读，按字的本义理解。汉语的书面语系统与口语分离，而且是强大的，读字改音十分常见。二是书面语造词不读口语音。另外，如果是作者仿照状态词的格式创造的词，读音自然与口语不同。使用记音文字的民族语言都符合读音规律，很少有特殊改变。

第二节　从状态词缀的形成、发展看语言类型的共性与个性

一、状态词缀的形成

汉藏语具有丰富的重叠状态词和句法重叠形成的短语，这些是产生、形成带缀状态词的基础。如果说自古以来西方语法有突出的形态变化，屈折构形，那么汉语则有突出的重叠变化，增音构词。《诗》三百首，而重叠词形式有300多个，平均每首都有。

汉藏语中各语言也都有重叠式，特别是动词、形容词或状态词重叠。相比之下，其他语言缺少这种重叠。为什么汉藏语会形成丰富的状态词及状态词缀呢？这与语言特点是分不开的。汉语采用重叠式表达语法意义，不受构形词缀限制，不受形式化表达方式制约，这些自由为语言内容获得丰富的表现形式留下了广阔的空间和位置。比如英语，一个词有构词词缀再加上构形词缀（如“er”），就很难再增加其他词缀。古汉语单音节词多（现在双音词占优势），也给重叠提供了方便。一些多音节词占优势的语言就很难重叠，也就很难增加叠音等状态词缀。

汉藏语语音特点也是状态词缀形成的有利条件，比如元音占优势，音节结构分明，能清楚地分出声母、韵母和声调。可以通过交错变化的语音形式达到表达目的，否则，就形不成音节和声、韵、调配合的韵律。有的词缀不是本身有意义，而是语音的调配有意义，所以常被视为“陪衬”音。读音增、改，一定会有伴随着的语义变化，只不过可能不是词汇概念意义，而是附属的色彩意义或语用意义。比如前缀“嚓

里”、“稀里”与后边词根“啪啦”、“糊涂”，形成双声或叠韵关系增强表现力也是只有汉藏语才可能的。

语义内容特点也通过状态词缀反映出来，那就是求生动形象化，不求确定形式化。因而带状态词缀的词往往是难以翻译的。这种感情靠意会表达，与认知域和表达习惯有关。状态词缀传达一种感受，一种主观态度或评价。

二、状态词缀的发展

汉语状态词缀发展不平衡，有的全面、有的单一。汉语比其他语言发展得更丰富。而汉语内部各方言又有各自的特点，其他汉藏语也各不相同。

归纳起来，可以分为普遍发展型与局部发展型。普遍发展型状态词缀类型和构词数量多，局部发展型状态词缀类型和构词数量少。按词数200个以上划界，北京方言、哈尔滨方言、徐州方言、太原方言、上海方言、长沙方言、客家方言可以归入普遍发展型，其他方言归入局部发展型。

按ABB式等古老形式的使用情况分，可以分为传统形式占优型和非传统形式占优型。按ABB式词数划界，普通话、上海方言、客家方言、东莞方言可以归入传统形式占优型，长沙方言、北京方言、哈尔滨方言、南昌方言等其他方言归入非传统形式占优型。

这反映出一些语言内部的结构表达差异，语言外部的思维、文化、认知差异，以及发展速度快慢差异等。有的保守些，留有古成分多一些；有的开放些，更加口语化。有的书卷气浓，带有文言色彩；有的生活气氛浓，带有俚俗色彩。

发展有共同的“基型”，“基型”大都与动词、形容词重叠式相关，说明重叠手段对状态词缀的发展也有重要意义。有ABB式和AABB式“基型”的汉语才能发展演化出更丰富的类型。其他语言也有自己的“基型”，才或多或少都发展出其他各种类型的状态词缀。这反映了语言的适应性和语言使用者的共同需要。

不同地域、社会表达需要也不同。有的多一些，有的少一些。比如描写颜色的状态词缀多而且全，各方言也很一致。描写听觉、嗅觉、触觉等的状态词缀就有很大差别了。比如有的方言有“喷香”，还有“喷臭”，有的方言连“喷香”也没有。

下边就发展居中的上海方言看看状态词缀涉及的范围，以便比较。(下面列出的是与状态词缀结合的词根。)

1. 视觉范围

颜色：白、黑、红、黄、绿、灰（紫、青、蓝、粉、花）

物体、形状：雨、水、油、血、毛、方、厚、薄、粗、长、短、干、湿、空、烂、脏、新、亮、清、稀、浑、翘、悬、糟、瘪（嫩、肥、破、暄、脆、烟气、疙瘩）

人的形象动作：矮、胖、瘦、面、样、汗、转、抖、哭、睡、跌、撺、嗲（摆、乐、扒、闹、捅）

2. 听觉范围

咕噜、静（呱啦、咔嚓、啪啦、噗、响、哄哄、嗡嗡、哇哇、嗷嗷儿、呜呜）

3. 嗅觉范围

无（香、臭、腥、骚、霉）

4. 味觉范围

淡、苦、咸、甜、辣（酸）

5. 触觉范围

软、硬、风（扎、咯）

6. 感觉范围

对物：热、烫、寒、冷、潮、酥、韧、生、滑、密、挺、远、轻、卤、阴

对人：木、麻、死、紧、灵、昏、气、心、呆、懈、戆、直、萎、爽、怪、洋、土、乡、妖、阔、精、屈、妗、寿、疲、涩、文、腻心、神经、眼瞎（羞、少、喜、病、娇、欢、慢、急、闷、疯癫、费劲、烦人）

7. 认识范围

好人、外行、作孽、罪过、危险、糊涂、福、稳、顺（穷、孤、虚、玄、匀、鬼、假、正经）

括号中是北方话经常涉及的范围（未全列举）。相比之下，上海方

言状态词缀涉及的范围窄一些。以下几点反映出发展趋向。

（1）共性特点

各语言状态词缀涉及的范围大体不超出以上七个方面，属于视觉、感觉、认识的范围大些，属于嗅觉、味觉、触觉的范围小些，属于视觉、感觉范围的词语最多。

（2）个性特点

上海方言属于视觉、感觉范围的状态词缀发达，属于嗅觉范围的状态词缀不发达。也有的上海方言超出北方方言范围，如“哆”、“寿”、“作孽”等方面。这表明生活关注点不同。

状态词缀的类型和构词数量，除客家方言外，闽、粤、赣、湘、吴、晋、鲁、京、哈，各方言状态词的数量依次增加，从南到北形成一幅递增图。

此外，以前述北京方言为例，状态词缀的结构类型发展的最全面，许多结构是其他方言所没有的，如 AECDB 式（老眉咔嗤眼）、ABDEC 式（阴死不拉活）、ACBB（咸不唧唧）式，一听就知道是北京话。

第三节　语言内部关系的制约和语言外部条件的影响

一、内部关系的制约

（一）句法结构的制约

首先是形态变化的制约。很明显，通过重叠变化手段（而不是构形词尾）表示语法意义是产生状态词缀的基本条件。缺少构形词尾有利于状态词缀的发展，而词尾丰富固定会限制状态词缀的发展。

语法上，有形式化特征的语言构词词缀和构形词缀分别明显。现代汉语在这方面则不成比例，基本没有构形词缀，形容词多而限制少，可以直接做谓语、状语等成分。只有构词的词缀，这有利于状态词缀的产生和发展。有的状态词缀构词有足句等作用，如“一的”等；有一些词缀表示程度增强，如带“稀”、“溜”等前缀的形容词都有表示程度增强的作用。相比之下，汉语比其他民族语的状态词缀发达，而其他民族语的壮侗语状态词缀发达，藏语的状态词缀最少。状态词缀发达与否，可能与形态丰富与否成反比。

其次语序对状态词缀也有制约作用。比如汉语的定语、状语在中心语前，容易增加后附成分，也就容易形成结构较为松散的后缀。相反，定语、状语在中心语后就难加后附成分，也就不容易形成丰富的状态后缀。

再就是语法范畴的制约。如级概念，印欧语有，汉语也有，可是印欧语通过确定的形态变化手段表达，与特定的语法形式、意义对应，构成语法范畴。而汉语没有系统的语法范畴，级概念不与确定的形式相对应，既可以通过加状语（较、更、最等）、补语（些、很、极等）表达，又可以采用丰富多彩的状态词缀表达，不必构成语法范畴，没有系统对应性。

汉语重叠或叠音词缀可以表示程度，不重叠的状态词缀也可以表示程度。比如，“的”的作用相当于重叠或叠音词缀的作用，表示程度加强。“香喷的”略等于“香喷喷”，“臭烘的”相当于“臭烘烘”。有时也可表“有点”的程度，如“馋（的）拉的”，“饿的拉的”表示“有点馋”，“有点饿”的意思。

作为形容词词尾，“乎”（《现代汉语词典》① 也作“呼”）读轻声，表示达到相当的程度了。比如：

湿乎、热乎、潮乎、胖乎、暄乎、软乎

“湿乎”不是刚湿一点，也不是很湿，而是湿到一定程度了。这样的词尾没有相对的反义词。有“热乎”无“冷乎”，有“胖乎”无“瘦乎”。“乎”读轻声，加“的”是“的”字结构，读阴平加“的”则强调程度高，不是“的”字结构。如：

（1）挑个软乎的。

（2）这个人长得胖乎的。

（3）这个人长得胖的乎。

① 商务印书馆2006年第5版。

例（1）是“的”字结构。例（2）、（3）都表示程度高，有贬义。

还有一些多音缀与叠音缀一样表示程度增强。例如“胖的乎的”、“黑咕隆（咚）”、“白巴呲拉”，不是一般的“胖”、“黑”、“白”。从形容词词缀看可以通过不同词缀表现程度级别，但是并不成系统。

“巴”可以构成名词（磕巴）、动词（支巴）、形容词（馊巴），构成动词、形容词具有构词意义，似乎也具有构形意义。有的词形已较凝固，如“别奓巴了”，“奓”表示“张开”的意义，“奓巴”表示“幼儿等脚步不稳的动作”的意义，二者相去甚远，不加“巴”只能表示张开的动作。这个“巴”描述动态，可以表示动作反复、持续或有随意性。“铺巴”、“试巴”、“支巴”及带“咕”、“拉”、“搭”等词缀的词也如此。形容词“馊巴”、“抽巴”、“蔫巴”略有变化已然实现、达到一定程度的意味。“巴”表示的语法意义并不明显，有时须靠重叠或加其他成分来体现。使用状态词缀表达常可以收到双重效果：不但有语法（程度）意义，而且有修辞（描写）色彩。

可以说印欧语的句法结构是比较固定、封闭的（如英语要有主语、系动词、构形词缀），汉语的句法结构是多元化、开放的（多无主句、形容词谓语，无时、体等形态要求）。这都制约着状态词缀的有无和发展。

（二）语音形式的制约

汉藏语是音节分明、读音响亮、有声调的语言，都有状态词缀。现在看，声调起主要制约作用，音节次之。没有声调的语言就没有状态词缀，即使音节分明也不行。因为这些词缀受语音节奏形式制约。语音上，有独特的韵律特征，是状态词缀的表现特点，也是制约的条件。主要体现在以下几个方面。

1. 重叠

包括音节重叠和声、韵重叠。

状态词缀有共同的源流与类型学特征，是分析语言的共有现象，可能与重叠现象紧密相关。加叠音缀与 AABB 式重叠一样，是一种描写形式，如“绿油油”、“花花绿绿”都重在突出状态，而不重在表达概念。

各语言状态词缀都有三、四音格，特别是重叠现象，这不是偶然的。除叠音词缀外，“噼里啪啦”、“急了骨碌”中“噼里”、“急了”

的声母分别重复了词根“啪啦”、“骨碌”的声母；“巴拉”、“拉叉”、“棱登”等两个音节词缀的韵母重叠。语音对称、和谐呼应，这样的韵律特征可以和谐上口、引人注意，是为表达丰富、含蓄的思想情感服务的。

2. 声调模式

带状态词缀的词有特定的声调模式，无论原来的声调如何，进入二、三、四音格后都遵循音变规律。

前边所举景颇语同类状态词缀构成一致的声调模式：

(1) $a^2dan^3sha^1$（清楚地）、$a^2bui^3sha^1$（慢慢地）

(2) $gau^1ngui^2gau^1yang^2$（慢吞吞）、$gau^1ngui^2gau^1si^2$（慢腾腾的）

(1) 的三个音节为 2－3－1 调，(2) 的四个音节为 1－2－1－2 调。

其他语言也如此。哈尔滨方言的音变规律：轻读（二音格）、轻读加平声（三音格、叠音）、轻读加平声加平声（四音格）。如前所述，汉语单音后缀读轻声，中缀视情况分别相当于前、后缀。音变义也变。“烂糊、亮堂”的“糊、堂”读轻声，加叠音缀变成“烂糊糊、亮堂堂”，后边的“糊、堂”读阴平，不但程度重了，“烂糊糊”还增加了贬义色彩；有规律的强调重读，即在“的”前后的词缀读阴平，而不论其原来读轻声还是其他声调。如“清亮的、泼辣的、湿乎的、湿的乎、湿的乎的、皮的拉的”中的“亮、辣、乎、拉”都读阴平，如果不读阴平则不是状态词缀构成的词，而是“的”字短语了。通过轻重读可以形成一般式和强调式。如“热乎儿”，“乎”轻读不加“的”表示已经较热了；加“的”音不变则构成“的”字结构（热乎儿的）；而重读（阴平）加“的”（热乎的）则强调更热些。

3. 对称音格

这些不同音节的词，看起来变化丰富，实际上总能找到对称格式。汉语四音格有对称和谐性，三音格也有对称和谐性，这种和谐可以是对称也可以是变化，即可以是相同对称，也可以是差异对称。四音格都是对称二分，有和谐性，三音格也是对称二分。

比如“傻拉/光鸡、干巴/疵咧、苦不/拉唧、水不/几几”，音步二分，但有高低变化，后两个音节重读（阴平）。“狠刀/刀的”、“零了/八碎儿的”、“白白/话话的”也都在第二音节后分，“的”前音节重读。“喧乎/乎”，三个阴平，第一个“乎”读轻声，有了变化，其前后又呼应（阴平）对称，也是和谐的，音步也是二分。“胖的/乎、傻巴/唧、黑咕/咚”都是在第二音节后分。带“的”的词有中高型的。如“流/气的”、“神/道的”都在第一音节后分音步，第二音节重读（阴平）。验证方法是在分开音节之间可以拉长停顿而不影响表达，不割裂形式和意义的完整性。

孙艳在《汉藏语四音格词研究》① 中说，汉语的基本韵律单位是二音步，韵律结构往往压倒句法结构，这是很有见地的。

二、语言外部条件的影响

（一）文化传统的影响

1. 重实际轻形式、褒贬分明

文化是人类文明的体现，是社会崇尚的传统的历史积淀。文化是精神的，文化的载体可以是精神的（如思想、教育、传说），也可以是物质的（如建筑、服饰、饮食）。中华民族的文化体现在我们的衣、食、住、行、思等各个方面。

文化影响思想、思想影响语言，有什么认识就有什么语言。在中国，善、恶、美、丑，贤、愚、忠、奸的意识深入人心。从语言外部看，社会的价值取向和人们的认知方式是形成词义差别的重要原因。善善恶恶、爱憎分明是中国社会正统情感价值观，也是自古以来各色人等共同遵守的原则。不是现实主义，而是理想主义的。要做事，先要正名，“名不正则言不顺，言不顺则事不成”。人们一直重视“物以类聚、人以群分”。人群是怎么分的呢，从优到劣是圣贤、君子，奸佞、小人。不在地位，而在人品，不在种族、宗教而在行为、思想。所以表现在语词上，赞成什么，反对什么，也是泾渭分明。状态词缀体现了汉文

① 民族出版社 2005 年 12 月版，第 230—232 页。

化圈重实际轻形式、褒贬分明的传统。

我们总是耽于文化的联想与想象之中。嫦娥奔月的传说是一个典型的事例。我们对月球的研究纯属科学技术领域的事情，却用嫦娥给登月计划命名。嫦娥是一个中国文化符号。她象征脱离社会的孤寂，也象征人与仙之间的通途，象征人们对新世界（天外）的向往，象征人们希望达到的超凡脱俗的能力。看看敦煌壁画的“飞天”的天女，再看看西方的天使，文化差异显而易见。天使是长着翅膀的，天女是没有翅膀的。天女们有的是想象的翅膀。这就是有形与无形的区别。

语言不与客观现实直接对应，而与人的内心世界相对应。人的内心世界形成于对客观现实的经验、感知、认识。形象（态）判断直接影响状态词缀的大量发展。具体说主要有两方面：一是价值取向分明需要语言形式系统对应。这一点体现于文学艺术与社会生活的相互影响。二是注重社会情感的想象与描述，这一点既表明了个人的社会角色又展现了个人的语言风格。

2. 宏观把握、形象意会

语言是思想文化的成果，词汇是民族文化的活化石。一般人即使意识不到词汇含义中积淀、固着的思想文化内涵（或者习焉不查，或者不以为然），但潜移默化中也会烙上这一文化的印迹。个人用法只能改变言语层面的个别含义，改变不了语言层面上的传统认识。使用不同语言就烙着不同文化的印迹。京剧红脸、白脸脸谱化，是一种外显的文化符号，而语词中的感情、状态则是一种潜移默化的文化符号。

汉语言文化圈的认知有共同或相似的经历。相同的社会活动，产生相同的认知结果。使用类别分明的词语，类别概念先入为主。头脑中满是形象化的、意会的语词，必然导致形象的、意会的认知，进而在衣食住行中留下印记。中国的许多东西是大而化之、宏观把握，讲认识的一致性，西方不然，常就事论事，讲求具体、精确。古辞书《尔雅》按义类分词部也都反映了总体认识在先。另如，“老吾老以及人之老，幼吾幼以及人之幼”、“己所不欲，勿施于人”，只论老、幼，不分彼此。韩国人吃狗肉，中国人也能接受，起码不会去干涉。因为狗是动物，与为人劳作的牛马同类，是六畜之一。受西方认识影响的人则常“见牛不见羊”。另据说，西方人认为中国菜谱很离谱。什么放“食盐少许、油半匙”之类，到底放多少？常做菜的中国人会心领神会——个人口味感觉都包含在此了。

用汉语状态词缀表达的含义，很难翻译成汉藏语之外的语言。因为不具体、不确切、不固定，无法对应。中国人是心领神会，并不觉得难以理解。但是要解释具体含义，恐怕很难落实。

3. 状态词缀的文化内涵与表现

具体说状态词缀的文化内涵表现在以下几个方面。

（1）具有描摹性

摹形摹态，绘声绘色。这与古典诗词、戏曲小说营造的文化氛围是分不开的。状态词缀源于上古，盛于元明，戏曲的影响最大。即使说戏曲只是记录了生活中的实用口语，也不能忽略作品的描述、传播成就。

（2）具有情感性

这一点是十分明显的。前边的分析中都涉及了感情色彩问题，有的状态词缀有褒义色彩，有的状态词缀有贬义色彩，后者更多一些。据笔者对汉语和英语的褒贬义词的统计对比，汉语的褒贬义词数量多，界限分明；英语的褒贬义词界限不分明，难以与汉语对应。有很多的英语词褒贬同词，一个词既可以有褒义，也可以有贬义。感情色彩在状态词缀中占很大分量，如果褒贬无关紧要，状态词缀的作用也就不大了。

（3）具有象征性

状态词缀像一面旗帜，可以代表与其并无直接关系的事物。比如打红旗、还是打白旗，除了颜色，本身没有什么不同。但是加上象征意义可就大不相同了。旗帜是一种符号（实物的），状态词缀也是一种符号（语言的）。状态词缀也有象征意义，象征意义是通过联想、想象获取的。这就是状态词缀表义不确切却能描绘形象、色彩的原因。比如状态词缀“乎乎”，有什么意义？加到词根上才有意义，词根提供了联想、想象的基础和方向。如同旗帜用于军事、政治、社会生活可以有不同的象征意义一样，状态词缀用于不同词根也可以有不同的象征意义，这种象征以无形致有形。状态词缀“乎乎”可以与几十种不同词根结合，有的甚至意义相反，如：“胖乎乎”、“腻乎乎”、“暄乎乎”、“傻乎乎”、“毛乎乎”、“黑乎乎”、“白乎乎”。其他如：“白不刺基、臭不拉唧、刺儿不拉唧、贱不拉唧、粉不刺唧、酸不刺唧、灰不刺（拉）唧、苦不刺唧、甜不刺唧、秃不刺唧、破不刺基”。描述形象也用“乎乎”、“不刺唧”，颜色也说“乎乎”、“不刺唧”，味道也用“乎乎”、“不刺唧”。

（4）四音格趋向

中华民族崇尚对称美、和谐美。这一点在状态词缀的形成与发展中得到了充分的体现。一般说词汇由单音节向双音节发展，是词汇意义发展的需要，而状态词缀最初的双音化是语用（修辞）的需要。状态词缀脱胎于重叠，上古的重叠都是对称的，有双音的（AA），有四音的（AABB）。重叠增音既增强了语势，又表现了对称、和谐美。状态词缀肇始于双音重叠词，但构成的词一度是三音节（ABB）占优势（AABB 词缀化的词少），而从元代开始各种状态词缀构成的四音节词逐渐增多。现在北京方言的状态词缀构成的四音节词多达 290 个，约占总词数（900 个）的 32%。哈尔滨方言的状态词缀构成的四音节词也达 284 个，约占总词数（1120 个）的 25%。保留古汉语成分比较多的客家方言的状态词缀构成的四音节词也有 94 个，约占总词数（375 个）的 25%。

（5）多样化表达

状态词缀不拘一格，丰富多样。有单音节、双音节的，也有三音节的。有重叠的也有非重叠的。有一词一缀的，有一词多缀的，也有多词一缀的。词缀多样化，构词格式多样化。这与有些语言用固定的形式表达确定的语法范畴不同，不受形式束缚。

（二）认知体验的影响

语义认知上，有主观体验的意味。按 Haiman（1985）、ditorialstatenent Geeraerts（1990）、Goldberg（1996）的认知语言学理论，认为语言的结构和功能应视为人类一般认知活动的结果，自然语言既是人类认知活动的产物，又是认知活动的工具和反映……语义并非对应于客观的外在世界，而是对应于非客观的投射世界（Projected world），并与其约定俗成的概念结构（conceptual structure）直接联系。概念结构的形成与人的物质经验、认知策略等密切相关。纯语义的知识和百科知识是不能截然分开的。由于语言的基本功能是传达意义，故在形式上所作的区分仅当它们反映语义或语用上的分别时才是可取的。语言共性及语言里的一般规律往往体现为一种趋势，而不一定是绝对的规则。对语言规律的形式化或以构造形式化模式作为对语言共性的解释，其实都不是严格意义上的解释，而只是描写或模拟（modeling）。对语言共性更有意义的解释往往在形式之外寻找，如从语义、表达交际功能、认知能力及策略等方面去探求。①

状态词缀对应的是人们的认知经验。即主观感觉、体验。这些物质经验本身并不确定，无法也无须用确切的言词表达，所以采用传神的、模糊的语言形式。这些表达了个人的主观体验，而听的人也要对应自己的主观体验来把握。说的人难免夸张、渲染，听的人领会其意则不需确切概念。因而相对于程度的级别，更重视感觉。如“甜不梭”一词，“有点甜”不是表义重点，重点是“不好吃的甜的感觉”，是不喜欢的甜。

选什么，不用什么决定于主观态度。比如爱、憎、乐、愁，喜欢、反感、烦恼等，会与相应的语言形式对应，通过状态词缀来表达。西方语言的使用者也有情感，为什么不用这种形式？这与思维方式对心里的影响有关。也许因为西方人直线思维，喜欢直奔主题，汉文化圈是螺旋思维，喜欢暗示意会。西方人由个别到一般，由具体到抽象；我们由一般到个别，由抽象到具体，更重视形象化和感觉印象。贾玉新《跨文化交际学》② 就引证中外学者的观点认为，中国人偏向以依托类比、比喻、象征的具象思维方式，表达特定的概念、情感和意向。与西方人直线思维不同，中国人是圆形思维。

那么，汉语状态词缀体现了哪些汉藏语认知特征呢？主要有以下几方面。首先，词缀反映的内容离不开使用者的认知和听者的体验。与有具体、确定的意义的词根相比，状态词缀有一定的模糊性，可以留给听者理解的空间。使用者把词的概念义之外的感觉、评价通过词缀表达出来，听者要通过联想、想象，加上自己的主观体验来理解。比如“金

① 张敏：《认知语言学与汉语名词短语》，中国社会科学出版社 1998 年 8 月版，第 140 页。

② 上海外语教育出版社 1997 年 9 月版，第 100、390 页。

黄”、“雪白”、“冰凉”的描写是较具体的，而“焦黄”、“漂白”、“瓦凉”则只是增加了强调意味和风格色彩。听者不能按字面理解，而要根据同类词缀的作用类推、想象说话者赋予的内涵。其次，力求形态丰富、具体可感，以增强表现力。状态词缀增强了描摹性意义，突出某种状态或程度。具有形象色彩和感情色彩义。有的表动态，如“巴”；有的表形态，如“溜”；有的表颜色，如“油油、亮亮”、“呲拉”、“不答”；有的表状态，如“咕隆咚”。有的衬声音，如“里、拉、了”。“劈啪啪拉”，不如“劈里（了）啪拉”有声势、有气势，渲染音响效果。另外，感觉印象不一定对应客观存在。状态词缀除了摹形、摹声、摹色外，大多数词具有贬义色彩。一般词的褒贬是由词的词汇意义形成的，比如“粗野”、“粗暴”有贬义色彩是因为人们反感这样的行为，“柔软”、“甜蜜”有褒义色彩因为这是人们喜欢的。但“牲性”、“软了巴叽”、“甜不棱”、“捅咕”的“牲（口）”、“软”“甜”、“捅”的词汇义并非人们不喜欢的，这些词的贬义是词缀添加上去的。这也表明，人对相同的事物，会产生不同的感觉或印象。词根对应实在的客观现象，词缀对应虚化的主观印象。

（三）表达心理的影响

思维方式影响表达心理，表达心理影响词缀选择。不同民族文化、社会生活、语言环境会形成共同的语言表达心理。影响词缀选择的表达心理主要分为行为表现心理和语言运用心理。行为表现心理中最突出的是评价欲和表白欲；语言运用心理中最突出的是求异心理和求变心理。

总体来看，多数词表达贬义或褒义感情色彩，是要表明主观态度。要表明主观态度是受评价欲和表白欲表达心理的影响。汉语中只有小部分具有状态词缀的词是中性的，几乎没有褒、贬义。比如“巴”中性较多，“乎”有部分中性词，由拟音虚化的词缀一般是中性的。而如果增加“儿”可变贬义为褒义，因为“儿”具有表示细小、喜爱的色彩义。比如“胖乎儿的、暄乎儿的”，如果去掉“儿”，则变为贬义。评价欲是喜欢表态，表白欲是喜欢标榜、显示自我态度、感觉。评价或者描述的同时，也暗中加上了自己的标记。

词缀选择的多样性是求异心理和求变心理的作用。求同心理有增强词缀的构词能力，形成词缀一致性的的作用，但作用有限，远不及求异心理和求变心理的影响大。状态词缀的一个表义特点是：词缀不同，表义不同。或读音、写法不同，表义相同。不但不同词根用不同词缀，而且相同的词根也用不同词缀。有的是词缀（语素）不同，意义也有细微差别。如“团弄”（用手揉圆，喻摆布），“团拢”（收拢，笼络），这种分化有必要分写。有的写法可能相同，但读音不同，表义也不同，应视为是不同词缀。词缀不同反映出求异思维形成的差异，词缀相同反映出求同思维的类推。状态词缀是同少异多，突破传统格式，倾向多样化。这说明，虽然求同、袭旧心理也有一定作用，但求异、求变心理占有优势。从这个意义上说，语言并非只有简省原则，“繁复原则”也起作用。

内因是变化的根据，外因是变化的条件。状态词缀的形成决定于语言内部的发展规律，也决定于语言外部的使用者。决定于使用者的思维惯势、心理趋向，而这又必然受到地缘状况、社会生活、文化传统的影响。而归根结底还是要符合语言的类型特点。

第四节　状态词缀的语用特点

一、语境、语域选择

如前所述，语用方面，无论普通话还是各方言的词缀构成的词都会有地域、场合、语体等语境、语域选择。有的词虽有不同词缀，但多种词缀表义相同。这主要是因为方言用字不很固定，口耳相传难免变化，但也反映出对应确定语素或者说是文字并不重要。再看一些实际使用的例子：

(1) 它力争在一个较短的历史时期内，用暴力革命手段打出一个红彤彤的新世界。（张泽森：《对新世纪世界社会主义走势的几点看法》，《社会科学研究》（成都）2007 年第 2 期）

(2) 一个穿梭般的来往，一个热烘烘、红通通的生长。［胡应南：《从〈哈佛演讲〉到“七·一”讲话——学习江泽民同志

“以德治国”重要思想》，《深圳大学学报》（人文社科版）2001 年第 4 期］

“彤彤、通通”表义完全一样，前一个附会意义，有书面文雅色彩，后一个准确记音，有口语通俗色彩。

（3）以此回审“朝山进香”、“行香走会”、“过会”、“赶庙”这些土里吧唧的本土表述时，就会发现这些表述实则蕴藏了中国民众信仰中的生活情趣、戏谑感、游戏精神和民众主动把握世界的精神。（岳永逸：《家中过会：中国民众信仰的生活化特质》）

（4）当他得到他所追求到的一切，吉宽发现城市也不过是一个大乡村而已，所有的人都是一样的利欲熏心，“都是土拉巴叽的农民”。（庞秀慧：《孙惠芬小说中的伦理悖论》，《文艺争鸣：理论综合版》2008 年第 8 期）

“土里吧唧、土拉巴叽”都是口语词，甚至是一个词，色彩一样，但是用字也有不同。这一方面是选字有繁简差异，有表意义、记音差异；还有一点周一民（2005）[①] 曾提醒注意，在汉语方言里普遍存在着的“A 里 AB”重叠式、“A 里吧唧”生动式，北京话一律把“里”说成“了”。例如“糊了糊涂”、“傻了吧唧”。可是不知为什么要写做“里”，只能说是记音不准确，不符合语言实际。

（5）“告诉鸣岐，以后让他少使嘎调，听着闹的慌!”（吴小如：《鸟瞰富连成》，《中国典籍与文化》1998 年第 4 期）

（6）我原来也是做机关工作的，冷不丁一下岗，待着实在是太没意思了，心里憋闷得慌。（赵定东：《论大型国有企业失业人员的转型适应与社会认同——基于辽宁省的个案调查》2006 年第 3 期）

① 《北京话的轻音和语法化》，《北京社会科学》2005 年第 3 期，第 148—151 页。

"的慌、得慌"这些用字，可以看做是一个语素的自由变体。由此构成的不同词形可以看做是异形词。不过，应该注意有些词并非仅仅是自由变体，还有某种不同的俚俗色彩、使用范围差异。

语境选择无须多说。状态词缀除一般语境选择外还有一些突出之处值得注意。有无词缀的词、不同词缀的词并存，用哪个由不同的人群根据对象来决定。前边举例说过，"厉害"和"邪乎"，多数情况下城里人选前者，乡村人选后者，在正式场合用前者，在私下里用后者。其实，状态词缀虽然主要具有口语色彩，但却不是简单对应的。语体也并不只是简单地分为书面语和口语，还有不同的层次。至少还可以把书面语分为通用语（这、麻烦）、文雅语（此、烦请）、客套语等（兹、是荷）；把口语分为通用口语（妈、吃）、俚俗口语（娘、造）、詈骂口语（娘的、塞）。用于口语的状态词缀也有书面的"皑皑、脉脉"，通用的"乎乎、油油"，俚俗的"咕隆、不溜丢"，詈骂的"牛屄哄哄"。每个人都有两个用语体系，一个是较为固定的社会定位，生长的地域、生活的人群和个人的职业范围，会形成基本的语域特点；一个是临时的角色变换、短暂的活动接触，生活接触面宽，经历多的人，用语的知识面也宽，反之则窄。用语的语域特点就决定于所处的是固定人群阶层还是相反。状态词缀大多具有通用口语色彩，一部分具有通用书面语色彩，一部分具有俚俗口语色彩，一般场合日常用语常用具有通用口语色彩的，庄重场合或政论、学术用语常用具有通用书面语色彩的，方言场合、口语作品用语常用具有俚俗口语色彩的，而文学作品则会按需采用。例如：

(1) 黑乎乎的水泥地，久未粉刷的墙壁，还有水管上的斑斑锈迹，家里的厕所也黑咕隆咚。[沈祖芸：《乐斯文：我把这些苦难叫"幸福"》，素质教育·成长读本（中学版）]

(2) 我喜欢大大咧咧的，不喜欢蔫儿吧唧的。（严辰松：《限制性"X的"结构及其指代功能的实现》，《解放军外国语学院学报》2007年第5期）

(3) 老美看起来大大咧咧，傻拉吧唧的，但其实往往喜欢"留一手"，他们相信机器和制度，不相信人。（竹草：《指纹打卡

机》,《当代文苹》2008 年第 8 期)

(4)《夜宴》出笼,热乎劲响哗然,从《英雄》到《夜宴》,中国商业大片对形式感的追求已经奢华考究到了令人窒息的程度,而恰恰缺乏最为根本的文学质素。(陈兴丽:《从〈夜宴〉看商业大片文学质素的匮乏》,《电影评介》2007 年第 8 期)

以上都是书面语作品,偏向文艺和口语,因而使用有俚俗色彩的状态词缀。

(5)他引用了德国歌德的《浮士德》的诗句来说明中国的太极图。"生命的洪流,行动的风浪,我在其中,上下浮沉,左右飘荡。生生化化,一个永恒的海洋。一个穿梭般的来往,一个热烘烘、红通通的生长。"[胡应南:《从〈哈佛演讲〉到"七·一"讲话——学习江泽民同志"以德治国"重要思想》,《深圳大学学报》(人文社科版)2001 年第 4 期]

(6)记得八十年代我正读博士的时候,研究生院组织讨论"红、黄、黑",当官的路红通通,经商的路黄灿灿,搞学问的路黑洞洞,这样说来,谁都愿意红通通、黄灿灿,谁又愿意黑洞洞呢?(孙正聿:《我国人文社会科学研究的范式转换及其他——关于文科研究的几点体会》,《学术界》2005 年第 2 期)

(7)很多网友对此却非常愤慨,尖锐地指出"有钱烧得慌"等。(雷振岳:《公众为什么仇视"奢侈盛宴"》,《精神文明导刊》2006 年第 1 期)

如果说前四例还不足以证明状态词缀使用的普遍性,那么上边这三例进一步证明了状态词缀会无处不在。因为这几例都出自学术作品,甚至是极为严肃的政治文章。只是这里有文雅色彩的词缀多一些。

状态词缀构成同一词族的同义词语,但语用效果不同。有时词根相同,用不带词缀的比较直接,用带词缀的有附加色彩。有的形成多样的表达,例如:

（1）胖：胖乎（的）、胖的乎（的）、胖乎乎的、胖不搭儿的

（2）苦：苦巴叽儿的、苦（了）巴叽

（3）热：热乎、热乎儿的、热的乎（的）、热（的）乎燎、热咕嘟、热腾的

例（1）用于感觉不同的表达。"那孩子胖乎儿（的）"是表示胖得好；如果改为"胖的乎（的）"或"胖乎的"则表示胖得不好。都是说胖，但表达的主观感觉不同。例（2）是形容词级的从低到高的表达。"苦巴叽儿的"是稍有点苦，"苦（了）巴叽"是比较苦，苦到了一定程度，与达到了最高程度的"恶苦"分别表示不同程度。常用表程度高的还有普通话也用的"可～了"格式。如"可苦了，可甜了，可好了，可难了"。一般形容词都有类似的不同表达法。例（3）表示适用对象、范围的差别。"热乎"用于人：这人待人热乎，真有个热乎劲儿。"热乎儿的、热的乎的、热咕嘟"都可以是事物，比如说："这汤（屋）热乎儿的（或：热的乎的、热咕嘟的），快喝（进来）吧（或：不好喝）！""热乎儿的"是"热得好"，后两词则表示不好。另外"热咕嘟"使用面窄，只用于汤水、空气等给人的感觉。"热的乎燎"使用面更小，只用于表示人自身火烤一样的感觉，如："这两天发烧，浑身热的乎燎的。""热腾的"只形容有热气的事物，如："馒头热腾的。""锅里热腾的。"

在词语选择中体现出语言使用者的题旨与情境的配合。操这一语言的人群似乎对状态词缀，尤其是后缀情有独钟。通常说"你傻"，而用于某些对象时，就会说"你傻了吧（光）叽的、傻巴楞登的、傻乎的、傻的乎的、傻的乎吃的"，等等。好像特别希望形象点儿，具体点儿，增加点分量，让对方知道自己的态度。一个"口角"可以说成"奘咕、犟咕、计个、杠叽"，一个"申斥"可以说成"呲嗒、审嗒、数嗒"。各有细微甚至是难以言传的差异。喜欢的事物、避讳的事物、反感的事物有不同的词缀表现。一方面，喜欢的事物，无须避讳的事物，词缀用得少一些，主要是儿化。另一方面，反感的事物词缀用得多些，有时甚至一词一缀，如"半拉坷叽、死目咔眼、烟气刚刚"。

二、表达修辞含义

自古以来，汉语就是特别讲究修辞的，一些修辞格也体现在词缀使用上。从前述各章的分析研究可见，主要表现在通感、反复、拟喻等方面。

（一）借声表形——通感

通感修辞格在非构词成分中经常出现，例如：叮当穷、穷得叮当响、他的手艺呱呱叫。

有趣的是，很多状态词缀本来是拟声词，可是成为状态词缀后不再表示声音，而是表示形态。例如：咕、咕咕、咕咚、咕隆、吧唧、呲喇。从修辞上看，是把视觉、触觉或其他感觉转移到听觉的通感修辞格。打通人的感觉使表现力增强，也是一种标记，使听（读）的人知道这是一种渲染而非实指。如“黑咕隆咚、白呲拉（喇）、热咕嘟、穷嗖嗖”。前缀“响”本是实义动词，但构成“响晴”一词，则同样形成通感，变为词缀。这类很多，另如：巴唧、巴叉、咔叽、咕唧、忽拉、哈哈、登登、哄哄（烘烘）、光叽、忽吃、巴登、呱唧、哧哧，等等。

以北京方言为例，拟声词缀表示形态的状态词近百例，超过总词数的10%。单音节的少一些，例如：

响干、响晴、搬嗒、戳咕

多数是双音节的词缀。有单用的，如：

臊不搭、闷咕嘟、闷咕咚、刺儿不唧、苦不唧儿

有与其他词缀连用的，如：

苦刺呱唧、吓人呼啦的、热里忽刺、醉模咕咚、杂拉咕咚儿

“刺”与“呱唧”连用，“里”与“忽刺”连用，“的”与“呼

啦”连用，“模”、“拉”与“咕咚”连用。

有一些重叠的，如：

黄不几几儿的、白卡卡的、红哧儿哧儿、咸不唧唧、凉不唧唧、嘎巴轰轰

不重叠的占多数，如：

阴不搭、破不剌、黑不基、傻不唧（叽、几）、辣不唧儿、懒不唧、蔫不唧、软不唧、甜不唧儿、酸不唧、笑不叽儿（唧 儿）、乐不叽儿、稠咕嘟（儿）、毛里咕叽、肉拉咕几、傻拉光鸡（几）、秃拉瓜几、秃拉巴叉、吓人不喇的

（二）叠音强调——反复

重叠词缀都形成了反复，虽然不同于词语反复，但其修辞效果是相同的，都起到了突出强调作用。因为语素反复、音节反复同样是延长语音链的长度，增加语言成分的表达次数，获得特殊的标记提示。形式加量带来了表达内容加量。例如“干巴”、“热乎”还有强调式：“干巴巴”、“干干巴巴”，“热乎乎、热热乎乎”。这就是重叠增强程度，不再受程度副词的修饰的主要原因。

以北京方言为例，叠音词缀构成的状态词 154 例，超过总词数的 17%。ABB 式（甜丝丝、黑炭炭儿）最多，达 54 例。AABB 式（鼓鼓囊囊）53 例。ACAB 式（哆里哆嗦）26 例。ABCC 式（可怜巴巴）11 例。ACBB 式（咸不唧唧）8 例。BBA 式（喷喷香）等前缀最少，只有 3 例。

如果算上 CDAB 式（稀里马虎）、ABAB 式（蹬楞蹬楞）、ABAC 式（扎拉扎煞）、重叠词缀加“的”式（逛等儿等儿的），形成反复的状态词更多，约占总词数的 20%。

（三）描摹状态——隐喻

这里隐喻的概念，外延大于汉语修辞学的比喻类型（包含拟和喻），是用对已知事物的经验去推导、比拟、描述对新事物的认识。隐

喻是一种认知方式，也是语用化的结果。试比较隐喻语用化的三个阶段：

1. 实词隐喻产生临时的语用（修辞）含义。如“心里有事”把“心”比拟为处所或容器，“有”的含义是“想”。

2. 隐喻产生的语用（修辞）含义向词汇义转变。“洗钱”，把“钱”比拟为衣物；“洗”的含义是“使合法化”，正在变为语素。

3. 隐喻产生的语用（修辞）含义转变为词汇义。这分为两类：

（1）增加义项

“吃车（棋子）”，“车（棋子）”被拟为“可吃物”。久而久之，“吃”形成了新的义项“消灭”。

（2）变为语素义

“吃亏”、“走神”的“亏”、“神”，分别拟为“可吃物”、“动物”；“吃”、“走”的含义分别是“遭受”、“分散”，已经变为语素。

也有的状态词缀隐喻某种情态、色彩。例如“绿油油”、“白茫茫”给颜色以空间，可以成片，可以无边无际，“怒冲冲”、“兴冲冲”、“热腾腾”，隐喻“气”、“兴”、“热”为具体可感的有形物质。“梆硬”、“岗尖儿”、“溜光”、“溜平”赋予“硬”、“尖儿”、“平”以实物形象。“梆”使人由木联想到敲木声。“岗”，山冈一样高出。“溜”是可以如水滑过一般。至于“冷冰冰”、“光秃秃”等词“冰一样冷”、“秃一样光”的喻义就更加明显了。

虽然有的状态词缀和词根隐喻接近，如“（空）荡荡”、“（光）巴溜”、“齁（热）”。而不少状态词缀的隐喻含义不断虚化，不同于词根隐喻，如“稀（嫩）”、“飞（薄）”、“（甜）不梭”、“（麻）不曰”、“（黑）咕咚”、“（苦）哈哈”。有的状态词缀甚至可以用于一对反义词根，如“乎乎”、“茫茫”都可以用于“黑”和“白”。这样的状态词缀似乎只有语用含义，这样的隐喻变得更加含蓄。

以北京方言为例，以隐喻为基础的状态词缀约占总词数的30%多。通感也借助拟喻，叠音词缀构成的状态词几乎都与隐喻相关，这显然不是偶然因素决定的。特定的民族文化背景是决定隐喻的重要因素。不同的文化，不同的认知，形成不同的语言表达方式。状态词缀中的隐喻反映了中国人的主要认知方式——会意。

总之，从语用方面看，状态词缀是某种情态、色彩的体现，增加了语言的形象性、立体感，构成多维表达。汉语状态词缀充分体现了这一语言的表现力。这些有浓郁的语体、感情、形象色彩的状态词缀，为不同人群、不同语境需要提供了相应的选择。

结　语

通过考察、分析、对比研究，本书取得了一些研究成果，但也存在一些问题。

一、本书的创新

本书从一个新的角度研究了汉语的词缀，尝试构建新的词缀体系及范式。关于词缀及状态形容词，前人有不少研究成果，但是，本书首次提出了状态词缀概念，界定了状态词缀的范围，分析了状态词缀的特点，对比描写了状态词缀的类型分布，探讨了状态词缀的源流及其类型学特征。

状态词缀不仅限于状态形容词词缀，还包括动词、副词、拟声词等的描写性词缀。带状态词缀的词的构成格式可以类推。这种格式类推优于词缀自身的类推，换句话说，状态词缀本身不具有能产性，而格式却具有能产性，这一点与西方的词缀不同。西方语言中，无论构词词缀还是构形词缀都具有能产性。但是，汉语的状态词缀却不一定具有能产性，汉语的类词缀倒是都具有能产性，因而，以往根据是否可以类推判定是否是词缀的条件，对状态词缀可能并不适用。

状态词缀的发展有共性，也有个性。从共性上看，它们来源于重叠词缀形式，出现于有声调语言，并且在汉藏语的各个语言中有相同的意义和结构类型。从个性上看，不同语言的状态词缀有独特的分布状况和占优势的结构类型。但是，汉藏语的共性特点居于主要地位。

以往认为汉语词缀不多的观点，如果了解了状态词缀的数量和类型也就可能改变了。状态词缀为汉藏语同属一个语言类型增加了新的佐证。

二、研究中的不足

1. 语料尚有缺失，不够全面。研究以考察词典为主，语料调查和社会调查较少，所选取的各方言点的代表性也可能存在局限性。

2. 描写不够详尽，辨别难免存在失误。书中没有描写所有方言的类型分布，没有描写词缀的意义类型，较少描写不同词缀构成的词的语法功能。

3. 缺少理论深度。对状态词缀的源流演变、个性差异、共性特征的形成及原因解释不足。

4. 有些问题还有待于进一步考察研究，以弥补本书研究的不足。比如汉语词缀体系先分为词缀和准词缀，词缀又可以分为词汇词缀、语法词缀和语用词缀。词汇词缀都有词汇意义，是构词不可缺少的，例如：人性的“性”、记性的“性”、德性的“性”。语法词缀的词汇意义虚化，词缀的作用在于改变词性，例如：“子”、“儿”、“头”加在动词和形容词词根后，可以使之变为名词：卡子、拿子、夹子、盖儿、亮儿、想头、盼头、甜头、苦头。语法词缀也是构词不可或缺的。语用词缀一般加在动词和形容词词根上，没有词汇意义，只增加色彩、程度等附加意义，一般不是构词不可或缺的，但确实存在一些特殊性的情况。例如：双音节、多音节状态词缀去掉后，词根意义不变，是具有普遍性的。比如“黑乎乎”就是“黑”、“傻了吧叽”就是“傻”，而单音节词缀与多音节词缀有所不同。有的词缀去掉后，词根意义不变，例如：“干巴”、“蔫巴”、“吹乎”、“悬乎”；有的词缀去掉后，意义就发生了变化，例如“二性”、“邪乎”，特别是同名词性词根结合的多一些，例如“眼巴巴”、“泪汪汪”、“血淋淋”等。那么如何解释这种特殊性以及这样的词缀体系是否成立还有待于进一步考察研究。

此外，读音、构词规律也有特殊性，须进一步研究。文章依据的主要是北方方言，对南方方言不太充分。

主要参考文献

一、词典

[1] 中国社会科学院院语言所词典编辑室：《现代汉语词典》（第5版），商务印书馆2006年版。

[2] 李荣：《现代汉语方言大词典》，主要考察的分册：

尹世超：《哈尔滨方言词典》，江苏教育出版社1997年版。

沈明：《太原方言词典》，江苏教育出版社1994年版。

苏晓青、吕永卫：《徐州方言词典》，江苏教育出版社1996年版。

周长楫：《厦门方言词典》，江苏教育出版社1993年版。

詹伯慧、陈晓锦：《东莞方言词典》，江苏教育出版社1997年版。

熊正辉：《南昌方言词典》，江苏教育出版社1995年版。

许宝华、陶寰：《上海方言词典》，江苏教育出版社1997年版。

马镇兴：《长沙方言词典》，江苏教育出版社1993年版。

钱曾怡：《济南方言词典》，江苏教育出版社1997年版。

李树俨、张安生：《银川方言词典》，江苏教育出版社1996年版。

王世华、黄继林：《扬州方言词典》，江苏教育出版社1996年版。

覃远雄、韦树关、卞成林：《南宁平话词典》，江苏教育出版社1997年版。

陈鸿迈：《海口方言词典》，江苏教育出版社1996年版。

朱建颂：《武汉方言词典》，江苏教育出版社1995年版。

曹志耘：《金华方言词典》，江苏教育出版社1996年版。

赵日新：《绩溪方言词典》，江苏教育出版社2003年版。

王军虎：《西安方言词典》，江苏教育出版社1996年版。

温端政、张光明：《忻州方言词典》，江苏教育出版社1995年版。

贺巍：《洛阳方言词典》，江苏教育出版社1996年版。

[3] 许宝华、宫田一郎：《汉语方言大词典》，中华书局1999年版。

[4] 陆澹安：《戏曲词语汇释》，中国古籍出版社1981年版。

[5] 龙潜庵：《宋元语言词典》，上海辞书出版社1985年版。

[6] 顾学颉、王学奇:《元曲释词》,中国社会科学出版社 1983 年版。

[7] 岳国均:《元明清文学方言俗语辞典》,贵州人民出版社 1998 年版。

[8] 徐悉艰等:《景汉辞典》,云南民族出版社 1983 年版。

[9] 王树声:《东北方言口语词汇例释》,黑龙江人民出版社 1996 年版。

[10] 王博、王长元:《关东方言词汇》,吉林教育出版社 1991 年版。

[11] 马思周、姜光:《东北方言词典》,吉林文史出版社 1991 年版。

[12] 高艾军、傅民:《北京话词典》,北京大学出版社 2001 年版。

[13] 陈刚、宋孝才、张秀玲:《现代北京口语词典》,语文出版社 1997 年版。

[14] 陈庆忠:《客家话词典》,香港银河出版社 2002 年版。

[15] 吕绍纲:《周易辞典》,吉林大学出版社 1992 年版。

[16] 向熹:《诗经词典》,四川人民出版社 1997 年版。

[17] 安作璋:《论语词典》,上海古籍出版社 2004 年版。

[18] 王世舜、韩慕君:《老庄词典》,山东教育出版社 1993 年版。

[19] 王英、曾明德:《诗词曲语辞集释》,语文出版社 1991 年版。

[20] 江蓝生、曹广顺:《唐五代语言词典》,上海教育出版社 1997 年版。

[21] 李崇兴、黄树先、邵则遂:《元语言词典》,上海教育出版社 1998 年版。

[22] 袁宾等:《宋语言词典》,上海教育出版社 1997 年版。

[23] 李申:《金瓶梅方言俗语汇释》,北京师范学院出版社 1992 年版。

[24] 闵家骥、晁继周、刘介明:《汉语方言常用词词典》,浙江教育出版社 1991 年版。

[25] 金鹏:《藏语简志》,民族出版社 1983 年版。

[26] 李永燧、王尔松:《哈尼语简志》,民族出版社 1986 年版。

[27] 和即仁、姜竹仪:《纳西语简志》,民族出版社 1985 年版。

[28] 陈士林、边仕明、李秀清:《彝语简志》,民族出版社 1985 年版。

[29] 常竑恩:《拉祜语简志》,民族出版社 1986 年版。

[30] 盖兴之:《基诺语简志》,民族出版社 1986 年版。

[31] 徐琳、木玉璋、盖兴之:《傈僳语简志》,民族出版社 1986 年版。

[32] 徐琳、赵衍荪:《白语简志》,民族出版社 1984 年版。

[33] 田德生、何天贞等:《土家语简志》,民族出版社 1986 年版。

[34] 孙宏开、刘玉路:《怒族语简志》,民族出版社 1986 年版。

[35] 汪继懋:《汉语重言词典》,军事谊文出版社 1999 年版。

[36] 方贵龄:《元明戏曲中的蒙古语》,汉语大词典出版社 1991 年版。

[37] 石汝杰、[日] 宫田一郎:《明清吴语词典》,上海辞书出版社 2002 年版。

［38］温广义：《唐宋词常用词辞典》，内蒙古人民出版社 1998 年版。

［39］顾国瑞、陆尊梧：《唐代诗词语词典故词典》，社会科学文献出版社 1992 年版。

［40］姚振武：《晏子春秋词类研究》，河南大学出版社 2005 年版。

［41］王欲安、孙卓彩、郭震旦：《墨子大词典》，山东大学出版社 2006 年版。

［42］蒋礼鸿：《敦煌文献语言词典》，杭州大学出版社 1994 年版。

［43］张永言：《世说新语辞典》，四川人民出版社 1992 年版。

［44］费振刚、仇仲谦：《汉赋辞典》，北京大学出版社 2002 年版。

［45］董绍克、张家芝：《山东方言词典》，语文出版社 1997 年版。

［46］吴泽炎、黄秋耘、刘叶秋：《辞源》，商务印书馆 1979 年版。

［47］王国璋等：《现代汉语重叠形容词用法例释》，商务印书馆 1996 年版。

二、专著

［1］［丹］奥托·叶斯伯森著：《语法哲学》，何勇等译，语文出版社 1988 年版。

［2］［美］萨丕尔著：《语言论——言语研究导论》，陆卓元译，商务印书馆 1985 年版。

［3］刘润清：《西方语言学流派》，外语教学与研究出版社 1995 年版。

［4］［美］维多利亚·弗罗姆金、罗伯特·罗德曼著：《语言导论》，沈家煊等译，北京语言学院出版社 1994 年版。

［5］王力：《中国现代语法》，商务印书馆 2000 年版。

［6］吕叔湘：《中国文法要略》，商务印书馆 1982 年版。

［7］吕叔湘：《汉语语法论文集》，商务印书馆 1984 年版。

［8］高名凯：《普通语言学》，东方书店 1955 年版。

［9］马学良等：《普通语言学》，中央民族大学出版社 1997 年版。

［10］张寿康：《构词法和构形法》，湖北人民出版社 1981 年版。

［11］陆志韦：《陆志韦语言学著作集（三）》，中华书局 1990 年版。

［12］朱德熙：《语法讲义》，商务印书馆 1999 年版。

［13］马学良：《汉藏语概论》，民族出版社 2003 年版。

［14］徐悉艰、戴庆厦：《景颇语语法》，中央民族学院出版社 1992 年版。

［15］邢公畹：《语言论集》，商务印书馆 1983 年版。

［16］戴庆厦等：《藏缅语十五种》，燕山出版社 1991 年版。

［17］爱新觉罗·乌拉熙春：《满语语法》，内蒙古人民出版社 1983 年版。

［18］刘景宪、赵阿平、赵金纯：《满语研究通论》，黑龙江朝鲜民族出版社

1997 年版。

[19] 谢秀忱:《现代日语语法》，北京师范大学出版社 1998 年版。

[20] [日] 汤泽幸吉郎著:《日语口语语法详论——口语法精说》，刘振瀛等译，商务印书馆 1982 年版。

[21] 陈建民:《汉语口语》，北京出版社 1984 年版。

[22] 任学良:《汉语造词法》，中国社会科学出版社 1981 年版。

[23] 吕叔湘:《现代汉语八百词》，商务印书馆 1980 年版。

[24] 张道真:《实用英语语法》，商务印书馆 1984 年版。

[25] 高名凯、石安石:《语言学概论》，中华书局 1963 年版。

[26] 刘伶等:《语言学概要》，北京师范大学出版社 1987 年版。

[27] 刘叔新:《汉语描写词汇学》，商务印书馆 1990 年版。

[28] 吕叔湘:《汉语语法分析问题》，商务印书馆 1979 年版。

[29] 赵元任:《汉语口语语法》，商务印书馆 1979 年版。

[30] 刘伶等:《语言学概要》，北京师范大学出版社 1987 年版。

[31] 张敏:《认知语言学与汉语名词短语》，中国社会科学出版社 1998 年版。

[32] [美] 伯纳德著:《语言共性与语言类型》，沈家煊译，华夏出版社 1989 年版。

[33] 孙艳:《汉藏语四音格词研究》，民族出版社 2005 年版。

[34] 贾玉新:《跨文化交际学》，上海外语教育出版社 1997 年版。

[35] 马庆株:《著名中年语言学家自选集》，安徽教育出版社 2002 年版。

[36] 王理嘉:《现代汉语》，商务印书馆 1993 年版。

[37] 唐作藩:《汉语音韵学常识》，上海教育出版社 1963 年版。

[38] 鲍厚星等:《长沙方言研究》，湖南教育出版社 1999 年版。

[39] 戴庆厦:《社会语言学概论》，商务印书馆 2004 年版。

[40] 方平权:《岳阳方言研究》，湖南师范大学出版社 1999 年版。

[41] 李永明、鲍厚星:《湖南省志·方言志》，湖南人民出版社 2001 年版。

[42] 彭沼闰:《衡山方言研究》，湖南教育出版社 1999 年版。

[43] 杨时逢等:《湖南方言调查报告》，历史语言研究所，1974 年版。

[44] 岳阳县地方志编纂委员会:《岳阳县志》，湖南人民出版社 1997 年版。

[45] 岳阳市南区志编纂委员会:《岳阳市重南区志》，中国文史出版社 1993 年版。

[46] 聂志平:《黑龙江方言词汇研究》，吉林人民出版社 2005 年版。

三、论文

[1] 全香兰:《汉韩词缀的性质及分类比较》，见戴庆厦等:《第四届国际双语

学研讨会论文集》，暨南大学出版社 2005 年版。

[2] 朱英月：《韩中词缀比较初探——以韩国语汉字词缀为中心》，《汉语学习》1999 年第 5 期。

[3] 徐世璇：《汉藏语言的派生构词方式分析》，《民族语文》1999 年第 4 期。

[4] 陈鸿迈：《楚辞里的三字语》，《中国语文》1988 年第 2 期。

[5] 沈家煊：《语言的“主观性”和“主观化”》，《外语教学与研究》2001 年第 4 期。

[6] 沈怀兴：《复音单纯词、重叠词、派生词的产生和发展——汉语词汇复音化发展续探》，《汉字文化》2001 年第 1 期。

[7] 石锓：《ABB 式形容词在宋代的演变》，《湖北师范学院学报》（哲社版）2005 年第 3 期。

[8] 石锓：《元曲四音状态词的构成》，《湖北师范学院学报》2004 年第 2 期。

[9] 汪榕培：《英语词汇的最新发展》，《外语教学与研究》1997 年第 3 期。

[10] 陈明娥：《从敦煌变文多音词看近代汉语复音化的趋势》，《敦煌学辑刊》2005 年第 1 期。

[11] 梁晓虹：《禅宗典籍中“子”的用法》，《古汉语研究》1998 年第 2 期。

[12] 王昌茂、勾俊涛：《古汉语构形重叠词研究》，《华中师范大学学报》2000 年第 2 期。

[13] 马庆株：《关于重叠的若干问题：重叠（含叠用）、层次与隐喻》，《汉语学报》2000 年第 1 期。

[14] 黎良军：《“A 里 AB”新论》，《广西师范大学学报》（哲社版）1994 年第 4 期。

[15] 王淑怡：《淮南子重言研究》，《湖南科技学院学报》2005 年第 2 期。

[16] 周正颖：《尚书重言词刍议》，《古汉语研究》1995 年第 4 期。

[17] 吴安其：《与亲属语相近的上古汉语的使动形态》，《民族语文》1996 年第 6 期。

[18] 戴庆厦：《景颇语重叠式的特点及其成因》，《语言研究》2000 年第 1 期。

[19] 戴庆厦：《景颇语词的双音节化对语法的影响》，《民族语文》1997 年第 6 期。

[20] 孙宏开：《关于汉藏语分类研究的回顾与存在的问题》，《民族语文》1998 年第 3 期。

[21] 韩陈其：《汉语词缀新论》，《扬州大学学报》（人文社科版）2002 年第 4 期。

[22] 华玉明：《双音节动词重叠式 AABB 的状态形容词功能》，《唐都学刊》2003 年第 2 期。

[23] 辛尚奎、周成：《试论 ABB 式形容词》，《内蒙古大学学报》1989 年第 4 期。

[24] 邵敬敏：《ABB 式形容词动态研究》，《世界汉语教学》1990 年第 1 期。

[25] 王希杰、华玉明：《论双音节动词的重叠性及其语用制约性》，《中国语文》1991 年第 6 期。

[26] 李珊：《双音动词重叠式 ABAB 功能初探》，《语文研究》1993 年第 3 期。

[27] 邢福义、李向农、丁力、储泽祥：《形容词的 AABB 反义叠结》，《中国语文》1993 年第 5 期。

[28] 曹瑞芳：《普通话 ABB 式形容词的定量分析》，《语文研究》1995 年第 3 期。

[29] 崔健新：《可重叠为 AABB 式的形容词的范围》，《世界汉语教学》1995 年第 4 期。

[30] 储泽祥：《汉语规范化中的观察、研究和语值探求——单音形容词 AABB 差义叠结现象》，《语言文字应用》1996 年第 1 期。

[31] 李宇明：《论词语重叠的意义》，《世界汉语教学》1996 年第 1 期。

[32] 李宇明：《双音节性质形容词的 ABAB 式重叠》，《汉语学习》1996 年第 4 期。

[33] 张敏：《从类型学和认知语法角度看汉语重叠现象》，《国外语言学》1997 年第 2 期。

[34] 陈光：《现代汉语双音动词和形容词的特别重叠式——兼论基本重叠式的类化作用与功能渗透》，《汉语学习》1997 年第 3 期。

[35] 柴世森：《试论汉语双音动词 AABB 重叠形式》

[36] 龚继华：《谈谈动词和形容词的重叠》，《天津师院学报》1981 年第 1 期。

[37] 吴吟：《汉语重叠研究综述》，《汉语学习》2000 年第 3 期。

[38] 卞觉非：《略论 AABB 重叠式的语义、语法、修辞和语用功能》，《复印报刊资料》1985 年第 6 期。

[39] 郭志良：《有关“AABB”重叠式的几个问题》，《语言教学与研究》1987 年第 2 期。

[40] 刘丹青：《苏州方言重叠式研究》，《语言研究》1986 年第 1 期。

[41] 王辅世、王德光：《贵州威宁苗语的状词》，《语言研究》1983 年第

2 期。

[42] 姜文振:《哈尔滨方言叠音和带叠音词缀的状态词》,《方言》1997 年第 6 期。

[43] 谢自立、刘丹青、石汝杰、汪平、张家茂:《苏州方言里的语缀 (一)》,《方言》1989 年第 2 期。

[44] 邹韶华:《语频 语义 语法》,《汉语学习》2004 年第 2 期。

[45] 邹韶华:《论语言规范的理性原则和习性原则》,《语言文字应用》2004 年第 1 期。

[46] 邹韶华:《江西安福话指人量词"只"的特殊用法》,《中国语文》2004 年第 4 期。

[47] 李蓝:《湖南方言分区述评及再分区》,《语言研究》1994 年第 2 期。

[48] 鲍厚星等:《二十世纪湖南方言研究概述》,《方言》2000 年第 1 期。

[49] 鲍厚星、颜森:《湖南方言的分区》,《方言》,1986 年第 4 期。

[50] 周一民:《北京话的轻音和语法化》,《北京社会科学》2005 年第 3 期。

语料库

北京爱如生数字化技术研究中心:《中国基本古籍库》(试用版),黄山书社出版发行,2007 年。

后　记

本书作为教育部人文社会科学项目“汉藏语描写性词缀及其类型性特征研究”的最终成果（2006—2009，项目号：06JA740021）得以出版，首先要感谢那些不知道姓名的评审专家和出版社编辑制作人员的扶助与支持。

书稿的基础是博士毕业论文。虽然几年过去了，但是导师戴庆厦和师母徐悉艰的言传身教还铭记在心。他们孜孜以求、科学务实的精神和突出的建树让我受益良多，更重要的是，使我了解到不同语言、方言研究的相互作用——“有比较才有鉴别”，认识到应该在语言实际中探索规律——得事实者得真知。

书中第四章第三节是同我的研究生李佳慧合作完成的。她（是湖南人）做了湘方言调查并写出初稿。

真诚希望读者匡谬赐教，尤其是以各民族语、方言为母语的学者，因为了解言语实际而更具真知灼见。谨此深致谢忱！

马　彪

2010 年 6 月